虹の国
独立民主国家への指標

日米軍事植民地支配から自由への道へ

長浜　三雄

郁朋社

まえがき

いつの時代に生きていても、小学校時代の生徒たちは純粋で素朴である。その時代は成熟していない民主主義であっても、いろいろな情報の収集と世界的規模の動きの中で生きるにも教師は絶対的存在として尊敬される。

日米太平洋戦争で沖縄が地上戦になるという情報が流れたため、犠牲者を出してはならない解決策として、児童生徒を本土へ疎開させたのであるが、疎開先では、沖縄の児童生徒を「支那人」とか「チャンコロ」と蔑んでいる場面を見ていても、当時の教師たちは、問題の生徒を指導することはなかった。当時の教師たちは立場上、威厳を保っていたので、深刻な問題になっていても、積極的に指導することはなかったのだ。敏感な少年時代に差別による「いじめ」の辛さは、教師も理解しようとしなかったのである。

差別主義は、全ての悪の根源になることを少年時代に体験させられている。軍国主義時代には我慢できても、戦後は民主主義になって完全に差別主義の用語が解消されると思っていたが、その状況は更に悪化して、政治政策にも反映して、強力な勢いで県民を押さえ込む状況になっている。

戦後の沖縄が第四期の「沖縄処分」になっている。このことは日米軍事帝国植民地主義者たちによって実行されている。人間として自由を求める県民が半世紀以上にわたって軍事植民地の支配下にあることで、現代史上異常な生活環境になっている。

無限の力を秘めている国民は、まず最初に日米軍事帝国植民地基地を完全撤去する意識を持つことを目標にして、スポーツや芸能関係で成果を挙げてその能力を最大限に活用し、粘り強く培った精神力と忍耐力をばねにして、抵抗運動に連動して行動すれば、軍事植民地支配から解放されるのだ。諦めない強靭な抵抗精神を身につけておけば、きっと暁の栄冠を目の当たりにし、必ず未来に希望の輝く美《ちゅ》ら島、沖縄になる。

例えば、沖縄県民に勇気と諦めない精神力を与えたのは、準決勝で逆転勝利した興南高校野球チームの「諦めてはならない」という信念のこもった意気込みで、過去の試合ではなかった現実の勝利が、県民の政治的問題解決にも、県民の同意のない新型の軍事植民地要塞基地反対にも「諦めてはならない」という精神の強さを強く感じ入ることができた。県民にあらゆる分野で「努力すれば必ず実現する」ことを証明した興南高校野球チームの全国制覇の優勝であった。

沖縄は、戦後の軍事帝国植民地主義者たちと根強い闘争精神の抵抗運動で、諦めず抵抗運動し、粘り強い意志を強く抱き締めて闘争してきた抵抗精神の教訓で、名護市辺野古の日米軍事帝国植民地建設を断念させなければならない。行動を伴った諦めない抵抗運動により、沖縄の未来は光り輝くのである。

本土人に政治的にも人種的にも差別意識をさせないためには、全国的に沖縄を認識させたスポーツをはじめ、政治経済、外交、福祉医療に基地問題の専門家など、生活に関するさまざまな分野で主導権を握って活躍する人材を育成をすることである。また、若者たちが、夢と希望を抱いて目標を定め、海外に留学して知識や技術を学び、沖縄の未来に夢を持たせる若き力が要求される時代である。人間到る処青山有り、の社会的視野の広い人になるための努力で知識を磨くチャンスを見つけることに、人生意気に感ずることが望ましい、と考える。

沖縄の無限の力が評価されていることは、独特の技能を築いてきた芸術や文化の分野で世界的に証明されている。可能性を持った天才的無限の素質ある県民のひとりひとりが、自覚して能力を思う存分に発揮すれば、官僚政治権力者たちや国民から政治的虐待の差別主義を完璧に払拭することができる。

沖縄県民が潜在的能力を持っていることを、本土人は認識していない。その能力を証明した報道には、伝統的潜在能力には県民の努力によって発揮されている、と評価している。

そのことを証明したのは、戦前沖縄で作られた独自の卓越した文化がアメリカ自然博物館（ニューヨーク州）に保管されている。この博物館の専門家によると「沖縄の宝」であると太鼓判を押しているのは、陶器、漆器、織物などであるが、いずれも優れた芸術品となっている、と説明している。

この芸術品が持ち出されたのは、沖縄戦の当時、沖縄の美術品に興味を抱いていた米兵が「かけがえのない美術品を残したい」という気持ちから、失われてはならないということで収集し、米国へ持ち運んだようだ。

この小さな島沖縄に「豊かな文化がある」と博物館の学芸員が興味を持ち、世界の人々にも文化の美しさを広めたい、と表明している。

なぜ、この記事をとり上げたのか、というと沖縄県民は世界に誇れる優れた文化を伝統的に持っている優れた素質があることを証明したいのである。美術品に限らず芸能関係においても沖縄への関心は世界中の人々が注目している、と言われている。先祖伝来から現在まで、優れた素質を持った県民であることは誇りにしたいが、なぜ今の若者たちは、学問に精魂をかたむけず、日本全国最低の学力低下になっているのか。その原因はどこにあるのか、それを克服するには、それぞれの文章の中で述べているので、ここでは省略することにする。

一九七二年五月一五日の日本復帰前は、日本本土との関係は極めて希薄の状況であったので、あえて「日本政府」の名称で呼ぶことにしたが、復帰後は日本国憲法の保障する人権を取り戻すことで復帰したことへの希望も強く、期待も大きな夢を描いていた県民の感情であった。二一世紀になって、その反対の社会的状況に様変わりして「日米両政府」による支配が、じわりじわりと攻め立てており、現在では苛酷な日米軍事帝国植民地政策で、民主主義に相応しくない弾圧主義の政治が押し寄せてきている。復権後は、物質的には不自由を感じていないが、精神的な苦悩の色と不安におそわれている安心した日常の生活環境になっていない状況が続いている。

復権前は、日本国民になる期待感と誇りが強く、憧れの感情で全県民が揃って復帰運動へ参加して実現した復帰となったが、復帰後は幻想的で危機感が漂う現在では、精神的には日本国民としての誇りを感じない状況になりつつある。民主主義の国家体制に相応しくない政治体制から脱皮して、現在では「日米軍事帝国植民地主義」の暗黒時代の社会に進みつつあるようだ。特に沖縄県民は、民主主義とは名ばかりであり、県民から遠く掛け離れた未熟な状況にあって、日米軍事帝国植民地主義の政治権力により支配されている。

戦場になり兼ねない沖縄は、日米軍事帝国植民地政策の下でどうすればよいか。例えば、孫悟空が神様の力を借りて大猿に変身し、巨大な怪物を打ち倒す場面は、大人も子供たちも手に汗を握る迫力がある。沖縄が矛盾した社会環境を整えて、明るい民主主義社会を目指すには、ありったけの知恵をしぼって勇気と忍耐力で抵抗運動の形態を考え直す時機到来になっていると言える。

立場の弱い沖縄と強者の日米軍事帝国植民地主義者たちとの関係は、童話の世界に登場する主人公となっているのは、前述の孫悟空と同様に雀と鷹、鹿と虎の闘いは、雀と鹿を象徴する沖縄の姿が思い浮かぶ。弱い立場にある県民が、力を結集すれば、権力者たちを地獄の一丁目に追い込むことができる。

将来、沖縄が日米軍事帝国植民地基地とは全く無縁の存在の美ら島を目指して、自由と平和を求めてやまない夢一杯に輝く未来を見詰める時代を模索する以外にその道はない。

（二〇一七年一〇月）

虹の国独立民主国家への指標／目次

第二章　捲土重来の自民党による弾圧至上主義体制の沖縄

第三章　福島原発事故とトモダチ作戦基地の沖縄

第四章　いじめは政治的病気の断末魔の叫び

第五章　沖縄と中国は信頼関係で平和を築く

第六章　沖縄の民意を踏み絵にする反民主主義に抵抗する

第七章　虹の国独立民主国家を模索する

装丁／宮田麻希

第一章　民主党政権による抑圧と崩壊への墓標

悪魔機オスプレイが沖縄にやってくる

――オスプレイ反対派は九牛の一毛ではない――

一

日米帝国植民地主義者たちは、新型の機種の沖縄配備も外交上の秘密としている。当初から軍事帝国植民地の要塞基地への配備を明言したならば、県民の猛反発を食うことを予想して、この悪魔機について「可能性はある」とか「承知していない」と仄めかして県民を煙に巻こうとしている。事故の多いこの機種を配備することについて秘密交渉で沈黙をしておきたいのが国内軍事帝国植民地主義の民主党である。

この内閣がしきりに「負担軽減」という言葉を使って、県民の抵抗感覚を和らげようとしていることがこのことばとなっているのだ。県民は「負担軽減」に躍らされてはならない。これが国内軍事帝国植民地主義者たちの煙に巻いて県民を落ち着かせたい真剣味のないことばである。

悪魔機の配備のいきさつを考えると、すでに設計も完成しているが、後は日本へ連絡し承諾を取り付ける段階になってどのような設計にするのか、形式的な議論に集中しているが、奥底では辺野古新基地の滑走路の構造をV字型にすると米軍事帝国植民地主義者たちは主張しており、それに対して子分格の日本は、交渉の最初の段階では一本の直線型を主張しているものの、親分格の米軍事帝国植民地主義者たちの機嫌を損ないたくないため、言い成りになって承諾した、ということを言っている。親分格の主張するV字型の滑走路は、悪魔機オスプレイ配備を念頭に置いて行動してこの案を主張するのは、巧みな軍事帝国植民地政策上の交渉になっている。

親分格の米国防総省の記者会見で「日本で運用するつもりで、日本政府に伝達している」と明言しているにもかかわらずこれに対して、国内軍事帝国植民地主義者たちは沖縄県側の反発を避けるために配備計画を公式に認めない姿勢である。これは明らかに沖縄県民を飼いならされる犬とみるか、それとも政策に反対する人間を九牛の一毛とみているようだ。

沖縄の基地政策の問題は、外交上県民には全く知らせたくないという知る権利をも払拭した民主主義にも反する独裁的に潜在化した秘密万能主義を過去から踏襲して外交問題を処理してきている。だから滑走路の設置構造は、はじめから分かりきっているにもかかわらず「交渉を主張したがとりいれてくれなかった」と言って胡麻を擂って説得しようとする魔性のこもった外交政策をしている。

二

この悪魔機の配備について、一九六〇年代から計画されていたので、子分格の日本はどんな機種の配備をするかは県民に公表せず、度々辺野古に移設することだけを主張していたのだ。この欠陥悪魔機について自衛隊時代の操縦経験者のある人の指摘によると、構造機能上には複雑さがあることとエンジン停止時の緊急操作に問題点があることを指摘している。この機種の構造には問題があることを国内軍事帝国植民地主義の官僚政治権力者たちは、沖縄県民に知らせない主義で今日までひた隠しに隠しつづけてきているのである。しかし、親分格の米国から「具体的な進展」を要求されたために、ここにきて沖縄県民に配備を公表しておかないと、配備されてから不信感が強くなることを恐れて防衛相がはじめて県知事に報告している。

沖縄の軍事帝国植民地政策の問題を、両国は隠すことにより厳重に守ってこの政策を極力に実行しようとする。これは独裁的軍事帝国植民地の国家であり、時代の審判によって近き将来には、リビア、エジプト、チュニジアの国家が辿った悲しい運命を知るべきである。

三

なぜこの悪魔機の配備を県民は猛烈に反対するのか、それにもかかわらず強硬に配備するのか、それは軍事政策上、中国の強大国家を敵視する資本主義体制の政治思想が横たわっているからである。自国の米本土では、空港周辺の地元住民から騒音に対する苦情が寄せられ、その調査の結果「騒音は極限を超えている」と地元の空軍側は認めたため、地域住民側に謝罪と同時に、今後の使用を見合わせることにした、ということを報道している。米国は広大な国土であり、住民地域から遠く離れている基地のオスプレイの訓練で騒音に対する苦情に敏感に対応するが、沖縄に配備される場合には、これまでに県民の抗議に対して、中国の軍事脅威の「抑止力」のためには、必要なことであると主張して一歩も譲らないのが沖縄の軍事帝国植民地基地の実態である。また、国内軍事帝国植民地主義者たちもこれに同調して無視して平気な顔をするのだ。

この種の悪魔機の墜落事故が相次いでいる中で、この小さな島沖縄で大事件や事故が発生した場合は、金網の中の軍人及びその家族は避難場所として準備されていて生命と財産は守られるが、甚大な被害をこうむる沖縄県民はいったいどこに避難すればよいのか、避難するにも避難地を確保するには、大変困難な問題がある。

日米軍事帝国植民地主義者たちによる侵略戦争が起こった場合、沖縄に駐留している米国の軍人の家族たちは、素早く本国に帰国できるように、日常的に基地内で訓練している、と言う。軍事的紛争が起こった場合、一四〇万人の県民はどうすればよいか。軍事基地がなければ戦争の悲劇をもたらすことはなかった、と後悔がきても二の舞にならないように意識することである。

四

沖縄県民から悪魔機オスプレイの事故原因の報告書を国内軍事帝国植民地主義者の官僚に打診したが、堅く口を閉ざしてその内容を明らかにしない二の句が継げない状況である。国内の軍事帝国植民地主義の官僚政治権力者たちの考え方は、例えばエジプトやリビアの独裁的政治感覚と類似点が大いにあって、いつか必ず国民の抵抗運動により地獄の一丁目に向かう運命を辿るであろう、と推量する。

沖縄県民は、圧力政治で強力な国内軍事帝国植民地政策を実行していることを骨身に沁みて感じているのだ。日本国民として冷淡な軍事帝国植民地政策をすると、沖縄県民は独立を自覚し、日本から分離して平和を求める島国に転換することも已むを得ないのである。

日米軍事帝国植民地政策に脅かされている沖縄は、再び戦争の悲劇をもたらしてはならないという過去の教訓から「情熱と力と痛み」の勝利に希望を抱くことに身を以って難局に当たることになるであろう。元航空自衛隊のパイロットが「大切なことは平和。戦争や軍備を整えることで栄えた国はない」と言った言葉を噛み締めて、辺野古の軍事帝国植民地基地を断念に追い込み、とどめを刺すことに全力を絞って抵抗しなければならない。

日米軍事帝国植民地基地のない平和な美ら島にするには人間が生まれながらに持つ自由と権利を獲得し、基地に脅かされない幸福を求めて「虹の国、独立小国家」に希望を託することに夢と希望の鐘を叩けよさらば開かれん、その情熱に力を注ぐことである。

（２０１０年１月17日）

地上戦で強制接収された軍事植民地基地の沖縄

一

米軍の大型輸送機のヘリから落下傘を使って宙づり訓練の状況を民間住宅地域から撮影された報道写真の様子を、全国民が目の当たりにするとその恐怖心は極度にあおられて、軍事植民地基地を受け入れることは到底拒否されることは言うまでもないであろう。

沖縄県は、徹底的に新型の軍事植民地基地の辺野古への移設を、各市町村議会の大多数で反対しているが、何故に沖縄へこだわるのか。「仏の眼をも抜く」政策に全国民が一丸となって抵抗し、反対運動に全力を注ぐことである。

また一方更に、新聞報道（二〇一〇年四月）によると、武装した悪魔の海兵隊が民間地域の道路を銃を担いで頻繁に行う訓練の姿を見たとき、それは確かに悪魔部隊である、という異様な雰囲気の中の住民の立ちすくんでいる報道写真である。その写真を国民が注視したならば、悪魔部隊の海兵隊を引き受けることは皆無と言ってよいであろう。復帰前から現在に至って沖縄の社会的生活状況は、米軍事帝国植民地支配を歴史上、稀にない支配権が軍事訓練の繰り返しの中で、沖縄の生活様式の隅々まで統治されており、復帰後は日米両軍による軍事帝国植民地政策による支配が露骨になっている。

二

日米戦争による太平洋上の諸島で、激しい戦闘が繰り返されて、日本軍事帝国部隊の「玉砕」による勝利の成果として米軍占領と化してきた経過から沖縄県も同じ軍事占領の発想で、軍事帝国植民地支配を継続している。太平洋上の戦争勝利者として、沖縄県も戦争で勝ち取った勝利の島として二一世紀の現在も君臨した状況が続いている。復帰前の年号記載として、米軍事帝国植民地支配下の二七年間の年号を、特別な年号記録に残す「西暦年号」にして歴史の事実として永遠に残すことが重要である、と考えている。

民主党政権は、鹿児島県の徳之島を海兵隊基地にしようとしているが、この島は地上戦がなかったので、民主党が移設を打診しても米軍は素直に受け入れる考えはなく拒絶されるのは予想できる。なぜならば、血を流した勝利の島として認識しないからである。

太平洋上に浮かぶ島々は、日米両軍の激しい地上戦があり、勝利の島々として米国の領土になった島がほとんどである。普天間基地の移設先に徳之島が浮上したため、あくまでも拒否的な体制をとって、沖縄に執拗に「これでもか、我慢しろ」と迫ってくることは予想できるのだ。

復帰後も日米軍事帝国植民地主義者たちの間では、沖縄の基地問題で何をするにも差別意識を潜在的に持っているので、その支配下において現在も変わらず、県民を動物と同じ程度に認識しているようである。それの証明として、沖縄の基地の内と外での催しの行事はあっても、県民との親交は希薄といってよい。劣等民族とみているので、行事に参加しても意義あるものと真面目には考えていないのである。

三

沖縄県内で、毎年数多の海兵隊との結婚があると言われる。この内訳として、沖縄県の女性三五人程度で本土出身の女性が一五人ということであるが、金網の中で海兵隊の妻として働く場合も偏見を抱き、差別的な視線を投げかけられると言う噂が立っている。

米軍事帝国植民地主義の支配者たちの軍人・軍属の家族の間では、金網の内側は「米国の領土であり、米国の基地だから日本人が使うのはおかしい」という認識をしているようである。地上戦で血を流して勝利した島だから当然に米国領土と考えている。太平洋上に浮かぶハワイ諸島や南洋諸島は、太平洋戦争以前は独立国であったが、地上戦で勝利した結果、米国領土にしたので、沖縄も永久に保有するという考えが米国人にある。

米軍事帝国植民地基地の内と外では、軍人・軍属の生活状況は雲泥の差がある。まさに沖縄は天国であり、楽園基地の島となっている。例えば、基地内での道路上の車のスピード制限は、極めて厳格に規制されているためスピード厳守しているが、金網の外の運転では暴走行為が目立ち、事故も非常に多発している。

自動車の車種ナンバー3の自動車税の優遇措置が極端に考慮されているため、財産の無税化もあって、沖縄県での生活環境は、至れり尽くせりのもてなしで居心地が良いのは当然である。例えば、二、〇〇〇ｃｃ以下の小型乗用車は七五〇〇円、これに対し、県民は三九、五〇〇円でその差は五分の一である。二、〇〇〇ｃｃ以上四、五〇〇ｃｃ以下は一九、五〇〇円となっているため、負担が軽いためなのか、米軍人軍属の家族の自動車の大多数がナンバー3となっている。

このような安い税金となっているのは「日米地位協定」で財産を非課税にしており、自動車税も「地位協定」により道路使用料分の税額となっている。親分格（米国）には物言えない、絶対的服従精神が子分格（日本）の政治のあり方であるため、世界に張り巡らされている米国基地をかかえている国家にはないことが子分格の日本国家にはあるようだ。

金網の中での生活状況は、日本国の法律の下に法律施行されているべきであるのに、「車庫証明書」も必要としない状況にあって、金網に囲まれているので不要なもので証明書がなくても良いと考えている。しかし、県民の側から判断すると、アパート生活をしている人やマンション生活の人々も、その敷地内をフェンスで囲われていても「車庫証明書」を必要とされている。金網の中の基地内も日本の法律に基づいて処理すればよいのであるが、ここにも無法地帯のような楽園軍事帝国植民地の状況になっている。不平等な地位協定の差別主義政策によるもので、日本国憲法から除外された特別取扱いの軍人・軍属となっている。人類史上「悪法のなかの悪法」の中での生活状況になっている。

こうした安全で美しい小さな島の沖縄に米軍事帝国植民地の基地を確保して、県民を長年にわたって支配し続けることは、非常に野蛮的、政治権力者たちであり、かつ問題含みの民主主義国家で法治国家と主張する日米の国家主義体制から平和を脅かす基地を撤去しない限り、「美ら島」にするには程遠いのである。

沖縄を占領して永久に基地を、我が物顔と思えば軽し傘の雪に支配し続けることのできる原因は、県民による米軍やその家族部隊との衝突紛争はないし、衝突はあっても傷害事件などは全くないので、極めて生活環境は安定していて心地好い沖縄だ、と思っているのだ。治安もよく枕を高くして寝ることもできるし、地球上最良の楽園軍事植民地基地となっている。また物損事故はあった（一九七〇年コザ騒動）にしても、刑法上の傷害や殺人事件は全くない。だから人的にも物的にも被害はなく沖縄は軍事帝国植民地基地として安上がりであるため、最良で最高の楽園基地となっているのである。こうした状況にもかかわらず、基地受け入れの意志を示さない日本国民は、何故沖縄にのみ犠牲を払わすのか。これが民主主義国家の国民なのか。まさに二一世紀の日米軍事帝国植民地主義の国家体制に方向転換しているのだ。

もう一つ国民は知っているのか分からない不思議な問題がある。それは米軍の高官へ叙勲を授与していることを戦後から続けられていることが二〇一〇年四月の新聞報道を読んで吃驚仰天したのである。この叙勲は、日本人の功績のあった人に授与されると思っていたのに、米軍関係者の高官への授与もあったのか、ということは日本の国家体制そのものが戦争賛美に加担していると言えないか。「歴史は繰り返してはならない」と日本人の心の中に深く刻みこまれている筈なのに、授与に賛成してきたのは、時の官僚政治権力者たちであり、国会の審議で可決したことを日本国民は納得しないのではないだろうか。

四

悪魔部隊と言われる海兵隊が沖縄に駐留する理由として、最適な軍事訓練基地につけ加えて先制攻撃体制に適した基地としての自然環境と地理的好条件の下に、軍事支配体制が都合よくできる、と思っている。

また、国際化した沖縄に県外や国外から人々の往来もはげしく、そのために国際的交流にも刺激を与えられて心の慰安にもなっているようだ。

戦後から現在に至って沖縄県民が基地撤去を訴えても微動だにせず、悠然と構えて羽根を伸ばして駐留できるので、県外や国外に移動させることは、精神的に安定しない、という理由が絡み合っているからである。

沖縄は軍事的にもまた人的交流にも容易で特殊な地域となっているためか、近隣諸国から悪魔の海兵隊の慰安になる女性たちが大勢いることが都合よい、と考えているようだ。

有事（戦争）の状態になれば、命知らずのならず者たちにはいつ戦争へ駆り立てられて命を落とすのか不安の中での生活をしている状況の中で、慰安の島の沖縄を楽天的で居心地のよい条件を提供しておけば、日米軍事帝国植民地主義の支配権力者たちにとっては、軍事上最良の政策と考えていないだろうか。

日米軍事帝国植民地主義者たちは県民を温和しくさせてそれに同調させるために「抑止力」という

この軍事用語を頻繁に使用しているが、それは日本の本土と米国を守るための前線基地の用語であって、沖縄県民はこの使用語に騙されることがないように、注意深く念頭においてこの無用の異物用語を認識することが重要である。なぜならば、敵国を想定して敵視している中国と北朝鮮を意識しての「抑止力」という戦略的用語を使って沖縄県民を頷かせようとしていることを見抜かなければならないからである。

沖縄県民は、歴史的にも戦前までは、近隣諸国と極めて信頼された友好国としての関係を築いて文化交流をしてきたことを改めて認識し、悲劇的な地上戦を潜り抜けてきた体験から平和への道を更に実践していくためには、近隣諸国と友情を深めていくことに目を注ぐ根強い県民の感情を忘れず行動することに尽きる。

こうした平和交流で親交を深めていけば、日米軍事帝国植民地基地の存在を肯定する県民は減少していくことは言うまでもない。これこそ、平和への道しるべであり、県民が困難に立ち向かって努力しなければならない問題となっている。

（２０１０年４月８日）

沖縄の痛みを全身の痛みとして考えよう

——権利のための闘争に挑むウチナーンチュたち——

戦後六五年間、復帰後の三八年間にわたって「アメとムチ」で公共事業は完備しつつあるが、米軍事帝国植民地基地が依然として居座っているのは、日本国民を守るべき日本国憲法よりも日米軍事同盟の安保条約を優先する政治形態になっているからである。憲法と安保はどちらが優先なのか、九条の賛否両論が施行後すぐにも対立してきた国家のあり方にいったいどこの国家にもあり得ない異常な国民の対立感情が続いている。その異常な状態が自民党政権から民主党政権へ橋渡しをしようとしていることを案じる。民主党政権も国民の感覚から外れた憲法への認識を持っているようで、これからの沖縄の運命も不安となっている。

自民党政権時代には安保条約優先政策の立場であったので、沖縄県民には不幸な運命を背負わされ、足枷をさせられてきた現実の中で、日本国内にある米軍基地は安全地帯に置かれている。沖縄県内に住んでいる軍人、軍属の家族には、世界の米軍基地と比較して、安全地帯にあって最高の生活を楽しんでいるようだ。また沖縄から帰還した米軍人が、再び沖縄へ勤務したいと言う現象があることでも察知できる。沖縄の女性と結婚した海兵隊が、本国で生活環境を整えそうであるが、そうではなく再び沖縄に戻って生活をしている例があるので、沖縄は彼等にとって最高の生活環境である、と認識している。

戦前の日本は、医学、文学、法律をはじめ留学先もヨーロッパ諸国で学び、国家の発展のために「脱亜入欧」の思想であらゆる分野を吸収してきた。しかし、戦後は米国を根拠にして、国民をはじめ政治、経済、文化、医学、音楽そして法律等を学んできたために、国民の半数以上が最も好感の持てる国である、という統計資料で示している。そうした現実から沖縄の米軍事帝国植民地政策による支配に苦しんでいることを、政治家や国民が沖縄の人の「痛み」と全身の「痛み」として捕えることのできない国民の無神経な精神的構造となっている。

沖縄県の仲井真弘多知事の行動は曖昧模糊として計りがたいため、問題解決への糸口を見出しえないのだ。例えば、二〇一〇年四月に開催される「普天間基地県内移設反対集会」へ参加するのか否か、県民は「今か今かと」明言を待っているのに、集会の前日になっても、参加への態度を保留している。その一ヶ月前に「抗議大会」が決定されている時点で「参加する」という意思表示をしておけば、日米軍事帝国植民地主義者たちへ圧力を掛けることができたのである。県民の切実な要望に外方を向くことができず、参加決定をしたようであるが、裏には「米国亡命」の噂もあったので、嫌な思いを抱かせた知事の行動であった。この政治的行動は、官僚政治権力者たちや親米派の日本国民の意識と全く変わらない知事の姿勢である。

二〇一〇年四月の全国民による「県内移設反対集会」を軽くみる日米軍事帝国植民地主義者たちに対抗するには、県民の進むべき道として「虹の独立国家」を目標に模索してもよいのではないだろうか。遥か沖縄が「琉球王国」であった時代は「独立国家」であったし、先人たちの偉業達成の歴史をたどると、不可能ではないであろう。日米軍事帝国植民地支配から完全に解放されると、軍隊のない国として不安な環境もなく、近隣諸国から大きな脅威のない沖縄の自然の豊かさを生かした観光客に魅力あふれる平和産業による非武装的な沖縄の進む道標にしたいものだ。

薩摩藩の植民地軍隊の侵略支配から沖縄の運命が苦難の歴史を経て更に明治時代から平成時代の現

在まで、官僚政治権力者たちの政治的圧力から抜け出すことができず、また更なる米軍事帝国植民地政策による苛酷な支配と抑圧から解放されることもなく、運命の足枷を引き摺っている。

日本復帰すれば、日本国憲法の下で人間らしい生き方が保障される、という大きな期待感も空しく「アメ」という生活条件の甘いことばに騙されて「ムチ」という厳しい弾圧で服従させているこの政治的技術によって、今度は再び日米軍事帝国植民地主義によって苦悩の歴史を踏まされようとしている。

普天間基地の移設問題で曖昧として計りがたい態度でことばを濁す鳩山由紀夫政権は、沖縄が全国一の貧乏県として判断しているのか、再び新型の日米軍事帝国植民地要塞基地建設を押し付けようとしている。普天間基地が宜野湾市のど真中に位置しているということの理由だけではなく、それが新型の悪魔機オスプレイ配備にとって都合が悪くなるため、軍事植民地基地としてのすぐれた名護市辺野古へ移設しなければならない軍事帝国植民地政策からの計画となっているのである。

将来の日米軍事帝国植民地政策による不安から県民の八〇パーセント以上による県内移設の反対意識を決定づけた「普天間基地県内移設反対集会」にもなったが、それを無視して県内移設に強硬な政治手段に出てきた場合には、県民はどういう対抗意識で対応すればよいか。県民の感情として「仕方がない」という諦めの表情や態度をすると、日米軍事帝国植民地主義者たちの思う壺にはまってしまうのだ。こうなったならば、将来の沖縄の運命がどういう方向へいくのか、ここで一度立ち止まって「虹の独立国家」への道に目標を定めて考えてみることも無駄ではなく、単なる不可能な空想論ではない。

戦前には日本本土から沖縄へ転勤したのは、天皇制国家において県知事は任命されて政権を担当し、それに関係する官僚政治が赴任して、政治経済をはじめあらゆる分野に渡って県民を支配していた。しかし、一九七二年の日本復帰後は、ヤマトンチューが沖縄に定住している。更に不安になるのは、本島から離島に至って大量の人口移住がある。これだけに限らず本島北部や離島にかけて本土の政治家とか芸能人による土地の買占があり、この現象は止むことがない。過去においても問題となった海洋博開催前後から北部地域で土地買占が始まり、現在では農民たちの後悔の声が巷の声として聞くようになっている。

こうした実情から推測すると、将来の沖縄県民は本島の片隅に押し込められて民族滅亡の危機に晒されることを憂慮している。このような現象は、世界の国々にもある歴史的事実であるため、沖縄もいばらの道を辿るのではないかと懸念される。例えば、日本全土に住んでいたといわれるアイヌ民族とかアメリカのインディアンそしてニュージーランドのアボリ族に台湾のタカサゴ族等の原住民は、外敵の侵略でその土地に住む権利が剥奪された民族であり、その悲劇を思い浮かべると、沖縄も例外ではない。

沖縄の実情をよく理解して県民と共に軍事帝国植民地撤去と新型の軍事要塞基地建設反対運動に参加する本土(ヤマトンチュ)の人たちは別にして、沖縄に来て沖縄の軍用地を買い求めていることと、離島や本島北部では農業を捨てたり、継承者がなく空家とか空地が放置されている不動産を買占めていることに、将来の沖縄に不安を感じるのである。

軍用地料で生活している不労所得者たちは、その地代に対する認識をよく理解し、有効に使い道を判断することである。不労所得を安易に考えて賭け事や賭博になると、ヤマトンチュに狙いをつけられて買占められると同時に軍事基地反対運動にも悪影響を及ぼすことになる。

県民のひとりとして、将来の沖縄について心配が先に立つのは、現在の日米軍事帝国植民地政策による危機的状況から一〇〇年、二〇〇年以内の沖縄の展望を考えた場合、今ここでこのことを論じるのは空論であり、卑怯者呼ばわりされる人間への警鐘を鳴らしている、ということである。

大田昌秀県政から自民党県政へ移行したときから普天間基地問題について複雑極まりない政治政策変動がある。稲嶺恵一知事と橋本竜太郎首相の時代に、移設先がどうなるのか、不測の事態が予測できた、ということである。革新系の大田県政が続投するならば、県民同士の争いもなく、また日米軍事帝国植民地政策が続投するならば、県民同士の争いもなく、また日米軍事帝国植民地政策で「アメ」を与えて問題解決に強硬姿勢で対応できないであろう、と思われる。

翻って考えると、普天間基地の移設先の問題は、一九六〇年代から暗暗裏に事を進めながら米軍事帝国植民地主義者たちにより青写真を作成して、日本側へ一方的に押し付けられた、と言われる。この青写真に対して、当時の官僚政治権力者の自民党政権は、予備的知識もなく当時の名護市辺野古の海域の調査もせず、ただ青図面に対して黙認していたようだ。現地に来て調査する意欲もなく、親分格の米軍側の主導権によって移設先がほぼ決定づけられていた、ということである。

官僚政治権力者のちの自民党政権時代は、沖縄県民を日本国民のひとりとして考える政治的姿勢も全く低く、その意識もないので「愚民政治」をしても平然と構えた政治感覚である。

もともと自民党の一員で、一つ穴の狢から出て政権担当している民主党も同じ道に突き進もうとするのか、それとも県民に多大な期待を抱かせるだけで政権が終わって、時間の経過と共に裏切り、県民に愚民政策をしようとするのか、理解に苦しむ政権のような感じになっている。

民主主義に基づいた政治の方向をゆがめないためには、日常的に日米軍事帝国植民地主義の政策に関心を持ち、将来完全撤去して軍事植民地基地に関する問題が、日常の新聞、ラジオ、テレビ等に登場しない毎日が続き、腐敗した政治指導者たちに騙されない平和な暮らしの美ら島にすることに、県民の力を結集することが求められる。

（2010年4月28日）

官僚政治権力者による軍事植民地支配を排す

一　日米同盟の深化による怒涛の勢いを押し返せ

二〇一〇年四月の大規模県民の抗議行動に続いて五月には更に前回を上回る規模で普天間基地を包囲する抗議行動が続いている。日米軍事帝国植民地主義の政治政策に対し、これが最後の抗議行動になるようにという気持ちで県民は渾身の力を込めて抵抗する力強さである。

日米軍事帝国植民地支配を堅持するためには、県民の大規模の抵抗運動を耳に止めることもなく、あくどい奴隷根性であり、日本国憲法に保障された人間の尊厳などは、ただの念仏であると思うだけで、軍事帝国植民地政策を推し進めるには、民主主義の政治理念など毛頭ない。こういう国家体制は、戦争への道をどう進めていこうとしているのか、また戦略上、毎日の軍事政策上、どのようにして県民に押し付けようとするのか、常に関心を抱いてその動きを注視しなければならないのである。

現政権の民主党は、国民や県民の生命よりも「米国人の米国人のため」の日米軍事同盟にしがみついているので、県民には政治政策の微微たるものしかみられない。

たびたびの抗議の中で、二〇一〇年五月の普天間基地包囲行動は、一時間に四〇ミリの大雨、雷、洪水の警報が発表されているこのような悪条件の中を、こんなに多くの人々が集結して基地完全撤去運動に参加している。普天間基地包囲行動に人間の輪で取り巻く状況は、まさに革命的な抵抗運動である。なぜならば、この抵抗運動に参加した人々は、小中高校生から大学生、大人から年寄りに至る大群衆による抵抗運動となっているからである。ここに参集する人々の抗議に日米軍事帝国植民地主義の権力者たちは、なんらかの反応をも示すこともなく、じっと黙殺していることは、過去の戦争の過ちを忘れ、再び戦場へ駆り立てる国民に仕立てることに政治目標を定めている。それを打ち砕くには県民として、抵抗の輪に輪を掛けてひるまず抵抗運動を強化しなければならない。

前回の県民の抗議集会（二〇一〇年四月、読谷平和運動公園）から今月の五月の普天間基地包囲行動までの県民の「怒り」は、世界の米軍基地には例のない大規模な抵抗運動となっている。それにもかかわらず、名護市辺野古への「現行案」修正という強硬手段で、日米軍事帝国植民地基地建設に県民が反対していることに動じないならば、二一世紀最大の日米軍事帝国植民地支配下に置かれることに注目し、徹底的に抵抗する心構えをして置くことが重要となる。なぜならば、民主主義制度を根底からくつがえす日米軍事植民地主義の政策に止めを刺さなければならない局面に立たされているからである。

二　月にむら雲花に風満つれば欠くる世の習いの如し

軍事的、経済的資本主義の大国が、それよりも弱い小国家をいじめ、そのいじめられた小国家はその下の小国家をいじめる政治的圧力主義の傾向には人間同士の間ばかりではなく、国家間にもある。特に、沖縄の場合は、日米の二大国家によって、軍事帝国植民地支配による政治的人種差別のひどい仕打ちが、露骨に敵意を示す政治体制となっている。

日米軍事帝国植民地主義の大国は、揃って沖縄県民を愚弄し、奴隷化しようとしているのか、県民の切実な問題として米軍事帝国植民地基地の撤去を叫んでいるにもかかわらず、虐待的政治行為を繰り返している。名護市辺野古への巨大な軍事要塞基地建設を暴力的実行に移すことに執着心を持っていることで分かる。

米軍事帝国植民地の軍隊が、銃剣とブルドーザーによって強制的に土地を強奪して、軍事帝国植民地化してきた中でその野蛮的行為を阻止する強靭な抵抗精神を培って、理非曲直をただすべく抵抗の組織と抵抗運動が重要となってくるのである。

嘘八百を並べて月にうそぶく虎のような官僚政治権力者たちは、一般の国民と同じレベルの能力しか持っていないのか、という疑念を抱かせる発言が多い。例えば、弁護士界で話題になるのは「お金の貸借と約束ごとは最後の最後まで分からない」と言われる。これと同じ程度のことを政治家に当て嵌めてみると、官僚政治権力者たちの政治公約は、最後まで守るのかなぞめいた発言が、数多く繰り返されることで分かるのである。謀は密なるを貴ぶ、という姿勢で政治を実行に移すとするのか、甚だ国民や県民に不安を与えている。官僚政治権力者たちの謎めいた発言が、沖縄県民の心を操り人形のように操って、普天間基地の移設先を県内移設が唯一の解決策である、という脅迫的で不快な病的恐怖政治を発動しようと企んでいる。

政権交代時点の、国民の高い支持率（七五％）から八ヵ月も経過した現在では、沖縄県民を侮辱した騙し討ちの発言は、前政権の自民党と同じく断末魔を辿り、支持率も予想外に落ち込んだことは吃驚仰天であるが、時間の経過につれて間も無く十字架に掛けられるであろう。

月にむら雲花に風満つれば欠くる世の習い、の運命を辿りながら、資本主義制度の崩壊へじわりじわりと沈下していくであろう。日本の政治形態は、民主主義制度にはなじまない軍事的植民主義の風土病的な政治体質があるようだ。民主主義制度を尊重し、法治国家であれば、沖縄県民の苦痛を理解するのは当然の政治方針とすべきだが、沖縄県民に対しては、日米軍事帝国植民地主義者たちには全くその意識と自覚はない。

三　軍事植民地産業を排し民主主義を伴う平和産業へ

一九七二年五月一五日の復帰後は、沖縄へ企業誘致して失業率の低下を抑えようとして、県内の関係者たちはいろいろと模索していた。その後は、公共施設や道路、港湾施設などの整備はされている。

これらの施設が、いざ「有事（戦争）」になれば、軍事優先に使用されるため、復興対策というよりは、戦争を有利に展開する準備的公共事業の施設といえる。このことは、日米軍事帝国植民地主義者たちの軍事作戦の必要性からの判断である。金網の中で星条旗と日の丸の旗が毎日掲揚されているのは何を意味しているのか無感覚になってはならない。

軍事植民地基地の経済的軍事産業から平和産業への転換の方向性を県民全体で見詰めていくことを考えなければならない時代となっている。それを解決する先決問題として、沖縄から日米軍事帝国植民地基地を完全に排除すれば、民主的平和産業の美ら島となるのは言うに及ばない。占拠されている金網の中の軍事植民地施設は、最高の平和産業に発展していく風光明媚のよい楽園地域となっていることで分かるからである。だから金網の中の軍事植民地基地を撤去しない限り、民主平和産業の経済発展は期待できないのだ。

こういう意識変革に目覚めると、「基地はいらない」ということが理解できて、光り輝く夢の世界へ進むことができるであろう。未来の歴史は、民衆の限りない大きな夢をいだく総力の結集から実現していくのである。

沖縄の日米軍事帝国植民地主義者たちの巧妙な軍事植民地政策は、如何なる現代の軍事用語を駆使しても表現できない沖縄の現実である。

革新政権から保守政権へ引き継がれてから普天間基地を県外移設で建設することを県民の意志として要望しても、官僚政治権力者たちの政権の下では、血も涙も無いため、沖縄への強硬姿勢で一歩も譲らない差別意識を抱いた政治的圧力の政治方針となっている。

復帰後の沖縄の軍事帝国植民地基地の問題に対して、血を吐く思いで苦難の歴史を歩んできた沖縄の現状を訴えてきたが、全国民をはじめ高慢な官僚政治権力者たちは、沖縄には視線をそらして、解決しようとする真剣さは微塵もなく現在も続いている。

沖縄の日米軍事帝国植民地基地は、外交問題の中で最も重要であり、国家の中心的政治課題であるにもかかわらず、「当たり障りがない」政治姿勢であるため、熱意をもって解決する意識は毛頭ないのだ。

日米軍事帝国植民地基地の問題は、世界が平和であるか、その判断となる重要な基地の存在である。経済大国の名にし負う軍事力の増強する国家は、驕り高ぶることを誇りにするため、風の前の塵埃の如く、近い将来には必ず消滅する運命共同体の道を辿ることは歴史が証明している。

（２０１０年５月15日）

死刑制度の存続と廃止問題 ――法務大臣の見解と教科書問題――

一

死刑執行に署名した千葉景子法務大臣は、政権交代前の野党時代には死刑廃止論者であった。しかし民主党政権で大臣の地位につくと、言行不一致の態度で自ら立ち合って二人の死刑囚の執行を目の当たりにした、という報道である。

千葉景子法相は、弁護士の資格をもち、人命尊重を主張した立場にあったため、死刑廃止論者であったが、政権担当することになると、死刑執行することに積極的態度を示すのはどうしてなのか。法務大臣の地位につくと、持論の考え方が無に帰するのは理想論と現実論には矛盾した態度におちいることに政治家の現実論中心の政策の重要性とみるのであろうか。

死刑存続論の立場を支持する主張には、①死刑が犯罪を防止するかどうか明らかでないが、刑罰の応報という側面を無視すべきではない②誤った判決は、死刑自体の問題ではない現状では判決について裁判は非常に慎重である③被害者の人権や遺族の感情を重視すべきである④憲法の条文一三条三六条から死刑が存続すべきか否かは日本の問題である。世界も死刑廃止に向かっているとは必ずしもいえない。

この主張に対する廃止論者の立場を対応させるとどうなるのか。①に対して死刑には犯罪防止の効果がない②には誤った判決によって処刑された場合、取り返しがつかない③には被害者の遺族の罪を憎んで人を憎まずという心境を重視すべきである④の最後では世界は死刑廃止に向かっている。読者の皆さんは、いずれの立場で理論構成するのか。

刑法が施行されて一〇〇年以上も経過しているが、死刑に相当する犯罪がなくならない。しかも現在では、高齢者から未成年者に至るまで老若男女を問わず凶悪犯罪が急増している状況に対して、廃止論者の主張には疑問がある。双方を比較してそれぞれの主張を対応すると、その判断は難しい。

日本学術会議のシンポジウムの賛否両論では、いずれの立場に決定するのか、それを結論づけるのは困難であろう。この会議が一九九七年五月に初めて死刑制度をテーマにシンポジウムを開いたが、結論は出されていない。注目すべき内容として、科学的説明はないが「死刑に抑止力があると信じる人が多い」ため、公共の福祉との関係で死刑の必要性を述べている。廃止論者の立場として「刑罰制度としての死刑は、効果的な抑止力を失っていない」と言っている。その後、二〇一〇年八月NHK番組の「クローズアップ現代」で、死刑の実態について放映されたが、ここでも憲法一三条「人間の尊厳」という理念から存廃論については、国民の意見の対立した内容の番組で終わってしまった。

憲法三六条施行当時から現在までに不特定多数の死傷事件のように、地獄の沙汰をみる非道な殺人事件が増加している。人間性を喪失した極悪非道な殺人行為は、極刑をもって対応すべきである。死刑廃止論者の意見は、一利一害というのが現実の社会的状況であると考えたい。

国家議論の中で、社民党の福島瑞穂党首から千葉景子法務大臣に対して、「死刑についての廃止論者として将来死刑論について議論があった」という質問には「思想信条を守るのは重要だが、勉強会をつくり国民の議論にすべきだ」と答えている。国民的議論にするためには、死刑の存廃についての功罪を真剣に学びとる雰囲気を作り出さなければ、勉強会も成功しない。

二

死刑に関する憲法の条文は一三条三六条そして国際法規に規定されているが、廃止論者が廃止を主張する場合には憲法改正に及ぶのだ。政治家の間では、前政権の自民党からも改悪しようという動きもあるので、この死刑の条文だけではなく他の条文も改悪しようという機運が盛り上がるため、憲法の条文には現状維持にして遵守すべきである、と思っている。

千葉景子法相は、参議院選挙では落選したが、法相に再任されて菅直人内閣の官僚になった。不可解なことは国民の不支持によって落選したにもかかわらず閣僚に抜擢されるのは、法律上どうなっているのであろうか。外交問題では積極的行動をとって国民及び沖縄県民の立場で対応すべきであるのに、沖縄問題になると政治的発言の行動が見られないのである。前政権の政治形態と類似している政治的発言には、支持率の低下も必然的である。

前政権の時代から国民的議論の契機の意向を示していたし、また刑法学者の間でも活発な討論会を開催して死刑の存廃についてその内容を熟知している千葉景子法相の場合は、自ら死刑囚の執行に立ち会っているので、その執行のあり方については、これまでの法相経験者と異なり、一歩前進している、と思われる。だから議論の契機としては刑場を報道機関に公開することを表明しているから、死刑執行のあり方が残酷なのか、国民も判断できる機会の判断になるであろう。

三

戦前は、殺人事件のような凶悪な犯罪はめったに発生しなかったが、戦後になって高度な資本主義体制の国家になり、お金にまつわる犯罪が多発している。米国では一三八人中一人の割合いで刑務所に服役しているという米国的犯罪行為が、日本人の中にも多くみられる。殺人事件が米国的な殺人事件にも類似していると言えないか。平穏ではない社会環境になってきていることは事実である。

死刑にまつわる効果的な「抑止力」がある、という観点から述べてみたい。小中高校の教育課程で、犯罪を犯した場合には、どういう刑に処せられるのか、それに関連する法律の条文を使って体得させることによって、大人になって犯罪の防止になるのではないか、ということである。更に一歩すすめて事件の概要と判例を利用して未成年時代に教育しておけば、その極刑とは何か、ということが頭に刻み込まれて死刑にあたる犯罪も減少するであろう、と思っている。

将来の展望として、義務教育の課程と高校教育で死刑制度の問題についての知識を持っていれば、成人になったときは死刑の存廃について、国民の権利として「国民投票」で決着をつけることも考えられる。また、さらに現代は報道機関も発達しているので、マスコミを通じて国民的議論になる報道も重要になってくる。

世界の国々には、死刑廃止国家も増加していると言われているが、廃止論を唱えている国家はなぜそうなっているのか、それぞれの国家の実情も考えながら、そのあり方について国民へ問いかけることによって、死刑制度について関心を持たせることが重要課題である、と思われる。

（２０１０年７月28日）

黒人指導者キング牧師と田中正造の精神に学ぶ沖縄

――沖縄の民意に逆らう民族差別主義の終焉――

一

日本へ侵入している外来種による日本特有の在来種が絶滅寸前にあって、環境破壊による自然環境の変化が報告されている。沖縄においても外来種による自然環境に変化がみられると警告されている。外来種といえば、動物、昆虫、植物等であるが、これらのものが生態系の変化と破壊をもたらし、自然環境と人間の生活に大きな影が差している。

外来種は、人間の存在に喩えると生き物と同じく沖縄県民には馴染まない存在となっているのが外来人種ということである。例えば、沖縄に駐留する米軍と日米同盟や地位協定に関係する人間、それらに同調する本土人とが該当する。沖縄県民の伝統的な人々の心の優しさや自然の美しさを尊重しない外来人種には、異質文化を理解し、県民の心の生き方を理解できるのか。国民の中には、沖縄県民を異民族と言う意識感覚を潜在的に持っているようである。

官僚政治権力者の民主党政権は、同類の米軍事帝国植民地国家に対する外交交渉の場では、怖じ気づき脅える子供のような姿勢で臨んでいる醜態を演じている場面がちらつくのだ。特に、沖縄の現実問題についての外交交渉の政治姿勢には、対等の立場になって胸に手を置いて、堂々と主張しようとしない個性のない隷属国家体制となっている。こうした低姿勢の官僚政治権力者たちは、外来人種の違いによって、劣等感覚の意識があるのか、疑問になる点である。

米本国では、現在も「白人至上主義」という優越的な意識が強く社会的混乱があるが、日本国内においても黄色人種と白色人種とを比較して身長、体重、髪の色、眼の色等の差で優劣を意識しているようである。更に軍事力、経済力、文化芸術、医学等の分野においては、米国に寄り添って学ぶ意欲が旺盛であるが、外交問題になると隷属主義に成り済ましているために主体的には個性のある外交交渉は貧弱となっている。

二

異民族の米軍事帝国植民地軍隊に沖縄県民が絶対反対しているにもかかわらず駐留していることは県民の生活環境には全く馴染まないのだ。かつて米黒人解放運動の指導者が先頭に立って、黒人の意志を高揚した牧師のキング氏の演説で（I shall overcome）（私は必ず勝つ）という信念のこもったことばは、沖縄県民に勇気を与えている。軍事植民地基地撤去と新型の軍事植民地要塞基地の断念まで抵抗の波に乗り、最後まで諦めない抵抗運動を継続することである。諦めの精神は、沖縄の未来に悲劇をもたらすことを身に沁みて感じることである。「私は必ず勝つ」という信念は、沖縄県民に勇気と行動を与えた贈り物となっていることばである。

政治的社会環境を浄化し、安心して平和に暮らすことに希望をいだき、桃源郷に遊ぶ沖縄の風土にする心構えが必要となっている。なぜならば、フィリピンの国家財政の一翼を担っているのは、海外に職を求めて働きに出て行く若者たちで、給料を故郷へ送金して家族の経済生活を支援している、という。その中の若い女性たちが、日本を目指して出稼ぎに行くようである。それがいわゆる「ジャパゆきさん」と呼ばれるフィリピンの若い女性たちである。特に沖縄県には魅力を感じて金武町の繁華街に集まって「朝から膝に若い女の子を乗せて」ロック音楽に熱狂し、享楽に酔い痴れる悪魔の海兵隊と共にふざけた有様で夜がふけるまで賑やかさに明け暮れる金武町繁華街の状況である。沖縄県の若い女性たちには、このような無様な行動には消極的であるが、外来人種だからできる行動かも知れない。

毎日、このような状況であるから、殺人、強姦、強盗その他の事件や事故等が日常的に発生する悪環境の生活である。一九七二年五月復帰後の米軍犯罪による発生件数が五、六三四件で、二日に一回の割合の事件、事故となっている。また、その中で米軍の家族の少年たちによる強盗傷害事件という悪質犯罪も発生しており、米軍事帝国植民地主義の支配体制による意識が絡み合っている犯罪行為である。

こうした事件や事故の内容を考えると、これが民主主義を唱える国家の軍隊や家族と言えるのか疑問である。悪魔の軍隊という悪評の軍隊を引き受ける全国の自治体は、全く皆無であるが、沖縄県にこういう軍隊や家族を押し付ける民主党政権には、何の期待感もなくむしろ不信感が募るばかりである。

日常的に事件、事故の多発に怯えながらの生活環境と共に政治的、軍事的植民地政策による新基地建設反対の沖縄県民の「民意」を冷淡に鼻であしらう日米軍事帝国植民地主義者たちの政治的、軍事的状況の中で生活をしている沖縄の現実となっている。「日米同盟」を深化させることを最重要にして、外交軍事植民地政策を柱としている民主党政権は、沖縄県民の六五年以上に渡る長い長い屈辱を感じることもなく、再び県民の意思統一を裏切って「現行案」を修正して強硬手段に踏み切る野蛮的行為を実行しようとしている。沖縄の基地問題は、すべて頭越しの外交による日米軍事帝国植民地主義者たちが密室で討議して「名護市辺野古が唯一である」と主張するのは、暗黒政治の前兆であり、かつ二一世紀の新しい国内軍事帝国植民地主義の政治的、軍事的方向を暗示している。このような人間無視は、異民族を支配している政治的、軍事的支配感覚であり、日本国憲法条文の「人間の命の尊さ」を厳守しない政治行為の国家は、落日に向かって時間を待たず沈んでいくことは自然の法則である。

深刻な人種差別の完全撤廃を訴えるキング牧師の「私は必ず勝つ」という強い信念には、沖縄県民も同感で身を粉にして抵抗への精神的構造にすることに情熱を注ぐことによって新型の日米軍事帝国植民地基地を断念させることができる。

三

鳩山首相が沖縄に来て「回り回ったが、沖縄にしかお願いできない」というのは第四の「沖縄処分」

になることを、沖縄県民は強く警戒し、満身の力を腕に込めて抵抗することである。再び現代版の「沖縄処分」にして娯楽気分に浸ろうとする国内軍事帝国植民地主義の民主党政権は、疾病患者になっているのであろうか、沖縄の痛みを感知できない神経麻痺の状態になっている。

将来、沖縄県民の限りない抵抗運動が続くことを予見して日米軍事帝国植民地主義者たちは、ナポレオンやローマ皇帝が行き着いた結末に「繁栄のうちに滅亡」で終末する歴史的事実を学ぶことである。更に記憶を辿ると、足尾鉱毒事件を農民と共に戦った田中正造が「たいていの国家は、亡びるまで自分を知らない。人民を殺すのは、おのれの身体にやいばを当てるのと同じであるといふを知らない」と訴えている。田中正造の精神的抵抗運動は、人間の生き方として自然に受け継がれていて、名護市辺野古の民衆闘争にもなっている。

四

沖縄県民の抵抗運動の歴史的一面として記憶されるのは、二〇一〇年の四月二五日のこれまでかつてない大規模な抗議集会で、県民の嫌がる県内移設を日米軍事帝国植民地主義者たちの独裁的な権力謳歌主義で押し付ける政治行為に県民のひとりひとりが全身をかたむけて抵抗していることに現れている。「県民が嫌がることは押しつけるな」と主張して、官僚政治権力者たちの差別強行主義に対抗するには、民主主義の旗印を高らかに掲げて闘う県民は、努力に努力を重ねて精魂をかたむけて頭脳を磨き、馬鹿にされない能力で評価されることが政治的差別主義から開放される。

社会的現象として、貧困家庭の子供たちに対して、富豪な家庭の子供たちが、馬鹿者扱いをしたり、軽蔑する行動は大人にもあるので、全国的に所得の低い沖縄県に国家権力者たちや大和人（ヤマトンチユー）の富豪たちも子供のような視点から、普天間基地の移設先をまわりまわって沖縄県が適切である、と結論づける。「愚民たちよ権力に逆らうな」という強力な圧力政治で国内軍事帝国植民地主義による政治的、軍事的支配体制に心血を注ぎつつある。これに対して諦めない抵抗運動に参加することで沖縄の運命に関わる重大事が持ち上がることを期待している。

沖縄が「私は必ず勝つ」には、諦めない牢固で強靭な意志の抵抗精神で行動することによって安心した生活環境になるのは、言う迄もない。真綿で首を絞める密かな軍事植民地体制から解放され清算することによって、平和で美しい星空を眺めて生活のできる美ら島に沖縄の未来がある。

（2010年10月8日）

沖縄を三界の首枷にする日米共同声明
——政治を考える指標となる沖縄の現実——

社民党の福島瑞穂党首が署名に拒絶した「日米共同声明」の内容は、従来と全く異ならず、これまで以上に厳しい環境悪化が発生することが予測できる。沖縄県民の生命を物ともしない恐怖政治の夜明けであり、それは反民主主義従属主義、命令服従主義、そして軍事帝国植民地主義国家という政治的意味を含んでいる、ということである。その一例として「東アジア平和安定のため沖縄に新型のヘリ基地を移設する」という強権政治は、県民の同意もなく、頭越しの国家間の決定は、まさに政治権力者たちの独裁主義国家体制への驀進であり、恐怖政治へ一歩踏み込んだ政治的、軍事的状況となっている。

この声明の不可解なところは、名護市辺野古への新型の軍事植民地要塞基地の建設は「沖縄の基地軽減につながる」と言って県民を騙しうちにしようとしているのだ。悪魔部隊の海兵隊の訓練の一部を県外に移すということと、新型の巨大要塞基地の建設とは全く異質であり、勘違いをしてはならない。なぜならば、この新基地を拠点に、沖縄全域にわたって軍事植民地訓練の激増は明確であり、自衛隊と共同訓練となるので、一層の爆音公害に悩まされ脅かされながらの生活環境になっていくことは明白だからである。その証拠として、新型の空飛ぶ悪魔機と呼ばれている「オスプレイ」は大型ヘリで、その機は爆音も異常を訴えている。

もう一つの気懸かりになるのは、名護市辺野古の滑走路の長さが当面の急務案として一八〇〇メートルとなっているが、いったん建設すると、辺野古の陸と海が埋め立てると国家の財産（国有地）になるため、自由奔放に使用する権利を主張して、全く異議を述べられない、というのが過去の事例で証明されている。

新型の日米軍事帝国植民地基地をひとまず建設することに全神経を使っているが、完成後は更に軍事訓練には、当初の滑走路では「短い」ということに注文がつけられて「あとXメートルに延長したい」と言われると、「同盟深化」の重視から言われる通りに承諾する可能性が明白となるのだ。親分格の米軍事帝国植民地国家に言われると、命令服従する隷属国家には、真剣に沖縄県民の立場で物が言えないため、要求通りに承諾することは言うに及ばない。

官僚政治権力者たちは軍事的政治用語として「理解と協力」ということばを表現上使用するが、この歯切れの悪いことばの裏には沖縄県民に安堵感を与えるようなぎこちない表現である。騙すに手無しであり、過去から永遠と流れてきていることばに県民を宥めすかして現在に至っている。このことばに裏切られてきたことに警戒して、日米軍事帝国植民地主義の支配体制に身を以て感じとることによって、基地撤去と新型の要塞基地を断念させることは決して夢語りに終わることはない。

沖縄の日米軍事帝国植民地基地の現状について、解決しようとする使命感に燃えた県外の国会議員や国民は、遠い国の出来事として判断しているのか、前政権や現政権の民主党も同じ立場であるため、国民も無関心にさせている原因がある。国会議員は、国民の代表であるから国会と内閣は「連帯責任」があるが、普天間基地問題について内閣には一言も異議を述べることもできない民主党議員たちである。だから、二〇一〇年五月二八日の「日米共同声明」までの八ヵ月間も各閣僚たちによる「暴力的差別主義」の発言と態度に民主党の議員も同調しているのか、異議申し立てもないのは不思議そのものである。

鳩山首相が「日米共同声明」を発表する前に、国会議員が、沖縄県民の抵抗大集会を全国民に賛同させるように先導して集団的に意義を申し立てなければ、沖縄問題の前進はない。この動きが全国的に広がりのないのは熱意の籠もる国会議員が皆無であることに原因があるのである。

鳩山政権は「県民の負担、近隣諸国の軍事行動に緊張感がある限り、県内移設したい」と表明したが、沖縄県民の「民意」を裏切ってまで日米軍事植民地基地の県内移設を強権に発動するのは、まさに恐怖政治の一歩手前の政治状況になってきている。

大多数を占める県民の抵抗の意志が、県内移設反対の「民意」と怒りを押し殺して米軍事帝国植民地基地国家体制の側に立って巨大な新型の軍事要塞基地を建設した場合、思う存分に脇目も振らず軍事訓練を繰り返し、県民に不安と恐怖を与えることは必然的となるのは言うに及ばない。

これに対する被害状況や基地撤去を裁判所に訴訟を起こしても、県民の側に寄り添って納得のできる判断は全くないし、県民には満足できる結果が得られないのが、裁判所の終始一貫した政治的立場である。

安保条約や日米地位協定が、日本国憲法に優越するという優位説の判断をしているためなのか、裁判所も憲法に馴染まない見解に立っているので、沖縄の米軍事帝国植民地主義の支配下で犯罪も頻繁する現実の沖縄となっているのである。

前政権と現政権の民主党も有無を言わせぬ強引さで「切り捨て御免」の武士道的精神によって沖縄県民に圧力をかけ、強権政治に踏み切って日米軍事帝国植民地主義の支配体制の政治政策を推し進めながら軍事基地を強化しつつある。

このように、軍事的、政治圧力の状況にある沖縄を、針の筵から開放させて、針の落ちる音が聞えるような静かな社会環境になることが県民の平和の願いである。

（２０１０年11月10日）

坊主憎けりゃ袈裟まで憎い　――名護市へいやがらせの交付金――

名護市の市長選の結果、当選した市長とは、常識的に考えても今後の政治的方向性として、面談すべきであるのに、官僚政治権力者の民主党政権の閣僚たちは面会拒絶をしている。

稲嶺進市長と面談の意思があれば、日程表にあわせてわずかな時間で対応できる筈であるが、名護市長から強力な反対意思を伝えられることを認識しているので、要望に答えることができない不思議な政治の姿がある。

官僚政治権力者の民主党政権の政策とは相容れないことを悟っているため「どうせ政府方針とは異なっている」から時間的余裕があっても逢いたくないのが本音であろう。沖縄県民の「民意」の意向を受け入れない政治的体質が、官僚政治権力者たちの実情となっている。

名護市長に対し、政務三役が面会拒否したことが意図的行為であったことを証明したのは、一カ月後に名護市辺野古へ軍事植民地基地の移設を拒否した市長の態度に怒りを込めていたために、冷遇措置として、名護市への「交付金」を凍結してしまったのである。

稲嶺進名護市長のようなぶれない信念の政治家には、歯がたたないと判断しているので、今度は県知事の仲井真弘多氏にはぶれることを予想して沖縄県の要求通り満額の交付金を満場一致で可決している。その見返りを予想して、普天間基地の移設先に名護市辺野古承認を意図しての交付金をなっているのである。この交付金に対して、知事はこれとは別問題と表明しているが、ぶれることを暗示していることは明白である。日米軍事帝国植民地基地の県内移設絶対反対している県民の強硬な「民意」を重視して絶対に諦めず断念まで追い込む行動の精神力が欠かせない。

懐柔策のアメと強権策のムチを巧みに使い熟す国内軍事帝国植民地主義の支配体制が、伝統的に引き継がれて政治的本質を形作っている、と言える。

仲井真弘多知事は、県民の支持を得て二期目の当選を果たしたが、その原因は、「県外移設」を政治公約に掲げて当選したのであるから、官僚政治権力者たちの民主党政権の強権的圧力にも屈せず、公約を厳重に身を以て難局に当たることが政治家としての責務でなければならない。

沖縄県の各市町村並びに県議会議員が「評価書」の受取りを拒否すべきであることを極力支持しているが、仲井真弘多知事としては満面に笑みを浮かべて「交付金」を満額要求通り獲得したことの裏には、県内移設の承認を得るための懐柔策のアメであることを認識しているのだ。官僚政治権力者の民主党政権が「評価書」を郵送したこと自体に問題があり、沖縄に対する見方は、日米軍事帝国植民地主義の支配体制を一歩一歩前進させていくことに警戒をしなければならない。「交付金」という本質的な意義を理解し、それを交付することによって沖縄県民に対して、日米軍事帝国植民地政策による支配を維持していこうとする恐怖の政治体制に断固として、拒否する抵抗精神が重要となってくる。

沖縄の各自治体が、我利我利亡者になって目が眩むと、永久に日米軍事帝国植民地政策の支配に苦しめられることになり、一時的な満足感に浸ってはならず、一〇〇年後まで先見の明を抱いていなければならないであろう。

勇敢で類稀な保守的存在感のある政治家の翁長雄志那覇市長が強調する「基地によりすがっていつまでも飯を食っている時代ではない」という名言を、県民のひとりひとりが自認する時代になっている。翁長雄志市長は後日、オール沖縄を提唱して県知事となった質実剛健な人柄の政治家である。

いつまでも、日米軍事帝国植民地基地の見返りの交付金をあてにすると、軍事帝国植民地の撤去や新型の要塞基地反対の意思が薄れてしまい、永久に軍事植民地基地により縋って生きていくという不幸な運命を辿らなければならない。近き将来には、戦争ができるように憲法九条を改悪し、それに関連して法律が成立していく可能性があるからである。

懐柔策のアメと強権策のムチの強権的政治政策に巻き込まれないように、子子孫孫の時代になっても平和で安全な社会環境を作り出すことが、現在生きている人間の責任であることの現実を直視することに尽きる、と考える。

（２０１０年12月15日）

軍事植民地経済から独創的平和産業へ

一

二〇〇九年一〇月に政権交代した民主党も前政権を踏襲したかのように同じ政治の道を目指しているように感じる。「お前もか」と沖縄県民から警戒の目でみられてきている現在、再び前政権（自民党）の無差別主義的な国内軍事帝国植民地主義を踏襲しようとしているこの民主党政権にどう対応すべきか、県民のひとりひとりが本来の沖縄の運命を深く心に刻むべき時代になっている。「沖縄県民よ一致団結して立ちあがれ」のキャッチフレーズの下に勇気を抱いて抵抗する絶体絶命のピンチにおちいる世紀を迎えつつあることを認識せざるを得ない。

米軍事帝国植民地主義者たちは、前政権が締結した普天間基地の県内移設現行案を極力前面に打ち出しているため、県外・国内の受け入れを拒否している。そのことは、現鳩山由紀夫政権が崩壊することを予想していて、次の新政権が親分格の米国側に寄りすがることに期待しているので、その時まで現行案にこだわり、一歩も譲らない政治的体制になっているようである。

日米太平洋戦争で敗戦国となって「長いものには巻かれろ」とか「権力者には立ち向かうべからず」

という日本独特の伝統的精神風土病は、現在米軍事帝国植民地主義国家に徹底的に軍事支配され隷属的になるのは、爾来勝者に服従する精神的構造が沖縄にも押し寄せている、ということを認識している。

本土復帰すれば、平和憲法の保証する人間の尊厳の下に置かれることに夢を見ていたにもかかわらず、復帰後の現在に至るまで人間の価値を軽くみる政治的政策となっている。この沖縄の政治的、軍事的政策は、民主主義では法治国家と断言できるのか、疑問であり再び歴史を逆戻りして、戦前の差別政策の下で四苦八苦した県民の心を揺さぶりはじめている。

戦前の軍事主義国家よりも最も強力な勢いで右傾化の兆しが刻々と、しかもじわりじわりと地獄の底から噴き出していることを国民は注視しなければならない。官僚政治権力者の民主党政権は、親分格の米国を最も信頼しているという統計資料から、その関係は親子に喩えられる。子は親に従うべきであることを国民の意識にあるように、子の立場にある沖縄は、日米軍事帝国植民地主義者たちの立場にある親の言う通りに従った方が県民である子のためにはよい結果が生じる、と思っている。

二

沖縄県民の歴史的意識として、近隣諸国との関係では唐時代からよき隣人としての認識が「長河の流れの如く」息づいている、と認識している。また、近隣諸国とは戦前の軍国主義政権の下で、沖縄県民と同じく無差別に差別され軽視されてきた歴史的事実を共有の差別政策として自覚している。だから県民には近隣諸国から軍事力行使はないと考えられる。日米軍事帝国植民地基地が完全撤去されることによって、侵略的行動は、全くないという状況で判断することである。自民党政権時代では、近隣諸国との関係を日常的に念頭に置いたが、民主党政権になってもこのような認識状況は、徐々に解消されることに期待していたが、再び来た道を歩もうとしている。沖縄県民は、同じような物事が次から次へ出てくる雨後の筍のように危機的直面にあることを敏感に反応して「島ぐるみ闘争」に全県民の意志で抵抗運動の実行に踏み切ることにしている。

沖縄県議会の普天間基地県内移設反対決議をはじめ、五月二四日（二〇一〇年）の四一市町村長の傘下に、九万人の県民の抵抗運動と更に五月一六日（二〇一〇年）の普天間基地包囲抵抗運動、過去六五年間政治的、軍事植民地政策に屈することなく抵抗を継続してきたことは、沖縄の歴史上の事実でありながら本土人には反応も鈍感であり、また官僚政治権力主義の民主党政権も「琉球処分」の契機となった薩摩藩の植民地主義政策の歴史を繰り返そうとしている。

かつて、ドイツ大統領のワイヅゼッカ氏のことばに「過去に対して目をつぶる者は、過ちを繰り返す」ことになると、第二次世界大戦の教訓から全ドイツ国民に呼び掛けたことが、ドイツ国民の心に深く刻み込まれているようである。ドイツ国民は、大統領と共に「過去をふり返り」再び悲惨な運命を辿らないために、国民のひとりひとりが深く反省し、一致協力して戦争のない平和を築くことを目標に努力しているのが、ドイツ国家であることを学ぶことができる。

これに対する軍事帝国植民地主義の官僚政治権力者たちは、過去の幾多の戦争を経験しているが、未来に向けて日本国憲法の基本原則の一つである平和主義に基づいて平和を目標に努力する国民的感情を盛り上げていない。日米軍事帝国植民地同盟に、外交上重点的政治目標にしている限り、平和主義国家の建設を志向するのは程遠くなるのは言うも疎かである。戦後六五年以上も経過して戦争のない状況を「平和だ」という意識は、よく言われる「平和ボケ」になって関心がないことをよいことに戦争のできる悪法の法案が創設されていく可能性がある。

三

本土人（ヤマトンチユー）が、沖縄の日米軍事帝国植民地基地に無関心で敏感に問題を前向きに捉えることのできない原因の根底には、日本人のあらゆる分野の修行の目的地として、米国から学び取っているからであろうか。例えば芸術活動（主に音楽）、学問、医学、科学、宇宙開発、スポーツ、軍事そして法律等のあらゆる分野において、米国へ渡って修行している限りない恩恵を蒙っているため、沖縄の軍事植民地基地問題で、異議を申し述べることのできるのは、全国民の九牛の一毛に過ぎない。基地問題に口が腐っても触れないのは、恩を受けている米軍事帝国植民地主義者たちから睨まれたくないということなのか、それに加えて沖縄県民の苦しみや痛みは自分の修行に大きく影響を与えるという危惧の念を抱き、関心はあっても行動を移すことに控え目になっているようにも感じられる。

流れに棹差すように、政治分野にも言えることは、前政権と現政権も親分格の米国に隷属的であるので、切り捨てられることに恐れをなし、親なくしては子は育たないということになって、沖縄県はこの二国家による「第四の沖縄処分」になってきている。

その理由の一つに菅直人首相は、政権担当して間も無く沖縄問題について「琉球処分」の本を読んで沖縄について勉強したと自負していたが、その本を読んで「第四の沖縄処分」に取り付かれるのではないか、という恐れである。過去の歴史を学んで再び「過ちを犯さない」という信念であればよいのだが、学べば学ぶほどそうではなかったと認識できたか、甚だ疑問である。菅直人首相の性格から判断して鳩山由紀夫前首相を踏襲して内閣人事を配置しているため、沖縄側からみれば、軍事植民地基地については冷淡にあしらう官僚たちが座についていることに不安を抱いているのである。

四

日米軍事植民地基地として使用されている金網の中の施設は、創造的平和産業の発展の場所として最高の地域となっていて、県民ひとりひとりが平和産業を想像していく意欲を抱くことによって実現できる。夢は必ず実現できるという合言葉で現実を見詰めて基地からの脱却を目指して夢を求めていけば、撤去されたその跡地に創造的平和産業を起こすことによって、沖縄に本当の平和があることを確認する。

沖縄県民は、六五年以上も経過した現在も軍事植民地産業に依存心を持ち、不労所得で生活している環境から、このことを主張すると「なんと馬鹿なことを言っているのか、架空の夢ではないのか」と反撃するであろう。米軍事帝国植民地政策による支配体制で人間性を奪い、虐げられている県民の感情を深く認識して、沖縄の若者たちが先頭に立って意識革命をすれば、これも砂上の楼閣に終わることは全くない。抵抗精神による抵抗運動を失うと、日米軍事帝国植民地主義者たちの餌食にされるのだ。沖縄の政治的、軍事的変革への行動意識の現実に目覚めることを期待する限りない希望を持ち続ける県民の意志がある。

資源豊かで、希望に輝く美しい星空を眺めて生活できる世界有数のサンゴ礁の名護市辺野古の陸と海に外来の土石で埋め立てる日米軍事帝国植民地基地を建設することは、漁師が漁業権を失ない生活に大きな影響を及ぼす。漁業権の保証はあっても、一代限りである。この美しい辺野古の海は、地球が存在する限り、地上の楽園として子子孫孫に至るまで美しく輝く自然資産として限りない恩恵を与える義務を感じることである。例えば、復帰前（一九六〇年代）の出来事として、うるま市平安座島へ石油基地としてＣＴＳ建設のために、漁業権の保障として漁師に保障金が支給されたが、四十年以上も経った現在、この島の人たちはどうなっているのか。あの当時、建設賛成派はどういう感情なのか。当時の状況から現在までの生活環境はどういう変化をしているのか。この状況の過程を、名護市辺野古の漁師たちに理解させ、漁業権という恵まれた永久の財産権を失うことのないように啓蒙する努力が重要である。

世界遺産にも登録されるほどのサンゴ礁と世界有数の生き物が棲息している生命維持の最大級の海、辺野古への巨大な軍事要塞植民地基地建設の構想には、世界の海洋学者たちが最大の脅威を感じ世界中にその危機的状況を訴えている。この脅威を物ともしない政治的、軍事的強権主義の建設に踏み切ろうとするこの二つの国家は、海洋学者たちの警告に耳を傾けるべきである。

戦後六五年以上にわたり、日米軍事帝国植民地主義者たちは、沖縄県民に対する最も危険で、最も腐敗した人種差別主義の政治的、軍事的差別支配をしている。この二つの国家は、最も進んだ経済力と軍事力を持っているが、その反対に最も進んだ人種差別主義の思想を持った卑劣は野蛮人にも匹敵する軍事帝国植民地主義の基本的政治理念に固執している醜い国家に下がっている。

五

米軍事帝国植民地にまつわる問題になると、決まり文句で県民を宥めすかそうとする官僚政治権力者たちの政治姿勢となっている。例えば民主党の平野官房長官は、地元の了解で移設先の自治体の意見をよく聞いて判断したい、と明言するが、この「自治体」とはどこの県を指しているのか、抽象的で具体的交渉の自治体という範囲からすると、どうも結論として沖縄県以外に交渉しようとする気配が指摘されず、曖昧な表明で、沖縄県民を罠にかける態度となっている。民主党政権交代後も不透明な政治の流れが続いて、国民や県民には分かりにくい政治進行をしているので、支持率も今では三〇パーセント程度に落ちるのは当然の成り行きとなってしまうのだ。

官僚政治権力者の民主党政権が、政治的公約の実行をあげるためには、米軍事帝国植民地国家として対等の立場の政治的感覚で交渉することである。その教訓となるのが、江戸時代のペルー提督が浦賀に来て鎖国日本へ開港をせまり、実行効力を果たした外交上、巧みな手腕を発揮した歴史上の評価に比べて、官僚政治権力者の政治姿勢は幼稚である。対等以上に強力な外交手腕を発揮しなければ、沖縄の米軍事帝国植民地の問題解決には、牛歩戦術では一歩も進まないのだ。

米軍事帝国植民地主義者たちの、名護市辺野古への移設の現行案に一歩も譲らないという軍事植民地政策の圧力は、県外や国外に移設するよりも沖縄は基地管理維持には最も安全性が高く、軍事機能も最大限発揮できるため、県内移設にこだわっているのである。

過去六五年、直接的に基地包囲行動を繰り返しているが、基地内に突入して金網を乗り越えて被害を与えた行動は全くない。また、米軍事帝国植民地軍隊は、戦争の勝利者として意気揚々と勝ち誇っているので、沖縄全島を全面的に勝手気ままにどこでも軍事的に必要とするならば、いつでも強制接収の構えをしているのだ。例えば、一九五二年の宜野湾市「伊佐浜」の五穀豊穣の土地を住民の居住地と共に、根刮ぎブルドーザーと銃剣で強制接収して、土地を強奪したこの露骨な軍事行動と同様に、再び全県民の民意を押し潰して、普天間基地を県内移設にするという疫病患者の行動を阻止しなければならない。

このような沖縄県民に対する民族的虐待行為は、紛れも無く日米両国の好戦的国家建設のためであり、美しい自然環境破壊など全く念頭に置くことを知らないのが、軍事帝国植民地主義の政治政策となっているのである。民主主義国家で法治国家であると主義主張するならば、良心的に絶対に県民の生の声を無視してはならないのだ。県民の切実な要望に対して、軍事同盟を最重視する軍事行動は、民主主義国家のとるべき行動ではない。生活に不安を与えて生きる権利を脅かす人権無視の政治的、軍事的行為は、民主主義外見と中身にそぐわない最も悪政のこもった日米軍事帝国植民地主義の政治体制である。

沖縄県民が長期にわたって痛みつけられ、いじめられてきた苦難の歴史に耐えてきた県民は「邪は滅びる」という信念を抱き、諦めない抵抗運動を継続する使命感といった自信を持つことである。

（２０１０年12月20日）

先進国の中の醜い日本の認識論 ――国際政治学がみたのは何か――

「日本は他の先進国とは根本的に性質が異なる」ということを米国の著名な政治学者が主張している。確かに今の日本の政治家たちが作った日本の社会は、「先進国の一員」としているが、沖縄県民の「民意」を一顧だにしない官僚政治権力者たちを見るにつけ、先進国の一員どころか、後進国の一員と使ったほうがよく似合うのではないか、と言いたいのだ。

国際政治学者が日本に対して指摘するように、例えば（1）年号が二つある（2）過去の戦争の悲劇を反省しない（3）非核三原則を法律化しない（4）憲法を重視せず押し付けられた（5）五月三日の憲法記念日には賛否両論の集会が続いている（6）長いものにはまかれる国民的精神構造（7）外交問題を解決する資質がかけている（8）本土と沖縄は二つの制度があると錯覚する。それは沖縄大使を置いて外交交渉している。（9）強い人に従い、弱い人を軽蔑する（10）国家間では米国の強大国家に奴隷的に隷属しているが、弱小国家には蔑視する傾向がある。

日本国内で更に人権問題として重視すべき事柄を取り上げなければならないのは女性軽視と子供同士のいじめがまず第一にあること。例示すると（1）障害者（2）同和問題（3）アイヌ人と沖縄人（4）ＨＩＶ感染者（5）ハンセン病患者（6）刑を終えて出所した人（7）犯罪被害者と加害者（8）インターネットによる人権侵害（9）ホームレスの人（10）同性愛志向の人。思い出すだけでも念頭に浮かぶのが、日本人の精神的構造である。

先進国と名のつくものは、人権を尊重する精神がなくてはならないのに、国民や官僚政治権力者たちはその意識が不足しているようなのだ。特に沖縄県民に対する認識は、異民族の見方をする国民もいる。

先進国であると認識するならば、民主主義精神を尊重し、同じ国民として沖縄県民の「建白書」や新基地反対の「民意」を真剣にとらえて国策に反映させることが、先進国としての民主主義国家ということである。日本には民主主義がある、と唱えても政治的には沖縄県には適応されていない状態が戦後から現在まで続いている。

米国の有名な政治学者の団体組織の声明文の中に「米国は沖縄の米軍普天間基地を米国の基地に移設し、沖縄の人たちの六五年間の辛抱に感謝すべきである」と発表している。そういう政治的判断が出来ないのが、日本の官僚政治権力者たちの虐待ぶりである。例えて言うと、子供を虐待した報道に接すると「いじめられても平気な顔をする親と同じ感覚を持っている」のが前政権の自民党と現政権の民主党に類似している、と言えないか。

沖縄県は日米軍事帝国植民地から発生する地球上最大の被害を受けて、それに対して最大規模に抵抗し、抗議してきたが、聴く耳を持たない二つの極悪国家の政治的体制には、民主主義制度の微塵もない。

沖縄県民が県外移設を誠心誠意強烈に要望しても、他の都道府県が海兵隊を引き受けない、という調査資料は何を意味するのか。悪魔の海兵隊と言われるように、沖縄で極悪非道な犯罪を統計上、毎日のように報道されると悪魔部隊を引き受けないのは容易に理解できる。そうであれば、なぜ沖縄県に強硬姿勢で押し込めるのか。その理由は、一目瞭然であることを認識すべきである。

沖縄は、日本本土から遠く離れた絶海の孤島になっていて、そこで極悪な犯罪を犯しても本土に波及することはない。沖縄の小さな島で人道上許しがたい犯罪行為であっても、遠くから眺めておけばよいと考える国内軍事帝国植民地主義者たちの姿がちらつくのだ。

悪魔の海兵隊が本土で犯罪を犯した場合、全国的規模で抗議集会に発展する可能性に危惧の念を抱くことになるからである。ここにも官僚政治権力者たちの沖縄に対する認識の甘さと認識のずれがあるのだ。悪魔の海兵隊の必要性と抑止力のためには、軍事帝国植民地基地の存在が絶対的であると認識しているのは、まさに沖縄県民に対する軍事植民地的侮蔑である。二一世紀における国内に軍事帝国植民地主義政策と支配の政治形態が沖縄には存在する。これは醜い日本国家であって先進国とは根本的に性質が異なっている証拠である、と言えないか。

沖縄県民に対する政治的姿勢は、真綿に針を包むことに執念を燃やすのが目論見であるため、恐怖の暴力的政治行為が沖縄にはびこっていることが認識できる。これを水際で食い止めるには、沖縄県民の諦めない抵抗精神と行動力が重要となる。

沖縄以外の自治体や住民に軍事基地にまつわり付く主張や反対抗議をされると、官僚政治権力者たちはこれ以上攻めの行動をとらないことに対して、なぜ沖縄県民の八〇％以上が反対の意思表示をするのに執拗に理解と協力に高圧的な態度をとるのか、不思議な「いかれた連中」で「いかれた政権担当者」に落ちぶれたようだ。国内軍事帝国植民地主義者の「兎を得て蹄を忘る」の政治的圧力には、注意深く対応しなければならない。

国家権力の政策に同調しない自治体の沖縄に対して冷遇措置をとってもかまわない、という政治思想が過去から永遠に引き継がれている。民主党政権の政策で主張する「日米同意」の深化に賛同しない沖縄県民は、日本国民の一員として認め難い、と考えることは心の驕りを象徴した政権であり、天罰をくらって命取りになることは時間の問題である。

驕り高ぶって思うままに権力をふるい、金に糸目をつけない。金で面を張って説得しようとするうちは、落ち目になる訓戒を垂れることを忘れてしまい「驕れる民主党は久しからず」という戒めのことばを忘れないことである。

（2011年1月19日）

日米軍事帝国植民地支配にあえぐ沖縄

沖縄県民の痛みを全く分からず屋の官僚政治権力者たちが、県内移設を強硬手段の政治的圧力で実行させるために、各閣僚たちの矢継ぎ早の来県に細心の注意を払って監視することである。なぜ沖縄にだけ目を向けるのか。また、本土の各県の自治体を隈なく打診せず沖縄に日米軍事帝国植民地基地の強化に目を向けるのか。沖縄県民にアメをしゃぶらせてどんどん与えておけば、首が折れて物質的に跪くまで忍耐強くその方法でいくことが得策と思っている。それをよいことに県民は、地獄の沙汰も金次第の政治の餌に勧誘されてはならない。

沖縄県民の八割以上にも達している「民意」を無視して、強権的発動で辺野古の陸と海を埋めて日本の軍事帝国植民地基地を建設すれば、あとは野となれ山となれとなって、親分格の米軍たちは、待ち構えていたようにわきめも振らず沖縄県民の人命や財産などに害を与えている意識もなく、軍事基地を自由奔放に使用するのが過去から現在まで途切れることなく続いているのである。

「空飛ぶ恥」と言われる悪魔機オスプレイ配備に関して、県民の視点に立って民間地域を飛行しないと決定しているが、いざ配備完了すると全くその合意は守られず実行することを疑うべきである。それに対する異議申し立ては、民主党政権には外交上の指導力はなく、頼りない存在の政権であるから前政権の自民党と同様、県民の絶大な「民意」を理解しようとする政治姿勢は全く持っていない。このような国内軍事帝国植民地主義政策の姿なき政治体制を見抜くことに関心を寄せることが大切となる。

日米間の合意を厳格に悪魔の命令の如く実行するという現実を前に、沖縄の軍事帝国植民地政策において、県民と合意を取り決めても水の泡のように、跡形もなく消えうせていくようだ。県民は、これを深く意識することが不必要な軍事帝国植民地基地を撤去させる上で必要と言える。「がんばれ日本、負けるな東日本」のスローガンをおきかえて、「がんばれ沖縄、負けるな沖縄」と全国的規模でこのスローガンを唱えるならば、新型の巨大軍事帝国植民地基地の辺野古への建設反対に向けて、一歩前進するが、沖縄への理解は薄く、当てにならないと考えた場合、県民の各自が右傾化していく政治の方向を転換させなければならない。極めて困難ではあるが、政治形態の変革には、沖縄からその道を切り開く契機にすることが重要課題となるであろう。

前政権の自民党と同様に超保守的、差別的民主党政権の閣僚たちは、二〇一〇年五月に日米合意を天上界で討議しているが、沖縄県民の「民意」に顕著に耳を傾けることもなく、同意の政策協定を押しつける意気込みである。県民は、県内移設を絶対的に反対しているが、外交上決まったことを守れ、守ればよい結果がある、と内心思っているため、県内移設を受け入れたならば、日米間の同盟深化が発展すると言う政治的意識が根底にある。日米軍事帝国植民地基地の建設を軍事外交上、実現しようとする。この「深化」という軍事用語には非常な危険性を帯びた意味がこもっていることに注意することである。

沖縄県民が見直しの要求に一丸となって反対の意思表示しているが、独裁的官僚政治権力者たちは、再び国会や内閣府で議論を蒸し返すことは、親分格の米軍に申し訳ないという下心があるため、外交政策のあり方に不信感を持たせることに畏れて「見直し」は門外漢である、と言った立場である。この政治的考え方が国内軍事帝国植民地主義者たちの政治的思考方法となっているので、隷属国家にあるのか、独立していない先進国となっている。

沖縄県民は、先輩たちの築いてきた民族闘争で、巨大な米軍事帝国植民地政策による支配に抵抗してきた歴史的教訓の「情熱と力と勝利への道」を目指して、自由と平和、平等の人権確立のために抵抗し継続する段階になっている。

官僚政治権力者たちの県民に対しての「理解と協力」について、振興資金と移設は別問題だと主張しないと、県民を納得させられない、と言う言い分だ。もはや県民をアメとムチでは騙されないと意識するのか「別問題」と言ってことばを濁すのみである。過去の例からアメとムチの政策に納得させられてきたために、民主党政権は同じ手段では行かないことから「別問題」と主張している。こんなに熱心に頼むので「仕方がない」という気持ちを徹底的に排除する沖縄県民の精神力を教えることが重要である。

官僚政治権力者たちは、沖縄県民の性格を表面的に知っているから、粘り強く交渉すれば、必ず「理解と協力」が得られると思わせてはならない。政治的公約を履行しない民主党政権に「理解と協力」を取り付ければ、その後の県民に多大な被害をもたらしても、米軍事帝国植民地主義者たちの一方的報告を受け入れて沖縄県民の人命や財産を守るべきことに対して、まったく関心がないということが過去から続いている。

官僚政治権力者たちは、徳之島（鹿児島県）の問題には口を噤んでしまっている。そうなったのは「方便」であったから徳之島の問題を口走ることはしないのであろう。沖縄から最も近い距離にある県外であるが、米軍事帝国植民地主義者たちには、地上戦で勝利品の島ではないから、無謀な軍事帝国植民地訓練は不可能であり、悪魔の海兵隊たちの慰安な島には適していないから、移設反対されるのである。

官僚政治権力者たちは、何故に沖縄を目指すのか。その目的は明確であるが、辺野古への新型の巨大要塞基地反対への抗議を繰り返しているにもかかわらず無策の政治政策で沖縄を窮地に追い込むのか。無為無策主義の民主党政権であるためなのか、県外移設の打診することもなく、沖縄のみに目を向けて次から次へと来県する意図に厳重警戒しなければならない。繰り返し来県すれば、県民の民族感情もやわらぐと思っているようだ。沖縄県民は、日本国民としての人間的扱いが軽く見られているので、絶対に挫けず説得されてはならない。

沖縄県の全自治体の首長を一堂に集めて話し合わないのはなぜか。日米軍事帝国植民地主義者たちの間で話し合いが持たれても、県民の頭上を越えての密約交渉主義に徹底しているので、頼りない危険な方向性しか判断できない。民主党政権の各閣僚たちが、親分格の米国防総省の密室で、沖縄問題を解決する手段と方法のテクニックを学びとり、その学んだ知識を実のりのあるものにするには、沖縄へ矢継ぎ早に行くことに重点を置いている。

官僚政治権力者たちは、来県を繰り返しているが、県民の切実な要望として少なくても県民の中心的存在の稲嶺進名護市長と面談すべきと思われるが、だれひとりとして面会をしようとしない。理解と協力をとりつけるのは到底不可能で話し合いが平行線になるし、頑固として承諾しない、ということを熟知しているから、面談不可能とみなしている。名護市長の言動は、現在の沖縄の強力な反対意思を代表しているから面談しようとしないのだ。

沖縄県民は、県外移設を絶対的に希望しているので、県外の各自治体の首長へ面談でお願いしても、要求を一蹴されることが予想されるのか、県外の首長との交渉には振り向きもせず、沖縄に目を向ける民主党政権の政治的視点には独裁的強権政治の影の内閣の姿が見受けられるのである。

一党独裁体制の中国を批難する前に、国内軍事帝国植民地主義の民主党の閣僚たちが、沖縄へ日米軍事帝国植民地基地を押しつける政治行動こそ、独裁的政治行為の始まりと言うべきだ。八〇パーセントの県民が、県内移設への反対を全面的に、徹底した意思表示をしている「民意」と聞き入れない前政権の自民党と同様に県民に対して独裁的軍事帝国植民地政策を阻止することに注目し、行動によって阻止することに専念する必要がある。

前岩国市長の講演で印象的内容として、住民の負担軽減のためになると判断して、滑走路を沖合いに移設した「空母艦載機移駐」の呼び水となったが、それぞれが表面的には市民の抵抗感を和らげるつもりが、挙句の果ては全く反対の移駐基地になってしまった、と言明している。

負担軽減と言う魔法をかけられたことばに心を躍らせて安堵感を与えられて市長を歯牙にもかけない行為は、沖縄の新型の要塞基地にも同じ口調で負担軽減の魔術を使って、沖縄県民の抗議行動を緩やかにしていこうとする意図がありありとみてとれる。

国内軍事帝国植民地主義の民主党政権は、沖縄県の知事には誰が政権を担当してもひっ繰り返す考えを意識しているのか、各閣僚たちが「これでもか」と彼の手此の手使って、日米軍事帝国植民地基地を辺野古に建設したいため二〇一一年一月には、矢継ぎ早に枝野官房長官、北沢防衛相、前原外相が、沖縄を目指してやってくる異様な雰囲気である。

官僚政治権力者の民主党政権が、沖縄県民に対するムチの政策を実行しようとしていることに注視し、政策の言動は絶えず問題意識を持って対応する心構えが、沖縄県民の目標とする平和への道に進むことにつながる。

（2011年2月9日）

行政不服審査法は国家は万能と見るか
——法と平和を求めて抗する沖縄——

行政不服審査法の趣旨と目的については、行政庁の違法または不当な処分その他公権力の行使にあたる行為に関して、国民に対して広く行政庁に対する不服申し立ての道を開くことによって、簡易で迅速な手続きによる国民の権利と利益の救済を図ると共に、行政の適正な運営を確保することを規定した制度である、と理解している。

この法律の内容を理解する場合、国民はその他の趣旨として違法な処分だけではなく、不当な処分についても不服申立てができるということである。国民はその制度が設定されていない時代には、泣き寝入りに終わっていたため、一九六二年に制定された法律である。制定された経緯を辿ると、行政庁の違法または不当な処分、その他公権力の行使にあたる行為には、国民の権利利益の救済が対象であるから、沖縄防衛当局は、沖縄県民に過去六五年以上にわたってこの法律の趣旨から判断して、県民の違法行為に不服申し立ての道もなく、県民の苦しみを理解しようとしない絶対的に国内軍事帝国植民地主義による国家権力を誇示してきたのである。

沖縄防衛局は、この制度を利用して名護市に対して不服申し立てをすることは、県民として全く理解できない傲慢不遜な態度をとっている。

沖縄防衛局の国家権力者たちは、行政不服審査法に基いて異議申立てをすることには、沖縄県民として不思議であり、かつ不可解な行為である。こうした国家権力者たちの異議申立ては、先進諸国の中では乱暴で異常な権力駆使の振る舞いと言える。これは化けの皮を脱いだ独裁国家的軍事帝国種植民地主義者たちの国民及び沖縄県民への挑戦状を突きつけたような行為ではないだろうか。

沖縄防衛局の行為は、権力至上主義の政治体制であり、反民主主義的国家独裁行動主義の前兆というべきである。民主主義体制と無縁な政治的方向性を象徴しているようだ。民主主義の理念に反する民主党政権の行政政策は理解できない。

硬骨漢の稲嶺進市長は、市民の生命を守り、行政を忠実に行うことは最も重要であり、前政権の自民党には信頼を失っていたので、温厚篤実な政治家稲嶺市長に政権を託している市民の良心がある。

民主党政権を国民や沖縄県民が信頼したが故に、前政権の自民党の政治姿勢を打倒して政権担当した民主党であったが、しかし民主党に賛同しない政治体制に反抗して、行政不服審査法を行使して名護市に異議申立てをしようとするこの無様は、全く民主主義制度の根本精神に反する行為だ。

稲嶺進名護市長は、市民を守るために強力な政治的信念を持っているので、市民からは信頼されている。その一方で官僚政治権力者たちは宜野湾市長とは面談の実行に踏み切るものの、名護市長とは面談を拒否するのは、差別的政治不能となっている。

名護市への交付金をカットするのは、市民へのひいては県民への根強い差別享楽主義の意識のあられであり、戦前から戦後まで引き摺っている。官僚政治権力者たちの本能的、先天的な政治気質は、過去から永遠と続いている結果、沖縄防衛局の主導の下で異議申立てをする異例な行動には国家権力者たちの醜い政治体質がある。

沖縄県民に対して、異口同音に「沖縄に理解と協力を求める」とか「基地負担の軽減になる」という繰り返しは、操り人形の騙すに手無しの政治用語に過ぎず、警戒心が必要となる。今こそ、沖縄県民は目覚めないと、官僚政治権力者たちによる政界を操る黒幕により不幸な道に進む運命の虞れがあるので、しっかりした政治的関心を持つことが大切となってきている。

具体的に換言すれば、地方自治体の県知事の経験もある総務省の片山善博氏が、沖縄防衛局の不服審査法に基づく手続きに対して「国にも資格がある」と言っているが、手続きの立場上、不可解という一言に尽きる。

知事退職後は、政治に関する仕事を担当したり、また大学の教授経験があって、その方面の豊富な経験と知識のある人物が沖縄県の米軍事帝国植民地基地の支配下で不安と恐怖の生活環境にある県民に関しての発言には、県民として腑に落ちない、怒りの感情がこみ上げてくるのだ。現在は、民主党内閣の中心的役職にあって、総務省の立場から特権的意識に立って一歩前進して行政を進めることのできる行政手腕から、沖縄県へ強力に圧力を掛けている。

官僚政治権力者たちは「一般人としての立場」と「特権的優越的地位の立場」があると明言しているが、前者の立場で今回の不服審査法に基づいて行使したと表明している。前者の立場に立って不服申し立てするのは想像できないのである。

官僚政治権力者たちは、絶対的に「特権的、優越的」権力の立場に立って「一般人としての立場」という優越意識で、名護市長や市民に不服審査法を使って圧力を掛けている。民主主義国家にあってはならない始末で不可解な発言は慎むべきである。

国家権力者に反対する者には、無礼不届きなやつと見做すのは権力者の驕り高ぶった態度であるから、国民や県民は絶えず権力者の言動には細心の注意をはらっておくべきである。

（2011年4月15日）

軍事植民地の建設は悪の根源である

――雨風を入れても権力者は入れてはならない――

国頭村安波地域の一部の住民が、基地誘致を希望している。その主張の根拠は、共通して「辺野古移設をしっかりと推進しながら北部振興や発展に寄与していきたい」と言っている。県内の他の市町村が、安波地域の一部の人のようなことに賛同しているのか、ということである。

なぜ沖縄県民は、軍事帝国植民地基地で苦しめられ騒音に悩まされて不安な毎日の社会環境に住んでいるのに、迂闊にも農地や漁業権を手放してまで軍事植民地基地を誘致しようと言い張るのか不思議である。この誘致派の考え方に対して、県民のひとりひとりが真剣に考えることであり、その地域のみの問題ではないのである。

軍事基地の使用方法については、悪魔機オスプレイが後継機になっている。しかし、その機種がどんな機能をもっているのか、その実態を理解すると、到底誘致しようという気持ちにはなれないであろう。官僚支持権力者たちは、安全性を唱えるが、しかし元航空自衛隊のパイロットが「オスプレイは危険、安全と思っているのは日本政府だけではないか」と指摘している。情報や知識があれば、只事ではないことを認識するに違いない。

いまだに、戦後処理も終わっていない沖縄は、世界中どこにもない実に苛酷な環境にありながら、この第二次日米戦争の悲劇を認識していて、戦争に結びつく軍事帝国植民地基地の建設は絶対にさせてはならないことを自覚することである。平和の発信は、沖縄から叫ばなければならないことを自覚できれば、安波地域の住民は軍事植民地基地建設の導入に賛成しないというのが沖縄県民の率直な意見であり、希望である。一般的な物欲にかられて「お金によって人の心も変えられる」ようでは、未来の沖縄には平和への創造は不可能であろう。

沖縄県民は、安波地域の住民の誘致派の動きに傍観的になってはならない。全県民が、わが身にふりかかる災難として自覚しないと、日米軍事帝国植民地政策の支配によって、飼いならされた犬にされてしまうであろう。この地域の住民が、孤立状態に追い込まれて取り返しがつかない歴史の禍根を残させてはならない。

沖縄県民のひとりひとりが、その地域に住んでいるという気持ちを持って支援する方法を考えることも意義がある。また、その地域の住民と共に抵抗行動をすれば、どんな時の権力者にも負けることはない。ひとりひとりの力は微弱だが、一丸の意思は「蟻の穴から堤も崩れる」し、更に今、最大の関心事で世界的に注目されている普天間基地の移設先となっている辺野古への新型軍事要塞基地の建設を水際で食い止めることもできる。諦めない抵抗精神をもっていれば、人間は強い動物であることを例を挙げて説明したい。

その一つに、一個の卵は非常に脆いが、五〇〇個の卵を一つにまとめると一、二〇〇キロの圧力にも割れることがない、と実証している。実例として、七五〇キロの重量のあるラクダを五〇〇個の卵の上に乗せても全く割れることもなかった、と証明されている。

二つ目の例として、生存競争の激しい生き物の世界で、スズメバチとオオスズメバチとの決闘において、立場の弱いスズメバチが大結集して天敵のオオスズメバチに勝つことがある、と言われている。

三つ目の例は、経島（島根県）に住んでいるウミドリが天敵のトンビに対して集団で撃退していることを報じている。

この三つの例は、沖縄県民のひとりひとりが勇気を持って政治を変える教訓となるであろう。沖縄県民には、戦後の先人達による抵抗精神を学び行動で示した特異な民族の歴史的精神がある。

このように沖縄県民は、日本国民の中で経済的には弱い立場にあるが、力の弱い自然界の例から学んだかのように、政治的には県民の意識の変化が現実にあるので、沖縄の未来には明るい展望を見出すことができる。

抵抗精神を継承していることと言えば、辺野古で日米軍事帝国植民地基地建設阻止の座り込みを続けている闘士達の意思表示に「恩納村の都市型戦闘訓練施設と国頭村安田の実弾射撃演習も止めた」と断言している。辺野古も二、七八九日間も座り続けている。「本気になって闘ったらやめることができる」と県民に呼び掛けている。また、辺野古有志の会の代表者は「辺野古移設は体を張って阻止する」と抵抗している。

辺野古問題について、「先輩女性が闘ってきた経験を引き継ぎながら、若い世代も声をあげて新しい運動を起こしていかないといけない」と決意して闘志を燃やす状況になっている。

このように、前に掲げた卵の例や生き物たちが集団の塊となって天敵を撃退している動きの中に、安波地域の住民たちが結集して抵抗精神と行動力を培い、県民全員が「情熱と力と痛み」をかみしめることで誘致派の人々も反省させることができれば、新型の日米軍事帝国植民地基地建設に執着する政治的圧力を撃退することは不可能ではない。断念させるまで諦めない政治的信念は、必ず勝利の道が開けるであろう。

誘致派の住民が考えているように、日米軍事帝国植民地政策に押し込められると、その結果として、南米キューバ社会主義国家の隣り合わせにあるグワンタナモの米軍事基地を思い浮かべるのである。もし沖縄本島の北部に日米の軍事植民地基地を集中しておくと、永久に存在し、地上戦で勝利した島として、米国領土として買取られる可能性もある。北部に軍事植民地基地を集中しておけば、管理には最も安全確実な日米軍事帝国植民地基地となり、世界的に類ない楽園基地となって、安波地域はキューバのグワンタナモ基地以上に一大変化の環境となるであろう。

もう一つ危惧するのは、安波地域は、県民の生命の泉となっているダムが集中していることと、人口の減少が進んでいるが、悪魔の海兵隊による犯罪が発生しても二重に囲まれた金網に逃走されて逮捕は困難になるだけではなく、それに対する反対運動も困難になる、ということである。日米楽園軍事帝国植民地基地さえ建設できれば、最も自然環境に恵まれた世界遺産に指定される地域であっても、奴等には毛頭そんな意識はない。

属国となっている子分格（日本）は、親分格（米国）の側に目を向ける宿痾の国家形態になっているので、それにより日本国民としての存在感を軽く見下して猪突猛進の勢いで、沖縄に国内軍事帝国植民地主義の政策による強権的圧力で政治処理しようとする状況に向かっていくことを的確に認識して抵抗精神を固めていくことが肝要となっている。

関西在住でつくる代表的メンバーが、沖縄県民に対して「辺野古に基地を絶対つくらせない大阪行動」として「県内移設に反対する沖縄側の了解なしに合意しても認めない」固い意志で多くの人と連帯して行動することを呼び掛けている。日本全国にわたって、こうした行動意識を高めて行動に踏み込むと沖縄県民のひとりひとりが抵抗意識をもった積極的行動力が重要であることの信念の強さを抱いて行動すれば、必ず目標を成し遂げられることを認識するであろう。沖縄の明暗を決定づけるのは、消極的行動より積極的行動こそ、後悔しない、ということに尽きる。

（2011年5月15日）

世界のウチナーンチュ大会から祖国をみつめる
――祖国沖縄の破壊行為への恐怖と偽善の怒り――

一

世界のウチナーンチュ大会に参加している海外のウチナーンチュたちは、祖国沖縄が昔から争いのない島であると認識しているから、当然日米軍事帝国植民地基地の存在や新型の軍事要塞基地の建設に怒りの拳をかためて拒絶するのは、言うまでもないのだ。

その前に考慮すべきことは、東北の大自然災害と福島原発による被害額は甚大で、国家存亡にかかわる財政危機の状況にあると言える。原発廃炉までには四〇年以上の年月とそれに当てられる被害総額は二一兆円となっているが、これからの被害額は未知数である。

普天間基地を沖縄県内に移設するための莫大な建設費に投ずるよりは、国民の生命と財産を守る政治公約を厳守するには、県外の飛行場の五三基地の約半数が赤字経営になっていると言われているので、そこに普天間基地を移設すれば国民の経済的負担も軽くなって理想的である。

親分格の米国高官が言っている二〇一四年五月の新聞報道によると、軍事植民地基地撤去への方向性を示しているが、宿痾の対米隷属国家の子分格の日本には、全くそれに応ずる意思はない。沖縄県以外の自治体が誘致すれば、経済的負担の支援もあるから好都合であるが、それにもかかわらず県外の自治体は猛然たる拒否反応である。その理由は明確であるのは、沖縄が米軍事帝国植民地政策の支配下で、悪魔の海兵隊による事件や事故の報道を頻繁にされるとその恐怖心はことばでは言うも疎かである。その生活環境の劣化にはヤマトンチューの感情も敏感になるため、遠隔地の沖縄に押し込めておけばよいと考えているのか、沖縄を全く理解しようとする感情が欠けていることが原因となっている。

普天間基地の「負担軽減」は、県外か国外でないと官僚政治権力者たちの唱える軽減にはならないのだ。もし全国で米軍事帝国植民地基地を負担し、全国民が「絆」に愛着心をもっているのならば、自治体の首長がリードの舵を取りながら、その自治体の県民を説得すれば、その「絆」の意義は高く評価されて行動に移すことになる。それにもかかわらず「負担軽減」を表明すると、ヤマトーの自治体の首長は、警戒心を持って即座に拒否の構えを明確に打ち出してくるので、官僚政治権力者たちは、執拗に追及しない。沖縄に対しては全く逆である。

なぜ沖縄県民が厭がる日米軍事帝国植民地基地を拒否するのか。その自治体の県民の生命、財産を守るために、懸命に胸を張って訴える行動に対し、官僚政治権力者たちには死活問題となる選挙地盤を失いたくない懸念があるので、拒否されたらこれ以上説得しない傾向がしばしばみられる。沖縄に対しては、その態度はなく軍事帝国植民地支配の行動をとる執念深さで対応するのである。鳩山由紀夫首相から菅直人首相へそして野田佳彦首相へと政権を引き継いでも、依然として「基地負担軽減」と「抑止力」のことを言って、県民に「理解と協力」をとりつけたいために、三人の首相の異常な来県の行動である。

日米軍事帝国植民地政策の支配用語の「負担軽減」という説得力のない言い方は、沖縄にのみに使う差別用語であり、毛嫌いされた悪魔が落とした植民地用語として警戒されているのだ。日米軍事帝国植民地政策による差別主義とは何か、その歴史的経過を血の出るような努力をして勉強すれば、沖縄の現状をかすかに理解するであろうが、理解しようと血の滲むような努力と関心がなければ、猫に小判となるだけである。

国民の沖縄県民への意識が薄く、関心のないのは、国内軍事帝国植民地主義者たちの「いじめ」の姿勢があることも事実である。親分格の米軍事要塞植民地主義者たちは、野田佳彦首相に、辺野古への軍事要塞植民地基地建設を「目に見える形にする」と要求しているから、その成果に向けて次から次へと内閣の閣僚たちを沖縄に派遣している。沖縄県民の人格の尊厳から掛け離れた行動や意識を持っているので、執念深く来県することに警戒することである。

親分格の米軍事帝国植民地主義者たちと悪魔の「密約」を取り交わしそれを実行しなければ、見捨てられる恐怖心から沖縄に犠牲を払っても辺野古への新型の軍事要塞基地建設を主張する腰抜けの国内軍事帝国主義者たちの悪徳政治家の姿となっている。

二

「世界のウチナーンチュ大会」で東村高江のヘリパット建設工事と名護市辺野古の軍事植民地要塞基地の建設問題が話題にされないことを言い事に県内移設を強力に推し進めようとする悪魔的政治政策は、紛れもなく国内軍事帝国独裁政治国家になりつつあり、かつ国内軍事帝国植民地主義国家への新しい形態の方向へ転換していることを認識しなければならない。

沖縄県民に寄り添う意思もなく、県民の「建白書」を冷淡に扱ったり、また「民意」は政治的に馴染まないと言って問題解決への意欲を失うと、政権への信頼を失うばかりか、末期症状の運命を待つばかりである。前政権の極右政治権力者の自民党と代わり映えのしない現政権の官僚政治権力者の民主党は、親分格の米軍に睨まれ見離されてしまうと、近隣諸国から孤立した孤独国家になることを憂慮しなければならないので、親分格の米軍と共に運命を辿る隷属国家として服従する弱腰外交となっている。

沖縄県民が、不幸にして官僚支持権力者達の要求に屈したならば、軍事植民地基地を厳重に監視体勢を敷いても、親分の米軍事帝国植民地主義の支配によって、自由奔放に基地を使い熟されてしまい、また事件や事故が発生しても物言わぬ動物のように、沖縄からの厳重抗議にも右の耳から左の耳を通り抜けてしまうのだ。

東村高江と名護市辺野古への新型軍事要塞の巨大基地建設反対の県民の抵抗精神による抵抗運動

は、遥か遠い一八七九年の薩摩藩の植民地侵略から現在至るまで永遠と続いているし、現在では深刻なほどにヤンバルの自然環境を破壊することは、民主主義と人権尊重にも悪影響を及ぼしている歴史的現在を凝視すると、明白に証明するのは至って簡単明瞭である。

三

世界各地に住んで活躍している世界のウチナーンチュたちが、五年に一回世界の隅々から祖国沖縄に集まって「世界のウチナーンチュ大会」を開催し、祖国沖縄の現状を詳細に調べて、各国に持ち帰り、祖国沖縄が今どんな状況にあるのか報告会を行っている。その成果が実って、祖国沖縄への関心が高まっている。

その一例を挙げると、沖縄系米国人らによる東村高江ヘリパット建設と名護市辺野古の新基地建設反対の抗議声明が注目を集めているのだ。その影響もあって「世界のウチナーンチュ大会」に参加する世界各地のウチナーンチュたちが、祖国沖縄へ回を重ねるごとに参加者が増えている。沖縄滞在中、各地域の自治体で、いろいろな歓迎の催し物に参加して、日米軍事帝国植民地政策の支配による弾圧と搾取による破壊行為への恐怖を肌に感じているようだ。その憤りを行動に移すことを誓って、各国へ帰って祖国沖縄の現実に沈黙してはならない、ということの運動にサンフランシスコ近郊在住の沖縄系米国人達が中心になって厳しい批判を展開している。声明文の内容を整理すると、官僚政治権力者たちに対して、戦後から現在までの歴史の流れを痛切に批判していることと、高江にヘリパット建設工事の強行に対する批難には「日本が沖縄に強いてきた弾圧に加えて搾取の長い歴史と重なる」と述べている。親分格の米国に対して「米国人であることを恥じ、われわれの祖国である沖縄を破壊する行為への恐怖と偽善への憤りを感じる」として、「新基地建設の反対に加えて民主主義と人権回復の困難な損害を与えうる」と言っている。沖縄県民は、この抗議声明文にどういう行動をすべきか。沖縄県民のひとりひとりが自分自身の家族にあてられていると考えた場合、抵抗運動に参加して行動に踏み切ることが重要課題になるであろう。

日本は経済大国になり、それと併行して軍事大国を政治目標にして強い国家にする意気込みで沖縄に迫っているので、極度の緊張をもち、抵抗精神を失うことなく一丸となって難局に立ち向かえば「千里の堤も蟻の穴から崩れ」て行き場のない不幸な運命を背負うことはない。

（2011年7月10日）

思想統制を目指す教科書 ――平和教育の理論と実践へ――

一

戦前の教科書による教育は、軍国主義教育で思想統制するのはいたって苦労せず実施できた。当時の生徒たちは、教科書と一心同体の宝物であることを教えられていたので、文部省（現在の文部科学省）は、「教育勅語」に基づいた思い通りの軍国主義教育を推進した。最近でも一部の教科書において「教育を通じて愛国心と自衛隊の精神を国民に植え付けさせる」という教育勅語的な教育精神で再び軍国主義の教育方針に向かっている。

戦後は軍事主義教育の恐怖から反省して、民主主義教育になった歴史的教育の革命になっている。これは戦前の大日本帝国憲法から日本国憲法に踏み切った大転換という成果によっている。

戦後から現在に至って、再び民主主義教育から離れた現象が右傾化した教科書選定問題で統一せよ、という雰囲気になっている。その証拠として「神様のいる日本が世界を支配するのは当然だ」といい、アジア大陸への進出をねらい、朝鮮半島中国などを侵略する戦争へ突入した過去の歴史事実を反省することもなく、再び侵略戦争のできる国家にするために、教科書問題で圧力をかけつつある。教科書選定は、国家中心の教育から各国自治体の持つ「伝統と文化」を重視する教育を取り扱ったものので各自治体の主体性に任せることである。

戦前の「伝統文化」には、大日本帝国憲法の下で、天皇主権による天皇のために命捧げる教育の中で育ち、「伝統と文化」とはどういうことを指示していたのか、それは明白な事実であった。戦争賛美のためにはすべての自由と人権が奪われた時代の負の遺産として認識していた。

二

沖縄本島から最南端に浮かぶ与那国と八重山で、二〇一二年度から使用する中学校の公民教科書に「育鵬社」発行のものが使用されることに全国民が固唾を飲んで、その採用の行方に危惧を抱いているのである。その教科書の内容は、「愛国心」を植えつけて天皇崇拝を謳い、軍隊という名の自衛隊を誘致し、それに対する愛着心を駆り立てるような軍事帝国国家主義を重視する教科書になっている。この教科書を採用すると「伝統と文化」の存在は、もう陰を潜めてしまうことは明確になっているようだ。

沖縄から「愛国心」と「国防意識」に将来を担う純真な生徒達を教育しようとする文部科学省の狙いは、外堀りを沖縄で切り崩し、全国にそのような教育を波及させようとする巧妙な教育計画が予想されるのだ。

沖縄教育職員組合の関係者が指摘するように「県内外の保守的政治家や当時の米国民政府が教育委員会を分断して保守勢力化させる目的で資金を提供し、職員の脱会工作を図った」という弾圧の教育的事実があるが、今回の八重山地域の教科書に対する有償化の強固対策には、非常に近似性が見られる。

日本の教科書は、文部科学省の「検定済」でなければ採用できないが、ドイツやフランスの教科書問題については参考にすべき点が多多ある。両国は、過去の悲惨な戦争体験の反省の結果として、教科書については両国の過去の遺物を後世に伝えるには「歴史的会合」を積み重ねることと、また、若者たちの交流を活発にして、お互いの国情を真剣に理解しようとする意気込みがある。教科書問題の交流会では、いずれの方法が両国によい結果をもたらすのか、真剣な討論が評価されているようだ。

戦前の軍国主義国家の日本は、朝鮮半島の北朝鮮と韓国を一九一〇年から一九四五年までの三五年にわたって苛酷な軍事植民地支配をして、徹底意的に人権を無視してきたことと、中国に対しては侵略戦争によって多くの尊い人命を犠牲にしてきたが、文部科学省の「検定済」教科書にはその時代の残酷な侵略戦争の見解については消極的な記述となっている。侵略戦争の「侵略」の定義が決定的でないとか、また中国への侵略戦争については「聖戦」であったとか言って歴史的事実に否定的な見解である。

独仏戦争を徹底的に反省して友好的な関係をもちながら、過去への反省を綿密に検討した教科書で両国の理解を深めることに集中して、教科書の編集をしていることを考えた場合、日本は韓国や中国に対して歴史的認識が足りない面が指摘されている。

ドイツとフランスが友好関係に至った歴史的経過を真摯に受け止めて、日本の官僚政治権力者たちも「歴史的会合」をもって、若者達の日中、日韓の交流が活発になるように計画を立案することが望ましい。

三

文部科学省が、右傾化した教科書を強力にすすめる態度に対して、沖縄県民は辺土岬の「祖国復帰闘争碑」に刻み込まれた一字千金の重みのある文字を噛み締めて、断固とした抵抗精神で教科書選定をすることである。

官僚政治権力者達の介入した教科書問題は、現在の民主主義教育を推進していくことに熱心な地方行政の教育委員会との対立を、裁判所に解決を委ねても沖縄県民や国民が納得する解答は得られない、と思われる。裁判所に任せるというのは、授業料を無償とする意図には法律上、抵抗すること自体消極的であるが、教科書については、一歩も譲歩することは全くない、と言ってよい。

裁判所の判断では、授業料は無償だが、教科書は有償であるという判例に基づいて、八重山の竹富町が文部科学省の見解に異議があるとして、与那国と宮古が教科書の統一に協力しなければ、教科書を有償にすると主張する高圧的な文部科学省と言える。

文部科学省が強権政治を発動してでも、軍国主義教育に熱中している育鵬社出版の使用を薦めることとは、国家権力に絶対服従する戦前の人間教育のように、右傾化の教科書を使わせることによって、日本国憲法の改悪をする契機にもなる可能性がある。

官僚政治権力者の自民党国会議員が、日本国憲法改悪に意欲的であるのは、法律と違って彼らの政治行動を抑制しているので、憲法違反の行動をとると、国民から批難されると同時に信頼を失いたくない感情が強い。

教科書で洗脳して軍国少年を育てていくには、憲法改悪してそれと同時に新法律案を成立させて、国民を徹底的に支配し管理していこうとする政治目標がある。

現在の日本国憲法には、人権に関する保障の規定が、戦前の大日本帝国憲法と比較して非常に多い。

国会議員の政治活動の範囲を規定した憲法は、国会議員には好感を与えるものではなく、不利な規定であるため、忠実に厳守することには消極的に対応しているのが本音である。

日本国憲法の改悪を堂々と主張する極右傾向の目標を定めている官僚政治権力者達の動向は、平和で暮らしている憲法の下で、日本の未来に「あれよあれよ」という間に、右傾化した育鵬社出版の教科書を使用させて、戦前の軍国主義教育の道に向かいつつあることが明白になっている。

昭和二三年（一九四八年）には、「教育勅語」について、衆議院で排除になり、参議院では失効となっている。この「教育勅語」の復活が次第次第に地下から芽を吹き出しつつある。

沖縄県民は今こそ、政治の動きに無関心であってはならず、戦前の「教育勅語」に基づいた軍国主義教育の二の舞を演じない気概のある人物になることで未来に希望の光が輝くことになる。

沖縄県民は、昔から命ほど宝物はない、という先祖から伝わっている教訓を肝に銘じて、右傾化を辿っている官僚政治権力者達から解放され、自由の身となって平和に生きる権利を求める選択を目標とする時代になっている。

（２０１１年８月13日）

日米軍事帝国植民地経済から平和産業へ

――対米従属の苦しみから脱却する――

日米軍事帝国植民地基地から発生するどんな些細な事件や事故にも、沖縄県民のひとりひとりが抵抗精神を最後まで緩めることなく、いつでもどこでも大規模な抵抗運動を展開していく日頃の関心が、重要となる。

沖縄には、日米の軍事帝国植民地基地が集中し、その陰で対米隷属の宿痾に苦しめられている沖縄の存在で、経済発展が世界の最高水準に達したのも、沖縄に軍事基地を集中させたおかげである。だが、復帰後も依然として全国一最低所得の位置であるが、それを克服するには日米軍事帝国植民地基地を完全撤去して、その跡地に平和産業につながる商業地域にも指定していけばよい。その例として解放された北谷町の砂辺や那覇新都心そして最近では北中城村の泡瀬ゴルフ場の解放による大規模な商業都市の経済的発展が証明している。軍事産業に別れを告げて平和産業への道を目指していけば、美しく住みよい平和な島となるのは確実となるのは言うまでもない。

不安解消する重要問題は、米軍事帝国植民地基地の完全撤去後に基地労働者をはじめその家族の生活環境を保証するには、解放された平和商業都市の職業地域に最優先的に雇用する県条例を敷くことを考慮することによって、軍事植民地基地政策から脱却することの啓蒙運動に力を入れることも一つの方法となるであろう。

沖縄県民は、その日が来ることを諦めず、希望を持ちながら、中東諸国が時の権力者に勝利を収めたように、インターネット等で抵抗運動の輪を広げていく自信を中東諸国から学ぶことは、雨が降ろうが槍が降ろうが、沖縄県民にはできないことはない。この抵抗精神と「雨だれ石を穿つ」という信念を持つことによって、歴史的必然の結果として、平和への勝利を導くことになるであろう。

この歴史的勝利の事実を証明したのが、長期にわたる独裁政権の圧政下に苦しむ中東諸国の民衆であり、絶対的権力者に対し真正面から抵抗し崩壊させた民衆の力に大きな希望を、沖縄県民にも与えている。中東諸国の状況と非常に共通点がある日米軍事帝国植民地主義者たちの長期にわたる圧制で、踠き苦しめられてきている沖縄県民を、人間としての尊厳を軽はずみにする県民に対する腐敗政治に、遠い地球上の裏側の問題として理解するのではなく、沖縄と共通の地点にあることに関心を寄せることである。

大規模なデモにより、エジプト国民が結束して抵抗したために、長期にわたって独裁政権を握ってきた政権も、ついに崩壊する。中東諸国は、現在の先進国といわれる国家の植民地政策で苦難の歴史をたどっているため、民族の根強い抵抗運動の積み重ねで植民地政策から解放されて自由で平和な国家になっている国々が多い。

独裁的政治国家に対して、民族同士が連携して立ち上げていったのが、文明の利器といわれるインターネットの普及で、若者達が抵抗運動の輪を広げていったことに功を奏している。社会の矛盾と変革し、よりよい環境づくりに社会的中心に活動し、成功への道に至るのは、いつの時代でも若者達の生き方と行動力によるのだ。その根底には、政治や経済に関心を持たなければ、その行動力は生れるものではない。

日本の国内軍事帝国植民地主義の官僚政治権力者たちは、沖縄の先島諸島に大規模な軍隊(自衛隊)を配備して緊張を高めるのは、軍隊組織を動かす絶対的権力をにぎり、戦前の天皇主権国家に代わって、内閣主権の主導で戦争への道を切り開く兆候がある。軍隊（自衛隊）の軍事力を強力に高めるために、新型の兵器の装備に力を入れるのは、まさに戦争へ向けての準備と言える。これは独裁軍事国家への道を目指している内閣主権国家の動向と言えそうである。

日米国家の沖縄に対する政治的軍事的植民地政策による支配は、中東諸国の独裁国家が辿ってきた道と同じであり、沖縄県にもこの現実がある。復帰前には、米軍事帝国植民地基地建設に最適の地帯を強制的に銃剣とブルドーザーで剥奪して基地にした金網の中の楽園生活の状態で理解できる。

沖縄が全国最低の貧乏県から脱する方策には、よい環境に恵まれた金網の中の米軍事帝国植民地基地を完全に撤去して、平和産業のために投資すれば、貧乏というレッテルを張られた県から脱却できるのは勿論である。

ごく少数の沖縄県民の中には、米軍事帝国植民地基地が存在しないと基地労働者たちは「生きられない」という意識を持っていることと、その基地の存在により抑止力があるから安全であるという認識は、依頼心の強い県民の性格であるが、人為的に引き起こす戦争になれば、再び過去の戦争による悲劇をもたらすことを真面目に考えた場合、米軍事帝国植民地基地への依頼心から抜け出し、平和な美ら島になることを考えることが沖縄県民の本来の生き方である、と思われる。
ラピアの自伝の中の亡命ウイグル人のことばに「乗り越えられない壁はない、高すぎる目標はない」といった名言を噛み締めて行動し心の糧にすることが重要となるであろう。

（２０１１年９月２日）

歩く狂人兵と呼ばれる海兵隊の実態
——地に呪われた者からの解放を求めて——

沖縄県民の命を守るためには、野蛮行為を繰り返す悪魔の海兵隊を、全国各地の現在使用していない民間空港に移駐させることによって、野蛮行為を抑制することができる。特に関東地方は、官僚政治権力者達の政治的根拠地になっているので、悪魔部隊を移転すると、政治中枢の範囲の中で監視することができることから、沖縄県で暴れ捲っている海兵隊の悪質な犯罪行為も少なくなるであろう、と推測している。

沖縄駐留の悪魔部隊の行動は、県民の生活環境に地獄の恐怖を与えている。米国本土や日本本土から遠く離れた距離にあるためか行動も野蛮的で、計り知れない現実的恐怖感を与え続けている。こうしたあくどい犯罪行為は、県民に対する極度の人種差別意識があるため、平気の平左で暴れ捲るのであろう、と思われる。

悪魔の海兵隊の事件や事故だけではなく、一例だが二〇一〇年四月に発生した嘉手納基地内に住むその家族の一員の高校生の行動には、異常性がある。この事件は、高校生のグループによる強盗事件であるが、少年犯罪として想像もできない犯罪行為となっている。凶器のナイフを突きつけて脅迫し、自分の欲望を満たそうとする行為は、沖縄の高校生にはできない重大事件となっている。

米軍事帝国植民地主義者たちの沖縄県民への差別意識が、すべて少年時代から生れているようだ。差別意識を持ち、犯罪行為に対する重大な罪の意識の欠けた心の病気を持った少年たちが、沖縄に住みついている。沖縄に駐留している軍人・軍属の生活には、県民として模範となるような生活様式は存在しない、と言ってよい。

少年事件と並行して、頻繁に海兵隊による事件や事故が発生している。二〇一一年度のみの統計資料で犯罪件数は四〇件となっている。月平均三件の割合での事件や事故である。これが正真正銘の悪魔部隊の存在であり、民主主義国家の醜態である。悪質な事件事故の現実を良く知っているから、本土の自治体は引き受けないのだ。

本土にある米軍事基地に所属する軍人・軍属とその家族による事件や事故は、新聞報道によると殆んど発生しない。なぜ沖縄では多発するのか。沖縄に配属される海兵隊は、非情な悪魔部隊と言われているようであるためなのか、多発の原因の一つに、軍事帝国植民地政策による支配意識が濃厚になっているからである。

官僚政治権力者たちは、北朝鮮や中国の異様な軍事行動には「許し難い蛮行だ」と強烈な批判を浴びせるが、沖縄での悪魔の海兵隊や軍属による県民への野蛮行為には腸が煮えくり返るような抗議には、いたって消極的である。ただ「遺憾だ」とか「はなはだ遺憾である」という決まり文句は、日本国民としての平等の立場でのことばではない。宙に浮いた心底からの怒りを込めた言葉になっていないので、親分格の米軍の心に響かないのである。

沖縄県民の切実な願いは、鬼の目にも涙があるように県民の「心の痛み」を全身に受け止めて、県民の人権獲得と平和に生活できる環境の確立のために、献身的に問題を解決しようとする政治姿勢である。それさえあれば、米軍事帝国植民地主義者たちの軍隊による凶悪犯罪も減少することは当然である。

悪魔の海兵隊という烙印を押されているが、現在の犯罪行為は、凶悪な手口も巧妙化してきているので、沖縄県民の巷のうわさによると「歩く狂人兵」という呼び方に変わってきている。

結論として、最終的には軍事帝国植民地基地を完全撤去しなければならない。軍事基地が消滅するまでは「歩く狂人兵」に対して、沖縄配備前に予備知識として郷に入っては郷に従えの気持ちで、沖縄の過去から現在までの歴史の事実を徹底して教育することである。こうした沖縄の苛酷な歴史の知識が欠けているが故に、県民を人間としての尊厳を尊重していないから狂暴な犯罪を犯すので「歩く狂人兵」に骨の髄まで染み込む教育が必要となる。

沖縄に配備される狂人兵の行動は、老若の女性に関係なく戦後の性的犯罪の歴史で分かるように、誰でもどこでも識別せず犯す猛毒をもった生き物にも匹敵する犯罪行為となっている。米兵のグループが道路を闊歩していると、県民は身のけがよだつ緊張感が全身に漲るという生活環境で生活をしているのが沖縄の現実である。

朝鮮半島の植民地時代に強制的に連れ出された慰安婦問題と人間性を無視した歴史的政治の虐待ぶりは、米軍事帝国植民地支配から発生する沖縄県民への性的暴力と強姦殺人事件と非常な類似点がある。

米軍事帝国植民地主義による支配体制が続く限り「綱紀粛正」を要望し、抗議を繰り返してもその効果は全くゼロである。全面的に軍事基地撤去することによって軍事帝国植民地支配と性的残虐行為を滅失させることができるのは正確な判断となるであろう。

沖縄の現実を直視することができれば、平穏で安心した県民の生活環境の中には、日米軍事帝国植民地基地と共存できないことを理解するのは当然である。殺人を目標にした軍事訓練の狂人兵は、住民の活環境に溶け込むことは絶対に不可能であり、生活目標が全く異質の存在であるから、住宅道路を完全武装した姿で闊歩することこそ、異常事態の沖縄の現状となっている。

日米軍事帝国植民地政策による支配体制は、沖縄が虹の国、独立国家を樹立させることによって、必ず滅亡する運命にあるので、県民が熱望する軍事帝国植民地基地と辺野古への新型で巨大な要塞基地を断念させることによって、豊かで美しい平和な暮しよい沖縄となるのだ、と思う。

（2011年9月15日）

組踊「執心鐘入」の登場人物と官僚政治権力者の実像
――現代的状況に抗する理性の抵抗精神――

民主党政権下の閣僚たちが矢継ぎ早に来県する行動は、例えて言うと、沖縄の伝統芸能で世界的な評価を受けている組踊の「執心鐘入」に登場する「宿の女」が、中城の若松を執心深く自分の恋人にしようとして、追い詰めていく内容の中に官僚政治権力主義の民主党の政治素質が見受けられる。沖縄県民が、県内移設に絶対的な意思表示で反対しているにもかかわらず、名護市の辺野古に移設を実現させようとする醜悪な政治行動は、「執心鐘入」に登場する「宿の女」の執拗な行動と酷似しているようだ。

官僚政治権力者達の行動には、沖縄を取り巻く好戦的国家になっていくことを深く観察し、抵抗運動を展開して反撃の手を緩めると、再び日本本土だけではなく親分格の米軍のための防波堤になることは言うまでもない。

これに反撃体勢を敷くには「執心鐘入」の登場人物の若松を取り巻く若者たちが、総力をあげて撃退するように、「宿の女」と似た行動をする官僚政治権力者達を撃退しなければならない。

前防衛相の北沢俊美氏は、仲井真弘多知事との会談で、普天間基地の移設先としている辺野古について「どんな困難があってもやり抜いていく」という見すぼらしい様子は、「宿の女」の執念以上の悪魔の甘い囁きのようである。この言動は、若松を手にするまでに「やり抜いていこう」とする態度には「どんな困難」であろうが必ず若松を自分のものにする意欲によく似た行動となっている。「日米合意」の達成を目に見える形で実現し、欲望を満たそうとする行動は、異常に強く、その執念深さは陰湿で異様な雰囲気が漂っている。

困難をやり抜いてまで辺野古移設を決行した場合、これは紛れもなく想像するのは、中東リビア政権の独裁政治にも該当するし、悪徳な独裁政治化に成り下がってしまった、と言えないか胸のうちを推量している。

北沢俊美氏は、野田佳彦政権誕生で閣僚からはずれているが、辺野古移設への執念深さから党の副代表になっている。また閣僚の前原誠司氏は「外国人政治献金法」の違反行為により外相を辞任しているが、移設強硬派であるため野田内閣では政調会長の椅子に坐っている。やはり心の奥には、二人共ども辺野古移設を「困難であってもやり抜く」という政治意識は、沖縄県民の「民意」の反対意思を踏みにじる独裁的政治思想を持って県民に対応しようとしている。

こうした一連の行動は、組踊の登場人物である「宿の女」とそっくりそのまま当てはめることができる。執心深さが鬼と化して若松を奪って欲望を満たそうとする態度には、官僚政治権力主義の政治家たちが「これでもか」といった醜い行動の中に、「宿の女」が鬼となった姿に類似点があることから、県民に対してどのような化け方をして国内軍事帝国植民地政策を進めていこうとしているのか、注視することが肝要となる。

これに対抗するには、「宿の女」を撃退する方法として、若松だけではできないので、寺の若い衆たちの力を結集して撃退したように、沖縄県知事の下に全県民が全勢力を結集して反撃することが必要である。今沖縄の将来の運命を決定づける重大な局面にあるのが、現実の沖縄となっている。官僚政治権力者達の来県の繰り返しには、県民が心の底から怒りの鉄拳をあげて抵抗することによって、困難な局面を乗り切る判断は、抵抗精神を持って行動に踏み切ることによるのである。

日米軍事帝国植民地政策によって軍事植民地基地を置き、新たに辺野古の陸と海に外来の土石で埋めて、新型の要塞基地を建設させてしまうと、子子孫孫に重い荷物を担がせてしまう。一九四五年の日米太平洋戦争の地上戦で多くの犠牲者が出た沖縄は、日本軍の基地があったからこそ、悲劇の島となったので、軍事基地の存在がいかに危険であるかが、歴史的証拠となっている。

毎年迎える六月二三日の慰霊の日のみで戦争の悲劇を考えるのではなく、日常的に昼夜を問わず、日米軍事帝国植民地政策の支配下で軍事訓練をするのは、極めて危険であるので、再び日本本土や米国の防波堤にさせてはならない抵抗意識を持つことが問題となってくる。その意識の持ち方によって、官僚政治権力者たちの矢継ぎ早に来県する行動に歯止めをかけることができる。

二〇一一年一〇月、政権発足直後の野田佳彦首相の来県の目的は、オバマ大統領と微笑み会談した結果を踏まえて、沖縄県の知事と矢も楯もたまらない気持ちになって会見に臨んで、辺野古の陸と海を埋め立てる方針を承認させたいという生き馬の目を抜くような強い執念を燃やす飽くなき欲望を満たす行動である。それに仲井真弘多知事に閣僚達が連続的に詰め掛けて交渉すれば、きっと「理解と協力」が得られる、と思っている。実現するまでは、脇目も振らず、あらゆる手段と方法を考えて来県することが分かってきている。

沖縄県民には、民主主義の欠けらも実感できない状況が現在にも続いていたためか、日米軍事帝国植民地主義政策の支配によって、勝手気儘な振る舞いを県民に目立たない形で実行してきている。それを思うと、民主主義制度の恩恵に程遠い無縁な現実の沖縄がある。その証拠として、民主党政権の誕生から約三年間も経過して、辺野古移設の認証が決定されていない焦りから、今度は前政権の猫の手を借りて「総力をあげて沖縄県側と信頼関係を築く」と言明しているからである。

戦後の二七年間の米軍事帝国植民地支配に続いて、復帰後は日米両国による軍事植民地支配に自由が奪われている事実がはびこっているため民主主義は宙に浮いた状態が続いている。

国内軍事帝国植民地主義者たちは、超党派で問題解決したいと表明するが、それは他の政党をも参加させて、時の権力者と対応しなければ問題解決には至らないのが現実である。野党の勢力は弱くても超党派といえば聞こえはよいが、社民党や共産党を除外しての呼び方は理解できない。

超党派で問題解決を決意すれば、その方向性も明るいのであるが、そうではなく最も安全で「負担軽減になる」と月に嘘ぶく虎のように、永久に日米軍事帝国植民主義に基づいて支配しようという意気込みで、辺野古への新型の軍事要塞基地を建設しようとしている。軍事帝国植民地基地には「条件付き」で建設しようとすることに、県民は「そうであれば賛成だ」という県民の安心感を見抜いているから県民の生活感情や生き方まで隈無く見抜いて対策をたてている。

沖縄県民の強烈な「民意」を無視して、辺野古への日米軍事帝国植民地基地を建設させた場合、極東の安全と緊張感をゆるめるとか、抑止力にもなるからと繰り返し言い続けて宥めながら、基地の永久使用を三〇〇年以上にわたって日米軍事帝国植民地政策で支配しようと企んでいるのが、この二国家の偽らない正体である。

国内軍事帝国植民地主義者たちは、思うままに権力を振り回しながら辺野古で基地建設反対の正当な抗議をしている沖縄県民に対しては虎の威を借る狐になって弾圧に執念を燃やして、問題解決することは到底できない。沖縄県民は「執心鐘入」の「宿の女」の鬼を、若い衆たちが団結して撃退したように、巨大な富と権力を持ち、武装勢力の日米軍事帝国主義者たちには、魔法の処方箋を持ち出して勝利への道を見出すのは不可能ではない。

真の民主主義を求める闘争心を燃やして、自由と平和に向けて人間として生きる尊厳の闘いに、諦めることなく一致団結した抵抗精神で、辺野古の陸と海を埋めて日米軍事帝国植民地基地の建設を断念するまで行動すれば、沖縄県民の「民意」実現の勝利に至る喜びが湧き出ることに希望を抱く夢を持っているのである。


（２０１１年10月11日）

沖縄防衛局は敵か味方か　——悪徳政治家たちに挑戦する——

沖縄県民に衝撃を与えた沖縄防衛局長の発言に対して、最高責任者の防衛相は「自分には辞任する致命的な責任はない」と開き直って無責任な態度をとって辞任しない異常な政治的体質となっている。

比喩的に言うと、未成年の子供が、法律上の違法な行為を問われた場合、親権者の親には不法行為に対する責任を負うのは法律上当然となっている。時の防衛相（一川保夫）の無責任な発言は、強力な軍隊的体質が潜んでいるため、部下の責任を感知することができていないようだ。

こうした状況を踏まえて、稲嶺進名護市長が単刀直入に述べた印象的な談話で、猛牛の「猪突猛進」にそっくりの民主党政権下の閣僚たちである、と表明している。そこには組織的、体質的な保守政権の実体が防衛省の中にある。これは前政権の超保守的自民党を踏襲した政治形態のようである。

猛牛が突進する恐ろしさと猪が猛進する二つの政治的要素を持った民主党政権の各閣僚たちは、猪のように猛牛のように、県民に「評価書」（牛の角や猪の牙）を研いで、沖縄に押しつける行為は、国民や沖縄県民の命を守ることなど毛頭にもないような官僚政治権力者たちの実態である。

沖縄防衛局長や防衛相の発言は、沖縄の実状を全く理解していないどころか、官僚政治権力者たちの常套語にもなっている「誠心誠意」の軍事帝国植民地用語の裏には、組織的にも体質的にも政界の膿があるようだ。

沖縄防衛局の事務次官（中江公人）が「環境評価書」の提出に念を押したことに触れて、「頭を下げながら闘牛のように突っ込んでくる恐ろしさがある」との名護市長の発言には、沖縄県民の声を代弁していることを知るべきである。こう批判されても、官僚政治権力者たちは、権力の傘にかくれているため、県民の声を無視し続ける悪徳政治の体勢が見受けられるのだ。

問題となった発言の一例に「犯す前にこれから犯すとは言えない」。この悪徳におぼれた暴言となった原因と考えられたのが「評価書」提出が遅れたことに対する嫌がらせの言動が、記者団との非公開の場での出来事である。沖縄県民の老若男女を問わず、特に女性に対する侮辱的発言は跡を絶たない。沖縄防衛局長の発言は、防衛省の幹部に限らず、官僚政治権力者たちの持っている根本的政治思想を形成して継承されている。

沖縄県民として「おわびします」と謝罪すれば、感情が抑えられるものではない。官僚政治権力者たちの究極の目的は、辺野古への日米軍事帝国植民地基地建設を承認させ、実行するまでは音無しの構えの政策をとっておけばよい、と考えているようである。

自然環境に恵まれた辺野古の陸と海に、外来種の土石で埋めた、巨大な軍事帝国植民地基地建設に執着するのは、親分格の米軍による強硬な後押しも強烈であるが、沖縄県民の意識の中にも暴言を吐かせる環境の隙を与えている面にも影響があるならば猛省すべきである。

沖縄県民に対する暴言の原因で更迭された田中穀局長は、以前にも沖縄勤務の経験があるから沖縄の実状を熟知しているにもかかわらず、帰任後の沖縄の現状を国民に教えることもできず、沖縄の「民意」をも政治に反映させて外交政策を執ることも毛頭ないため、国民の沖縄を理解する筈はないのだ。

沖縄の軍事帝国植民地政策による支配は、薩摩侵略から二一世紀の現在に至るまで依然として沖縄への偏見には変化がなく、根源的に軍事植民地万能主義の政治思想をもって、政策と支配を企んでいることを見抜くことが必要であろう。

前政権の自民党や現政権の民主党の政治的中枢部の人間たちは、政治の根拠地の永田町の政治の中核が機能していなかったために、その部下たちの沖縄県民に対して暴言を吐き出すのであろうか。憲法二一条規定で、憲法上保障されているからと言って、権利の濫用をいとも単純に考え、沖縄県民に対し国内軍事帝国植民地主義の支配体制で、国家権力を振り回すのは、二一世紀の現代では通用しないのである。

名護市辺野古の日米軍事帝国植民地基地建設に猛反対の政治公約を掲げてそれに賛同した市民から絶大な支持を得て当選した稲嶺進氏から始まって、更にそれに続いて「オール沖縄会議」に結集する衆議院選挙区の中道派と革新系の立候補者が、名護市長選の公約と同じく県民に訴えた結果として全四区で圧倒的得票数を獲得して当選している。注目された県知事選では、過去に例のない圧倒的多数で当選している。そして最後に注目された参議院選挙も驚くほどの票獲得で当選している。全国的にこの四大選挙が注目され、基地反対の沖縄県民の底力で勝利したのが「民意」による意思で示されている。

それにもかかわらず、官僚政治権力者達の政治体制には、民主主義国家には到底あり得ない政治政策によって沖縄県民の「民意」を除け物にしているのだ。こうした沖縄に対する国内軍事帝国植民地主義者たちの政治的虐待ぶりは、真綿に針を包んだ政治的圧力で強権政治を実行しつつある。

沖縄が将来永きにわたって、豊かで平和的に安全な生活環境で暮すためには、恐怖政治による日米軍事帝国植民地主義による政治的圧力政権から解放される唯一の道を選択することを模索しなければならない時代を迎えている。止まない雨はない、勝利への道は最も根気のある者にもたらされると歴史上有名な人の言ったことばを胸に刻む。

（２０１１年10月29日）

腐敗した政治を回復するには

政治不信を招くことは、日本の政治家には内閣総理大臣の交代が先進諸国の政府には考えられない政治的現象がある。政治不振の一因として前政権の自民党政治家の不正な政治資金による汚職事件が続いてきたことと、もう一つの原因には、総理大臣の交代が満期を待たず、連続的に辞任に追い込まれていることによるものである。

国民の代表と言うならば、内閣総理大臣になるための要件として、憲法改正して、国民投票によって選出することに尽きる。そういう制度によって選出された総理大臣になった人は、自覚と責任をもって政治をするであろう。

総理大臣の座につくには、選挙で得票数を獲得した政党から選出された仕組みにより、総理大臣になるため、自ら党利党略に重点的に政治体制がしかれ、表面的には国民のための政治と強く主張するが、いったん政権担当すると国民を忘れた政治の状況になってしまう。

その典型的な例として、東日本大震災や福島原発事故に対して地元をはじめ全国民や全世界から支援のことばをかけられている最中に、国会内では、内閣不信任案の決議に躍起になって国会討論をしている状況には、ただ呆《あき》れるばかりである。

東北地方の地元の県民にひたすら耳を傾けて、その対策を早急にどうするかが、本来の意味での国民のための国民による政治のあり方であり、国民の政治に対する信頼感を回復させるチャンスである。国の運命を左右する緊迫した空気の中にありながら、国会はその状況に取り組もうとすることもなく、その動きは鈍く、不信感を拭《ぬぐ》い去ることはできない。

前政権の自民党時代から政治不信が続いてきており、更に現政権の民主党に至っては、政治の行き場のない末期状態になってきていることに、国民が等しく感じ取っているのは事実である。

こうした政治的状況になったのは、国民をリードするような絶対的に信頼をされる立派な政治家がいない、ということである。しかも政党政治家が内閣総理大臣に指名されるので、憲法六七条のみを改正して、全国民による選挙によって選出された場合には、政治不信も徐々に回復の方向へ進むことは疑う余地はない。現状の総理大臣は、国民の代表としての、国民のために全力を尽くすことをしていないので、国民から遠く離れた存在である。

過去の閣僚辞任を調べると、いずれの内閣誕生にも閣僚の政治的態度に国民が予想もしない辞任に追い詰められる違法な政治行為をしている。こうした政治不信になるような行為を、閣僚たちはとっている。

閣僚の地位につくには、長い国会活動をし経験も豊富に積んでいて、その人格については熟知しているにもかかわらず、内閣総理大臣の閣僚の任命権のあり方にも国民の側からみれば、疑問を抱かざるを得ない。

内閣総理大臣を全国民の投票で選出し、その自覚の下に任命されると閣僚たちも責任感を強くもち、違法行為も減少するであろう。

闇将軍の官僚政治家たち

（２０１１年11月10日）

密約主義を貫いてきた自民党政権時代から民主党政権へ移行しての外交政策が、沖縄の軍事基地に関する問題になると密約外交を重点的に行使してきたことは、復帰前から復帰後も黄河の流れのように続いている。このことが今回、堂々と県側に搬入せず、人目を忍んだ午前四時、すべての生き物達が寝静まった深夜に沖縄の運命を決定する問題の「評価書」を搬入する行為は、まるで深夜徘徊の不良少年の行動と同じである。正々堂々と直接的に手渡すことが国家公務員の国民から模範とされるのに、それが公然とできない民主党政権の醜い官僚政治家たちの行動である。日本の古来の仇討ちの体質を持った闇討ち主義的な醜い行為と言える。更に言うと、今の民主党政権には赤穂義士的体質を持った超保守的政治家たちが、沖縄を軍事帝国植民地支配に躍起となっている。

真夜中の行動で鬼の首をとったようなこの行動は、民主主義国家と言えるのか。北朝鮮や中国を批判する前に、日本の超保守主義政治家たちは、腹を切ってお詫びをするくらいのことをすべきである。

前政権の自民党の政治的瑕疵を引き継ぎ、その瑕疵を踏襲した民主党政権は、紛れもなく転落の道をたどることになる。こうした官僚政治家たちによる暗闇の中での「評価書」搬入行為は、暗黒時代の政治家たちの仕業に似ており、この行為に対して、沖縄県民をどう見ているのか、予見可能は十分に察しえる。

民主主義国家ではありえないことだが、民主党政権の官僚政治家たちは、暗闇の中で政治行為をする忍者部隊の政権担当者たちである。この行為を徹底的に追及し、暗闇にほうり込んではならない。この行為は、非情な政治感覚であるから「己《おの》に克《か》ちて礼《れい》に復《か》る」べきである。

このような民主党官僚政治家たちに政権担当を委託すると日本の将来は、暗黒政治に転落することは間違いない。そうなると沖縄は、予想を超えて最も悲観的な方向になっていくだろうと推測するのである。

何故かと言うと、今回、鬼鬼《おにおに》し問題の「評価書」は「提出の混乱を避ける」ために郵送にしたいと表明しているが、混乱を招くおそれのある「評価書」を県民八割以上が反対しているにもかかわらず、しかも県民の民意に反した書類となっているのに、混乱どころか、鬼の居ない間に洗濯をしようとする官僚政治たちの行動は、鬼神《おにかみ》にも等しいのである。

この「評価書」の前段階にも「準備書」が提出されているというが、この中にも問題のMVオスプレイの機種の配備について県民を騙した内容になっていて、その機種名さえ明記されていない騙し討ちをしたことになっている。闇から牛を牽《ひ》き出す行為とも言うべきで、単純に処理しようとしている。この行為は「密約」を体質的に外交手段にしてきた原因によるのである。また、施設周辺での飛行ルート（常用経路）にも長円形に変更した欺く態度をとっている。

これらの問題の書類は「評価書」の最終段階で明記されていることに、県民に「見せざる知らせざる、聞かせざる」の軍事帝国主義国家の正体が潜んでいる。この行為は、県民に対する良心の欠けらも無い、良心が麻痺した官僚政治家たちである。

この「評価書」が、年末期間に提出されること自体に問題があり、官公機関は「仕事おさめ」であるのに、この多忙な年末を選んだことには理解できない不条理な行為である。公務員として失格者である。これにつけ加えて四五日以内に意見を述べなければならないということに、一日一日真剣に検討することになると、年末年始の提出は余りにも酷と言うべきである。

民主党政権官僚政治家たちは、七百頁わたる「評価書」を長期間にかけて作成してきているのに、沖縄県には時間的余裕も与えない短期間で検討させるこの行為は、鬼を酢《す》にして食う民主党政権の措置には冷淡さが渦巻いている。

野田首相は、二度にわたり親分格のオバマ大統領と会談して、県民の民意を根こそぎ奪い取った約束をしている。まさに、軍事帝国植民地主義を強力に一歩一歩推し進めていく状況にある。民意の反映しないこの両者の首脳会談は、民主主義ではなく、軍事帝国植民地主義というべきである。

民主党政権の保守的内閣の野田首相は、沖縄基地問題になると、国民や県民に向かって「誠心誠意」力を尽くすと明言する。その意味は、広辞苑によると、真心を持って事にあたる、と言うすばらしい熟語であるが、表面的な根無し草のように頼りないことばをいかにもその通り実行するという反対の行動をとるのが、実状である。

民主党政権は、政治公約を「誠心誠意」実行すると表明するが、国民や県民を欺くことをいとも簡単に公約反故にしてきている。反故にしても平気と考えているのか、守らなくても「誠心誠意」を常套語に使っていると、いかにも国民や県民を頷かせるような錯覚に落ちてしまうのか、理解できない、不思議な現実の政権である。

沖縄県への交付金満額を要求通りに決定して、軍事基地を県内移設へ何が何でも取り付けたいために、「評価書」を搬入する前に「アメ」と言う満額で納得させようとする、鬼の空念仏のような企みは、県知事が県民に公約した県外移設を反故にしてもよい、という企てなのか。民主党政権も公約を反故した経緯を、沖縄の知事にもその行動を和らげて、交付金満額への恩返しをしてほしい、と思っているようである。

民主党政権は、親分格の米軍事帝国植民地主義者たちとの約束を忠実に守る行動をとることこそ、最高の外交政策であり、沖縄県民に対しては、全くの嘘つき外交を堅持してでもかまわないとする独裁的政治行動を実行しようとしている。まさに「忠犬ハチ公」の政治外交である。

民主党政権の沖縄県民に対する卑劣な行為に対して、全県民は「怒り」の感情を共通に持ちたいものである。

その共通感情を持ち得ない軍事植民地基地の肯定派の県民の一面を表した沖縄の格言にテーゲ主義（たいしたことない）という意識感覚でとらえていないか、ということと、物質というお金に支配された「お金さえ貰えば」主義を持つならば、現政権にすべてを委ねてもかまわないと考えているのか、と言うことである。更に付言すると、「フィフチ目カラテントウガマヤー」という格言は「井の中の蛙大海を知らず」とよく似た意識が無いか、ということである。

こうした意識感覚があるならば、官僚政治家性質による沖縄に軍事基地関係の強力な軍事帝国植民地基地によって支配される悲劇が生ずることに敏感にならなければならない。こうした支配を排除する心構えとして、全県民が、沖縄戦から歴史をくまなく学び、更に現実の苛酷な軍事植民地基地の実態を身につけ、全県民によって県外の国民や平和を愛する諸国民の人達にも平和の尊さを知らせる義務と責任があることを自覚しようではないか。

輝かしい日本帝国憲法の前文に掲げている「政府の行為によって再び戦争の惨禍が起こることのない」ようにするために、戦争準備へ不安な時代を象徴する「評価書」の無様《ぶざま》な搬入の仕方には、戦争前夜の足音が忍び寄ってくることに無神経であってはならない。

（2011年11月15日）

「世界のウチナーンチュ大会」の絆未来まで

海外に住んでいるウチナーンチュ（沖縄人）四〇万人と、県内一三八万人のうち八〇％の軍事植民地基地反対の県民が連携して情報を交換して、日米軍事植民地主義者たちによる苛酷な軍事植民地支配下にある沖縄の実状を身につけて、完全撤去運動の輪を広げる世界の懸橋となれば、軍事植民地基地の撤去は確実にやってくる。

五年ごとに開催される今年の第五回目の「世界のウチナーンチュ大会」は、四日間にわたって二三ヵ国二地域にまたがる二五ヵ国から五一九四人のウチナーンチュが故郷の地、沖縄に集まり、盛大に開催された。ウチナーンチュの連帯感の強さを誇示した大会である。

開催中には沖縄の現状を伝えるシンポジウムもあり、その内容は知らないが、県主催の大会の中で現実の軍事植民地基地を知らせることは大きな意義がある。

沖縄県民は、沖縄から世界中の国々へ「平和」の発信を願っているので、この大会をチャンスにその意義を達成する一因として、世界各地の県民四〇万人の協力を得て沖縄の軍事植民地基地を知らせ「平和」を築いていく大きな行事にもなるであろう。

また、県内各地で歓迎会や交流行事、スポーツ、経済、伝統芸能など二一のイベントがある中で、軍事植民地基地の実態を、県主催で実現できないか、という要望もある。その際、大会における大きな意義として考えると軍事植民地基地についての交流会を持つこともイベントの中に入れたいのは、県民の切実な要望でもあるのである。

積極的姿勢で臨みたいならば、軍事基地に関する資料の配布を持ち帰って勉強会ができるようにしたいものである。

世界各地で活躍しているウチナーンチュたちが、この大会の意義をかみしめて日米両国に基地撤去のメッセージを発信すれば、魂を冷やすことになるであろう。

日本の軍事基地の七四％を占めている沖縄の地図をみながら、各地の中心メンバーによる植民地基地の視察をして、その現実を認識させることもイベントの価値がある。

大会開催中の軍事帝国植民地基地主義者たちは、物静かにしていて、大会に参加している世界各地のウチナーンチュに刺激を与えない静寂の中の四日間である。実に植民地政策による巧を凝らした戦術をとっている。こうした状況をつくり出すのは、奴等の巧みな手口であり、ウチナーンチュ大会で音無しの構えをみせる軍事植民地政策の実態を知らせたくないのである。

「世界のウチナーンチュ大会」を通じて、海外に住むウチナーンチュたちに沖縄を平和な美ら島という印象を与えてはならない。沖縄の地上戦から米軍事帝国植民地基地主義者たちが占領し、その後六七年以上にわたって支配されている歴史の歩みを「録画したＣＤ」を贈り、沖縄の現実を世界にアピールすることにより、その実状を肌に感じさせることを義務としなければならない。

「肝心《チムグクル》」を大切にする県民には、折角大会に遠い国々から参加しているのであるから、そんなことは必要ではない、と思っている県民も多いのではないだろうか。将来この大会を継続していく計画であれば、軍事帝国植民地基地を撤去して、沖縄から全世界へ戦争のない国づくりにすることは夢ではない。その時代が来ると、沖縄が「美ら島」という実感が湧いてくるし「ウチナーンチュ大会」はより一層楽しい開催になることは言うまでもないのである。

世界紛争の拠点の出発基地は、軍事植民地基地が集中する沖縄にあることを、中近東の紛争で証明されているので、戦争が発生し、その拠点基地になると「ウチナーンチュ大会」の開催は不可能という認識をすれば、その実感をもつことができるであろう。

現在約四〇ヵ国に、八〇〇箇所以上の米国の軍事基地があって、その基地の状況に対して「米軍基地は、現代の植民地であり」「米国は基地を造ることでアメリカ帝国を形成している」と断言した国際政治学者がいる。世界各地の基地の中で、沖縄が最も強力な軍事帝国植民地基地となっていて、戦争をするための究極的軍事目的地となっているのが沖縄である。だから軍事帝国植民地基地が存在している間は「美ら島」沖縄とは絶対に言えないのである。

このように沖縄は、世界的にも軍事植民地基地を象徴しているのに、国民や沖縄県民は軍事基地の実体を知らないし、また知ろうとしない無関心さが日米軍事帝国植民地主義者たちの支配的構造になっているのである。その意識に目覚めさせる意識改革の指導的行政機構のあり方にも問題があることは事実である。

沖縄県民が苛酷な軍事植民地基地の実態を日常的に生活の場で身につけておれば、世界のウチナーンチュに同じレベルで知らせたいという感情が自然に湧き出るのは言うまでもないのである。日米軍事帝国植民地主義者たちに支配されている沖縄の問題は、県民のみでは解決に限界があるので、海外に住む四〇万人以上のウチナーンチュとの連携で抵抗運動を広げていくことである。県民は、遠慮して軍事植民地基地の問題に触れたくない「肝心《チムグクル》」からその実態を知らせたくないという感情を持ってはならない。その感情を持つことが沖縄県民には不幸な環境を作り出す結果になることを自覚すべきである。

米軍事帝国植民地主義者たちは、先祖から受け継いできた風光明媚の豊かな土地を、銃剣とブルドーザーで剥奪した米国領土と言っていることを、海外のウチナーンチュたちはどんな気持ちで受け止めるであろうか。この事実を知ることにより、きっと怒りと不満を持つのは当然であり、帰国後はどういう行動をすべきか検討するに違いない。

沖縄に目を向け関心を持っている外国人も増加していることも事実である。その中でも「米国は、沖縄では同盟国としてではなく、占領者として振る舞っている」と断言し、「世界中の米軍事基地閉鎖に向け、米国内で運動に取り組む」という意欲をもった米国内の平和団体がある。米国に住むウチナーンチュも「世界ウチナーンチュ大会」を発展させるために、平和活動する契機にもなれば、大会の意義も大きい、と言う評価ができる。

外国人が、沖縄の日米軍事帝国植民地基地の実態に関心を持ってくる場合「米国ピースアクション」の平和団体の声明文となり、人々の関心を持つことになるので、世界のウチナーンチュたちは、故郷との連携を綿密な計画をとりながら、活動の輪を広げていくことによって、帰国してから沖縄の日米軍事帝国植民地基地の撤去に向けて行動を起こすことになってくるであろう。

「世界ウチナーンチュ大会」のフィナーレで「絆未来まで」を誓い合ったことばに思いを込めて、それぞれの国々に持ち帰り、日米軍事帝国植民地基地の状況の報告会を開いたり、それを基礎にして認識を深めるための検討会を開くことを、沖縄県民のひとりとして大きな関心を持っているのである。

沖縄から世界の国々へ日米軍事帝国植民地基地の存在を発信し、平和な世界にしていくには「世界のウチナーンチュ大会」でその状況をアピールし、軍事植民地基地の完全撤去に向けて献身的な協力で行動することである。

その完全撤去の基本的なことは、県民のひとりひとりが自覚し行動することによって、真の平和な「美ら島、美ら海沖縄」になり、「平和の礎」もその存在感を示すことになるのである。

「世界のウチナーンチュ大会」の絆未来に向かって、諦めず、米軍事帝国植民地基地の名称も完全抹消させ、夢と希望を持ち、平和への目標を突き進まなければならない。

沖縄の内外のウチナーンチュは、目的達成のためには情熱を燃やし続け、行動することによって夢と希望を託して、努力することに全力を尽くすことである。

（2011年11月30日）

ノーベル平和賞のオバマ大統領と沖縄

オバマ大統領当選の当初は、リベラル派の大統領として、沖縄の軍事基地問題を必ず解決していくだろうという期待から、当時三歳であった孫娘に最初に記憶させたのがオバマ大統領であった。当選の喜びの顔を、新聞記事から抜き取ってそれを見せながら大統領の名前を記憶させ、その後は切り抜きの写真を見せると、記憶した名前を家族に披露するようになっていた。それだけに期待感を抱いて、沖縄の基地問題に取り組んでいく大統領であることを信じていたのが沖縄県民の率直な感想であったのである。

ところが一変して二年後になると、米国の国内失業率をはじめ、選挙公約で経済、福祉などの問題解決は前進の展望がみられず、米国民から不満の声が全米各地にのろしを上げられてきているのである。

そうでありながら全世界から「核兵器」廃絶をヨーロッパで演説し、その成果としてノーベル賞の授与である。これを授与させる条件があるのか、その疑問は既に述べているが、その疑問も的外れであることを証明したのが野田内閣の誕生によって、急速に辺野古へ新基地建設を強力に野田首相へ迫ったということである。

軍事基地のない平和な島にしようと県民が叫んできたのに、野田首相へ目に見える形で実行させようと迫る言動は、ノーベル平和賞を受賞した人物とは思えない強硬姿勢である。

米国内の選挙公約を完遂できず、それと同時に全米各地でデモの抗議行動をしているのに、何故沖縄県民の同意がないことを無視して、新基地の実現を主張し続けるのか、民主主義から程遠い国家体制になっている。

オバマ大統領が使う、内政、外交問題で「チェンジ」ということばに全世界の人々が絶大な希望も持っていたのである。その言葉の魅力の中に、沖縄の軍事基地にもその意味が含まれているという希望の鐘が鳴り響いているという感情が込められていたのである。しかし、この言葉も息を潜め、就任後は沖縄県民の大統領への期待は大きく萎み、県民に対する軍事基地による支配体制の維持のために、軍事帝国植民地政策への強硬姿勢に向かいつつあり、それに対して県民は怒りを込めて訴えているのである。

沖縄の軍事基地の撤去に前進がないのであれば、ノーベル平和賞を授与する資格はなく、受賞撤回すべきである。受賞の重みの意識は、県民には全く無意味で、価値のない賞というべきである。

ノーベル平和賞に値する内容を考えると、沖縄県民の中に復帰前後を見渡せば、人権確立と平和を築いていった偉大な政治家がいることをノーベル平和委員会は注目すべきである。

終戦直後（一九四五年）から復帰闘争を経て現在まで（二〇一〇年）の六五年以上、身の危険を顧みず人権獲得のために闘った、今は亡き政治家であった那覇市長の瀬長亀次郎と初の選挙で当選した屋良朝苗、そして復帰後、現在も活躍している元知事の大田昌秀と平和闘争に一貫して県民の命を守るために胸を張って抵抗してきた元市長の伊波洋一のいずれかの政治家がノーベル平和賞を授与するのに適した人物達である。

復帰前後の四人の政治家たちは、県民の先頭に立って平和と民主主義確立のために日米両軍事帝国植民地国家に抵抗運動してきた優劣がない政治家たちである。

日米軍事帝国植民地主義者たちの支配下で、人権獲得と平和の闘争に抵抗している政治家たちの行動には、民主主義国家として、かつ資本主義体制の中で強大な権力者と六五年以上の長さに亘って植民地闘争に精魂を打ち込んで抵抗運動しているこの小さな島沖縄の政治家たちに目を注ぎ受賞の対象にしてはどうだろうか。

ノーベル平和賞を沖縄の政治家へ授与することによって、日米軍事帝国植民地主義者たちを目覚めさせ、県民の長い苛酷な苦難の歴史に終止符を打つことになる。これが沖縄県民に真の美ら島、美ら海と呼ばれ、平和産業としての観光資源にもなる。と同時に、ノーベル平和賞のあり方の疑問の解消にも結びつくであろう。

終戦後の二七年間抵抗運動に組織して闘った政治家と復帰後の三八年間、県民の人権思想確立のために指導的役割りを果たしている政治家を考えると、ノーベル平和賞受賞の中国民主活動家、劉暁波氏をはじめ他の受賞者達と引け目を感じない受賞の理由がある。

木偶の棒の官僚政治権力者の実像と沖縄

（２０１１年12月８日）

世界一危険な普天間基地と切り離して、米軍の再編見直しとして「嘉手納基地より南の五施設の区域」の返還を表明している。現実は日米の軍事帝国植民地国家間で話し合っているが、辺野古への移設を断固遣り遂げることを最上の軍事目標にしているため、その話し合いの内容は「負担軽減」につながるという謳い文句となっている。極東における巨大な軍事要塞基地としての機能を持った価値ある軍事施設になるため、目標達成に向けて心魂をかたむけている。

普天間基地の「空飛ぶ恥」といわれる悪魔機オスプレイへの機種変更の準備によって軍事能力は最強になっていくため、現在の五つの基地返還をしても辺野古の新型の軍事要塞基地が建設されると、軍事上絶大な使用効果を発揮するという危惧の念をいたくだけだ。

南の五施設の区域の返還は、県民の「負担軽減」というまやかしの言葉の綾に騙されて、県民の頑なな態度を和らげようとする日米軍事帝国植民地政策に万全を期することに尽きる。

返還すれば、「負担軽減」を主張するのは、県民を安心させるようにみえるが、その裏には、移設するまでは県民へ虚偽を駆使して実現したい、という超保守的右翼政治家たちの悪態振りが潜んでいることを見抜く必要がある。これは紛れもなく国内軍事帝国植民地主義者たちは、木偶の坊にのせられて県民の「民意」に傾聴することもなく辺野古にこだわるのは民主主義国家体制からかけ離れた、独裁的政治行為というべきだ。

沖縄県民は、日米軍事帝国植民地基地の存在そのものが県民の生活環境を破壊している悪の根源となっていることを強く認識している。それにもかかわらず、民主党政権の閣僚共どもに国会での質問に対して、異口同音に「普天間基地の固定化はさけたい」と明言するが「さけたい」ならば、どうすればよいのか、明確な表現を避けて敵本主義に隠れて県内移設を念頭にからめついているので、具体的案のない木偶の坊の態度である。

民主党の官僚政治権力者たちが本音を言わない狐疑逡巡の政治姿勢を墨守している国内軍事帝国植民地主義に落ち零れた政治的集団となってきているようだ。

沖縄県民の総意は、普天間基地を「そのまま使われるのは大問題である」という強固な県民の意識にあるので、米議会も「辺野古は不要」という立場に外交軍事転換を主張していることを真摯な態度で受け止めて意識変革すべきである。

その理由として、辺野古移設を断念して沖縄駐留の海兵隊と共に県外移設させると有利になる点には、日本全土が自然災害や人災（原発事故）の不安にさらされている状況になった場合には「トモダチ作戦」の一環として、海兵隊に「思いやり予算」を使わせながら支援協力させることができるため、県外移設にすると最高の喜びを感じるからである。

二〇一一年三月一一日の東日本大震災や福島原発事故から学んだことは「絆」の気持ちが強くなっ

たことによって「トモダチ作戦」の支援もあって、国民の大多数の人たちが、海兵隊の協力体制に感謝した。このような「外からの支援を生かす」ことを思うと、過疎化や高齢者地域の問題解決のためには沖縄県民の苦しみの解決にも「辺野古不要」と断言して、政策転換すれば、民主党政権への不信感を払拭してしまうことは論を俟たないのだ。

沖縄県民が最も畏れていた軍事的実情の変化は、二〇一二年一〇月に悪魔機オスプレイ配備に対する県民の最大規模の「配備反対抗議大会」をも無視して、日米軍事帝国植民地主義者たちは、強行配備してしまった。問題の悪魔機の強行配備を第一段階にしておけば、第二段階では既存の機種配備によって住民地域に撒き散らす騒音に苦しめられて生き地獄の生活環境になると、悪魔機の墜落事故危険と環境悪化に耐えることができず、「仕方がない、もう我慢できない」という感情に陥る可能性がある。それを待っていました、と言わんばかりに日米軍事帝国植民地国家の思う壺にはまって辺野古移設に賛成の意思が芽生えないか気掛かりである。その結果、沖縄はどこに向かっていくのか、その予想は難しいことはない。

沖縄は永久に日米軍事帝国植民地支配に取り囲まれているので、いざ再び来た道を踏む状況になっていると思うと、第二次日米戦争における想像以上の現代技術を使った兵器の脅威に晒されることは予想不可能ではない。

戦争のない平和な生活環境にするためには、沖縄の日米軍事帝国植民地基地を完全に撤去することが先決問題である。それは夢ではない。必ずその夢を実現するまで諦めず、最後の最後まで抵抗精神を失うことなく行動すれば、夢の実現は不可能ではない。

自由と平和を求め、人間として価値のある生き方をするのは、時が解決するものではなく自己との闘いであり、かつ権利奪還のための戦いの精神こそ、この厳しい現実と向き合いながら諦めず希望を持ち続けるウチナーンチュ魂が、沖縄の求めてやまない生き方である。希望と闘争精神こそ、我が命である。

（2012年3月15日）

ウチナーンチュは過去の悲劇を忘れない
――慰安婦の問題をめぐって――

慰安婦ということばにはどんな歴史的意義があるのであろうか。日米軍事帝国太平洋戦争の沖縄地上戦では弱い立場の女性たちを強制的に沖縄へ連行し、軍隊の餌にするという悲劇があった。軍事基地がなく、戦争もなければ慰安婦問題や住民虐殺は歴史上話題になることはない。

過去の戦争の悲劇を後世に引き継ぎ、平和な生活ができることを県民が歴史認識すれば、現存の日米軍事帝国植民地基地の存在は根底から否定しなければならない意識に目覚めるであろう。沖縄県民は、過去の地上戦は遠い昔の出来事であるという認識を持った人間たちが徐々に増加しつつある。それを食い止める重大な課題になっていると思っている。

激しい地上戦を繰り広げた沖縄は、失われた人命や財産は計り知れないほど大きい。過去の遠い戦争ではないことは、現在も戦争の後始末を終えていないし、その証拠として不発弾が約二二〇〇トンも地下に残されていて、完全撤去までには七〇年もの年月がかかるという。

遺骨収集は現在も続いており、地下に何柱とり残されているのか、正解に判断できない、といわれている。地上戦で散った魂を慰めるには、戦争の後始末が終了するまで、軍事訓練費や軍事費を削除し、平和で安全な「美ら島」にすべきであり、誠心誠意をもって政治の温かい光を当てるべきだ。

後世に伝達する方法として、県側が三二軍壕の説明板を設置しているが、看板の文章から「慰安婦」と「虐殺」のそれぞれの文字を削ることに県民として納得のできない、ということである。例えば、検討委員会が「文字を断りなく削ったボタンのかけ違いがずっと続いている」ことへの指摘は、戦争への反省もないし、また「沖縄戦を真摯に伝える姿勢がない」という委員会の嘆きは、過去に目を閉じるものは現在も見えない、ことを自認すべきだ。

歴史の真実を公正に伝達することに苦心していることを、沖縄の行政担当者は謙虚な態度で耳を傾けるべきである。例えば、米国内で韓国系のアメリカ人が「従軍慰安婦」について認識を高めようとする動向に全米各州で対策を立てているという。その対策方法として「慰安婦碑」の設置と「慰安婦会舘」の建設に真剣になって計画をすすめているという。沖縄県も戦争の真実を伝えたいならば、文字を削ることはできないであろう。なぜならば、沖縄戦にかり出された慰安婦の事実が、六七年も経過しているにもかかわらず、鮮明に記憶に残っていることを証言した中に「芸者のような黄色や赤の派手な服装していた」というように明確に服装の色まで記憶していて、慰安婦は日本軍の性的慰安にされていた、という生々しい証言をしている。そうであるならば、慰安婦という文字の削除はありえないことで、沖縄戦の悲惨な状況を後世に伝えることこそ行政側の重要な認識である。

慰安婦について問題を発言した人物がいる。沖縄の地上戦が終結して最早六七年間も経過しているのに、大阪市の元市長の橋下徹氏が、慰安婦問題について国際的に大きな問題を投げ掛けている。その発言の問題点を整理すると、慰安婦の容認に対して「世界の軍隊ではありえたことであり、日本軍も例外ではない」と発言している。世界の軍隊では慰安婦の存在は事実としても、日本の軍事帝国軍隊時代には、軍部の命令で慰安婦を動員していたことは他国の軍隊国家とは著しい相違がある。

日本の軍国時代には、朝鮮半島を軍事帝国植民支配下にあったので、軍部の命令には、いささかなりとも抵抗できず強制的に連行して慰安とされたことは歴史的事実として証明されてきている。慰安婦という言葉のそれ自体に、日本軍の野蛮な行為があったことは、外国軍隊とは異質的なものがある、といえるのだ。

沖縄の地上戦とは、日米軍事帝国太平洋戦争で、多くの尊い命の犠牲者が失われたことを、県民のひとりひとりが遠い昔の戦争ではなく、現在も深く心に響いていることを忘れてはならない地獄の一丁目である、ということである。

日本国憲法の前文に「再び政府の行為によって戦争が起こらない」平和な社会環境にしなければならないと記されている。その責任感と義務の精神を、全世界に発信することによって、戦争をさせない平和的生活環境をつくることができるのだ。平和を祈るだけでは平和はない。平和運動へ強力な揺るぎない抵抗精神で戦争を防ぐことこそ、重要である。

裁判所も米国支配者の味方になる
——地に呪われる裁判所の判決——

（２０１２年４月28日）

日本の裁判所は、米軍事帝国植民地主義の支配者たちの味方になってしまったのか。最高裁判所の長官は、誰が任命するのかまた下級裁判所の指名は誰なのか、国民は熟知している。裁判所は秤に掛けて公平な裁判をするのは当然であるが、米軍事帝国植民地基地に関する訴訟では、国民や県民の立場で判断することには、非常に消極的で裁判のあり方に疑問を抱くことが多い。判決は国民、県民が納得する厳正忠実に下されなければならないし、賛否両論もあってはならない。即ち一〇〇パーセント納得できる判決でなければならない。

沖縄本島北部の高江のヘリパット基地建設の反対派、正義感に溢れた正当な抗議であり、日米軍事帝国植民地基地の存在は最終目標である大量の殺人行為になっているので、沖縄軍事基地の役割である前線基地の建設に反対しているのである。

普通一般の国民や県民の職業は、サラリーマンという日常的な生活環境を整えるための生活資金を得る純粋な生き方であるが、同じ生き方にしても軍事植民地基地に関する軍事職業上の目標は全く異質な存在である。大量の人間を殺戮するための訓練であるから、その軍事上の構造は、非人間的でなければ人を殺すことはできない。

その殺人行為の軍事植民地基地建設に反対する高江ヘリパット建設現場で抗議する県民は、人間が生きていくための純粋無垢な正当行為をしている。そうした観点に立つならば、裁判所はどこの国の立場で判断すべきか。国家権力に焦点を置くならば、いかに殺人訓練の基地建設であっても、内閣総理大臣から指名された裁判長官は、官僚政治権力者へ顔を向けてしまい、その結果として日米軍事帝国植民地主義者たちに加担した判決を下すのである。

沖縄の軍事帝国植民地基地に関する裁判になると、憲法の保障する人権尊重は、軽んじられて県民の抗議を抹殺しようとする態度の判決になっている。

沖縄防衛局は、高江ヘリパット工事に抗議している県民たちに通行妨害禁止の仮処分を申立てている。行政不服審査法に基づく訴えは、明らかに官僚政治権力者たちの下の道具として一つの組織の企業ではなく権力側に位置づけられていて、県民を弾圧する支配体制に使用している。

沖縄防衛局は、法律専門家の意見にじっと耳を澄ますべきだ。聞くは一時の恥聞かぬは一生の恥と思って聞くことである。その意見は「国民の人権を守る国が、住民相手に訴訟を起こす場合、相手にどういう影響を与えるのかを踏まえ、最大限の配慮が必要である」と表明している。

沖縄県民のひとりひとりが、諦めずに高江地域の住民と共に考え、抗議行動に参加すれば、必ず夢を叶えることができる。高江地域の「ヘリパット基地」建設は、悪魔機オスプレイの軍事訓練のための基地であり、公然と発表することを控え目にしている悪魔的政治交渉の結果に基づいている。その実態を知れば、行動に踏み切る気持ちを抱くことにならなければならない。「ヘリパット工事」については「秘密主義」の外交交渉で、県民に事態を報告することもなく反民主主義の政策で物事を押し進める官僚政治権力者たちであり、それに同調する呪われの身となる裁判所の政治的判決となっている。国家権力者に従わない奴等を邪魔者扱いにするのは、軍事帝国植民地主義者たちの政治姿勢になっている、と言えるのである。

こうした政治的姿勢に対して、県民は強く正しく観察して、政治に関心を持ち政治的知識で、全国民に訴えていく情熱がなくては、国民は動かないのだ。

日米軍事帝国植民地政策による県民の被害状況には、県民も時間の経過に従って忘れられる傾向にあるが、現在生活している人間でさえ現実に対して無関心であるが故に、諦めもあるのか基地とか政治に無関心になっているようだ。沖縄県民がこうした感情を持っていては、一般的国民は沖縄の現状に目を向けることはない。例えば、本土から訴訟に参加した弁護士の感想によると、沖縄の軍事基地の問題には特に関心はなかったが、自然の豊かさや生活環境を守る住民の抗議行動を見て、軍事基地は不要であることを実感した、と率直な感想を述べている。これに対して、沖縄県民は深く心に刻んで猛省することである。

高度の知識を持つ優秀弁護士さえ実感がわかなかったというのであるからまして全国民には、沖縄の日米軍事帝国植民地基地の現状には無関心であり、自分たちには関係がないという気持ちが強いので、官僚政治権力者達も机上の空論で判断して、安易な「理解と協力」を求めるべきではないのだ。

裁判官は、東村高江地域の住民をはじめとして県民の八割以上の反対意見を総合判断して、権力側からの視点ではなく、県民の素直な感情を認識して、納得のいく判決を下すべきである。

自然環境に恵まれた美しい高江地域へのヘリパット工事訴訟とか最高裁の新嘉手納爆音訴訟の棄却の裏には、審理もろくにせず、憲法判断になじまないという見解を示している。国民や県民の命、財産を守るべき立場で判決を下すことができず、かつ県民の側に立っての判決をするのが当然の帰結と思ったが、その反対の判決になってしまったのである。

日米軍事帝国植民地主義者たちの視点で判断するのは「裁判所よお前もまた米国の顔色を気にしての判決か」という感想である。「人権の最後の砦」といわれ、双方の審理を徹底しつくしての判断ではなく、軍事植民地訓練を過去に引き続き我が儘勝手次第にしてよいと言わん許りの見解となっている。

沖縄県民が過去から現在に至るまで、日米軍事帝国植民地政策による支配下で、息の根が止まる思いの生活環境で苦しんでいる現状に寄り添うこともできず、差別的な立場で判決を下すのは何を物語っているのか。

沖縄に駐留する米軍人、軍属とその家族と合わせて約五万人と県民の約一四〇万人とを比較して、どちらに重点を置いて判断すべきであろうか。安保条約や地位協定を重視する限り、日本国憲法を下位に置いての判決には、民主主義制度では異常な国家的強権判決となっている、と言える。

（２０１２年５月３日）

兎を得て蹄を忘ることなかれ
——日本国憲法一三条の幸福追求権を求めて——

嘉手納基地以南の五施設返還と普天間基地とは切り離して解決するという裏には、常習化した「密約主義」をとりながら「固定化しない」と明言しているが、県民はこのことばに操られることなく、日米軍事帝国植民地主義者たちの意図として、抵抗運動を和らげようとしていることを見抜くことである。

この五施設の返還計画は、軍事上低下しているため、その条件として執拗に名護市辺野古移設を前提にしているのか、軍事上価値のない施設を返還しても、新型の軍事植民地要塞基地は頑強な軍事上の役割を持っている。

日米軍事帝国植民地主義者たちのことばにふりまわされず、その奥にある本質の兎を得て蹄を忘れることなく、注意深く対策を練ることである。

密約至上主義の純然たる証拠として「環境影響評価書」の深夜の異常な搬入に至っては、第一段階から第二段階を経て第三段階にまで持ち込まれている。第三段階で、県民で最も恐れをいだく悪魔機オスプレイが明記されていたのだ。民主党政権誕生後、鳩山由紀夫首相が「県内移設」と公約転換したときに、辺野古移設の滑走路の構造を議論していたが、沖縄県民の動向を横目にしながら、すでにその時点で配備される機種は決定されていた。

　また、南西諸島へ自衛隊の配備による極度の緊張を高めることは戦争への準備と抑止力のためには、沖縄の現実に目を触れたくないし、日本国憲法一三条を考慮することは毛頭なく、犠牲を考慮することには日米軍事帝国植民地基地建設の足枷になるので、県民の人権尊重に目を向けることも全くないというのが、永田町霞ヶ関にあぐらをかいてその状況を見ている官僚政治権力者たちの認識である。

　野田佳彦首相はじめ沖縄に関係する政治権力の閣僚たちは、普天間基地の「固定化しない固い決意で臨んでいる」と強調するが、固定化しなければ一体どこへ移設する計画なのか、沖縄県民の「民意」は闇から闇へ葬られてしまい、責任をうやむやにする官僚政治権力者たちの実態である。真の狙いは、県民の諦めの気持ちを忍耐強く待ち続け、いずれ時間が解決するであろう、と予想をするようである。

　田中直紀防衛相は国会議員の経験も長く務めている人だが、毎年のように家族ぐるみで沖縄旅行をしていると発言している。

　こういう地位にある防衛相という人物が、伊江島の地名も分からずかつ極東最大の軍事帝国植民地基地の嘉手納基地名も間違ったりするというあまりにもレベルの低い知識の防衛大臣である。現実に沖縄県民が、基地被害に苦しめられているにもかかわらず、「糸口を見つけたい」という足下も覚束無い無知な状態で、名護市辺野古へ日米軍事帝国植民地基地の移設計画を無理やりに押し込む軍事帝国植民地政策に、県民は鉄の意志となって拒否態勢を固めておかなければならない。

　最近、軍事帝国植民地基地の話題に気懸りな報道がある。

牧港移転先（浦添市面積の一四パーセント）を中部と北部地域に再編しようと、親分格（米国）が分散案を提出していることである。牧港の基地を返還すれば、経済的効果が大きいので、沖縄県側は返還を早期に実現させていくことを要求している。それに対して、移転先が嘉手納基地に分散案を考慮しているということは、基地問題を解決したことにはならない。嘉手納町の総面積の八三パーセントが基地として占領されている地域に移転させることになると、軍事帝国植民地基地の機能強化になり、人間が生きていく環境としては最悪の危険に身を晒されてしまい地獄のような生活の犠牲に強いられるのは当然である。

沖縄県内のいかなる事情があろうとも、米軍事帝国植民地基地をそのまま移設したり移転することは「負担軽減」という軍事植民地基地用語の甘いことばに騙すに手無しであることを自覚することである。

特に普天間基地の移設先を県外か国外に移設することによって、軍事植民地基地による被害をなくすことができる。そこに日本国憲法一三条の幸福追求権の権利が肌で感じることができる。沖縄のみで軍事基地問題を解決すると、良い結果を招いていても、他方には大きな犠牲が待ち構えているので、沖縄の日米軍事帝国植民地基地政策による支配のように不幸をもたらす根源になるのである。

なぜ、沖縄県の四一市町村の首長は、県民の「民意」を尊重して、県外から国外へ移設要求を先頭に立って行動しないのか。各首長の足並みを揃えて行動すれば、全県民が勇気を持って一丸となって行動する鉄の意志となって新型の軍事要塞基地を断念させることは絶対不可能ではない。精神一到何事か成らざらん、である。

その上、問題となるのが「軍事基地なくては生活ができない」と思っている県民を納得させて、意志統一することは並大抵の苦労ではない。

不可能を可能にする偉大な政治家が求められているのが現実の沖縄である。

名護市辺野古基地建設の反対抗議行動が激化の一途をたどると、国内軍事帝国植民地主義者たちは、黙っていられないので、これを契機に反対基地闘争を抑圧して取締る対策として、新法律案を次次と作る可能性がある。好戦国家間の軍事同盟を「深化」するために、日本国憲法の三大基本原則を官僚政治権力者たちが主導権を握って、国民を支配していく目標を定めているようだ。

国民が沈黙していると、あれよあれよという間に戦前の軍事主義国家から更に深刻な国家体制による暗黒時代に向かっていくことを予想している。

（2012年5月15日）

辺土岬復帰闘争碑文の精神を教訓にして

沖縄本島最北端の辺上岬に建立されている「祖国復帰闘争碑」に刻まれている文章を、沖縄県民が深く肝に銘記して、沖縄の平和問題に取り組むことが、沖縄県民の使命である。

復帰前の沖縄は、二七年間も軍事支配化に置かれ、人間として生きる自由や権利を奪いつくしてきた米軍事帝国植民地支配からの解放を叫んだ県民の抵抗精神が刻まれている。

それを読むと沖縄県民の人権闘争には苦難の歴史が流れており、その碑文を胸に刻んで平和憲法の下に生きる喜びを味わうことのできる明るい未来が保証されている。

この一部を引用すると
「吹き渡る風の音に　耳を傾けよ　権力に抗し、復帰を成し遂げた　大衆の乾杯の声だ」

「打ち寄せる　波濤《はとう》の響きを聞け　戦争を拒み平和と人間解放を戦う大衆の雄叫びだ」と言う抵抗精神である。

沖縄県民が平和の声を高らかに発信するならば、再び戦争への道を進まないためにも、この碑文を思いおこし、戦争のない世界を築かなければならない。沖縄県民にはこの使命感の一翼を担っていることを認識しようではないか。「黙ってみているだけでは、向こう岸には渡れない」のである。県民が、沈黙主義の態度をとると、権力謳歌主義者たちには暗黙の了解として意識してしまうのである。

巨大な権力の岩を押し返すには、抵抗精神で行動することにより、いかなる困難も克服可能になることに尽きるのである。

暗闇の中で搬入された問題の「評価書」は、戦争をしかける手段の一つであり、陣地構築の証拠であるから、戦争防御に重要性がなければ、この「評価書」に基づいた軍事基地の建設は不要である。

沖縄県へ軍事帝国植民地政策を確実にしていくには、普天間基地を「進捗着実に、地元の理解に全力」投球して、辺野古に新基地建設に執念を燃やすことになるのである。その根拠になるのが、玄葉外相の異常事態の中で搬入されたことを嘲笑を浮かべて、スムーズに進んでいると言っている態度である。県民に検討の余裕を与えることなく、野田内閣改造した瞬間に防衛相（田中直樹）の無用で、ふざけた「年内着工」発言には、日本国民としての人格を無視した行動に腐敗した政治の実態を今、立ち止まって考えることである。

また、野田首相は「沖縄が直面するさまざまな課題の解決に向けて」いくが、県民に対して「最も大事なことは沖縄の皆さまの声に真摯に耳を傾ける」という表明には、県民の民意を尊重する信頼される態度であるが、依然として、辺野古への移設方針に変化はない。県民の民意の声が届かないのは軍事帝国植民地支配の亡霊である。

官僚政治家たちは、普天間基地の固定化をやめ「早期軽減を具体的に見える形」で実行していくと言う姿勢に対して、県民から異議を唱え、抵抗し、行動をする県民に向かって「馬鹿な奴らだ、奴らに耳を傾けると日が暮れる」という意識を持っている。このことは、沖縄関係の官庁政治家たちによる最低で下品な言葉を撒き散らすことで証明されていると同時に、組踊「執心鐘入」に登場する中城若松を自分のものにしたい執念深い宿の女のように、MVオスプレイの新基地を万難を排して建設しなければならない頑固さで、鬼と化した官僚政治家たち自身の醜悪を反省すべきである。

ヤマトーンチュには「絆」のメッセージを送っても、官僚政治家たちは、ウチナーンチュを日本国民として認めようとしない素振りがあり、外側に置いて観察しているので、それに対して、県民は一丸となって復帰闘争で培った辺土岬の碑文に抵抗精神を日常的教訓にして行動の準備をしておく必要がある。

その碑文を生きた教訓にするには、日米両軍事帝国植民地主義者たちが、沖縄を戦争勃発時の最前線基地として、中国や北朝鮮に目標を定めて、共産主義国家体制を崩壊させるために躍起となっているからである。その両国は、共産主義国家の民族崩壊に至るまで出撃体勢の軍事基地の置かれている沖縄県民の生命の尊さには、無頓着にあしらう冷酷さをもっていることを認識することである。

民主主義の裏に隠れた軍事力で制圧しようとする資本主義体制国家の実態である。その体制の下で生きている沖縄県民は、薩摩侵攻以来現在に至るまで不幸な運命に晒《さら》されてきている。その運命を打ち破るには、辺土岬の碑文を沖縄県民の精神的遺産として行動で表現することである。

（２０１２年６月23日）

侮辱主義者のケビン・メア氏と沖縄

――揺すりの名人・誤魔化しの名人・ゴーヤーも作れない沖縄人――

沖縄での在職中に県民に対しての差別的暴言を発したり、物議を醸してきたケビン・メア氏が、事実無根の内容を自著の「決断できない日本」で表現している。在職当時から敵対意識を持っている彼は、特に普天間基地を撤去し県外移設を主張して県民から絶大な支持をされている宜野湾前市長時代の伊波洋一氏に対して、事実に反した記載がなされている。社会的信用を失なったとして著しい名誉毀損で当然に糾弾されるべきである。

沖縄県民に対する「揺すりの名人・誤魔化しの名人・ゴーヤーも作れない沖縄人」という発言に、頭から湯気を立てて怒る県民の憤慨は絶頂に達しているが、国内軍事帝国植民地主義の官僚政治権力者たちは、親分格（米国）に対して、一言も抗議を発することもなく、メア氏の発言に肯定的である。メア氏の暴言に直結しているのが沖縄防衛局長の田中氏の暴言となっている。このような一連の発言の経過は、前市長で現在の参議院議員の伊波洋一氏のみではなく、沖縄全県民に対して、何を言い出すのか、訳の分からない悪徳の役人達である。

沖縄防衛局長の高い地位にあり、過去から現在まで軍事帝国植民地基地の歩みを熟知していて豊富な知識を持っている筈であるのに、全く無知の人物を沖縄に派遣している。その担当の責任者である防衛大臣も沖縄の軍事基地からの重大な事件や事故の被害が分からないという国会答弁をするのは、唖然とさせられる。鬼の目にも涙がある、という喩えの通りに沖縄の現実を理解しようと努力しないから防衛局長のような人間が延るのである。

国内軍事帝国植民主義の官僚政治権力者達と同様に、メア氏は、本土の福岡民間飛行場と普天間基地とを対応させて、福岡飛行場も住宅密集地にあるのに「特に危険性はない」と非常識なことを公言しているが、普天間基地は、危険極まりない米軍事帝国植民地の専用基地であることの認識が全くないのである。メア氏は、同じ水準で見解を述べる言動は、沖縄県民に対する侮辱に満ち溢れた良心が麻痺した傲慢な感覚を持っている。県民の上に軍事帝国植民地支配者として君臨した体質が、資本主義国家の醜態として県民を見詰めている。

沖縄県民のひとりひとりが、神経を研ぎ澄まして米軍事帝国植民地の完全撤去に向けて情熱を燃やし、抵抗精神を忘れず諦めない行動力は、現代の時代環境に生きる人間の責務の一つである。戦争がないから平和である、という意識を持たず、米軍事帝国植民地基地の存在こそ、戦争誘発の道への橋渡しであることを認識することが重要である。

さらに危惧することは、辺野古の陸と海を埋めて三〇〇年以上にも耐える極東最大の軍事要塞基地の建設によって、沖縄の現実が益々危機的状況になっていくことは確実となってくることだ。政権を奪われた超保守主義の自民党が、再び政権の座に返り咲きすると、今度は全国民及び沖縄県民を表面的には命を守り、財産を守る政策に没頭することを言明しても、いずれ政権奪還の瞬時に自衛隊を増強して国防軍と名称を変えていくことは、時間の問題となっている。そのためには憲法九六条を見詰めながら更に最終目標の憲法九条の改悪によって、それに関連した法案をつくり出して戦争のできる国家に仕上げることの重大性を感知し、大規模な抗議行動に踏み切る体勢を固めておく必要がある。

特に沖縄県の軍事帝国植民地基地に関しては、これまでの事実無根の情報を撒き散らすメア氏の発する名誉毀損を犯すような行動を軽くあしらっていくと不幸になるので、「雨だれ石を穿つ」という抵抗精神を持ち続けて根強い諦めない力強い意志を持たなければならない。

なぜならば、メア氏だけではなく後任のマグルビー総領事が、就任早々沖縄の軍事帝国植民地基地について暴言を吐き、県民の猛烈な抗議を受けているのだ。沖縄の総領事に就任したのは二〇一二年九月である。就任直後の発言は「普天間飛行場は特に危険であると認識していない。どうして周りに住宅が密集したのか不思議だ」と公言している。沖縄県民は、この発言に対してどんな反応をするのか、非常に重要な問題として受け止めているのか、と言うことである。

前任のメア氏と同様に沖縄の軍事帝国植民地に関しては、知識を持って就任した場合とその反対に朧げな知識を持った人間も、軍事帝国植民地政策について洗脳されて赴任しているため、就任と同時に県民を人間の価値として認識していないので、県民から猛烈な抗議を受けても平然と構えているのである。

軍事的にも経済的にも巨大な資本主義国家による軍事帝国植民地政策と支配による独裁的圧政から解放され、本当の民主主義の道を求めるにはどういう方策を立てたらよいのか。沖縄県民は、メア氏やマクルビー氏の類の軽蔑的、暴言も受けず、また隷属国家の独裁的政治政策から逃れるためには、自由への道を選択し、貧しくとも安全で平和な暮らしの生活環境を目標とする「虹の国、独立小国家」への選択時代に入ってきているようである。


（2012年10月15日）

日米軍事帝国植民地主義者の裏工作を探る
——対米隷属の宿痾から沖縄解放運動へ——

超保守主義の民主党の予算委員長（石井一）が、中部地区の三市町の首長と面談を交わした軍事的会談内容に対し、沖縄県民は反基地思想に基き率直にかつ大胆に抗議して、会談内容の要求を拒否することが大切である。その理由として、意図していることは一時的に普天間基地を嘉手納基地に分散させる案を提案している。この民主党政権は、不安定な政策を持った政党であるので、嘉手納統合案を承諾すると、将来名護市辺野古へ移設する究極の目的とすることを、日米軍事帝国植民地主義者たちは密かに考えて、県民には真実を真隠しにかくして政策実現を果たす企みをしているのだ。

日本維新の会の代表者もまた同じ口調で「普天間基地を先ずは辺野古へ移設して、そのあとは全国民で考えることである。」と言明している。果たして実現できるか、それは一場の夢語りに終わるであろう。本土の国民と各県の自治体の首長は、沖縄には無関心で無関係である、と思っている。

本土の保守的政治家たちは、官僚政治権力者としての政治思想に深く染まっているので、沖縄の軍事帝国植民地基地の解決の意志は全くない。だから、民主党の参議院予算委員長や日本維新の会の代表者に対して賛同の気色を微塵も見せてはならない。沖縄県民は、高度の政治的自覚を持って三市町の首長と歩調を揃えて支援しなければならない。日米軍事帝国植民地主義の支配体制には、いつ不幸の死に神に取りつかれるか、直感することである。

沖縄は、日米軍事帝国植民地主義の政策上「捨て石」と見做しているのだ。戦前戦後の歴史の流れから「非戦の島」として、長い歴史の中で培ってきた平和至上主義を謳歌している沖縄県民である。

その実現に向けて、極東アジア地域から日米軍事帝国植民地の軍隊を完全撤去することによって、その地域の平和の安全が保証される。「軍事力による平和」は空想論である。特にその地域に位置する沖縄から日米軍事帝国植民地基地を完全撤去すれば、世界全体が戦争に怯えることもなく安定した平和の生活が送れることは当然である。

それにしても、県民は日本国民の中で最も政治的矛盾に満ちた政治環境にあって、高い政治的関心と意識をもって行動すべきであるが、日米軍事帝国植民地政策に怒りを押し殺されながらも物質的な「イモとハダシ」論から脱しているものの、精神的圧力には無感覚で無神経になっていないか。沖縄県民は、日本国民の中でも特に政治的に虐げられた、いじめの生活環境にあることを、県民のひとりひとりが過去を振り返り、現実を直視することにより民主主義国家の一県民として肩を並べることができる。現実を直視するということは、戦後から現在までの経過の中で体験している＋（プラス）と－（マイナス）から考えるとどうなるか。先ず前者からみると「米国の御陰か」ということである。戦前の貧乏を象徴する「イモとハダシ」の生活から戦後アメリカの支配下になって、天地の差をつけて経済的に豊かになったのはアメリカの御陰である、という認識である。その社会的環境の変化による乗り物・道路・港湾・旅行・食物・娯楽・芸術・スポーツ等には、想像を超えた世界になった、と主張する。更に沖縄の地上戦で、日米両軍を比較した場合、住民に対する米軍の対応には比較にならないほど好感を持っていることに対して、住民を守るべき日本軍は、鬼と化して大きな被害を与えたのは憎い、と感じているのが県民の感想である。

御陰に対する後者の－（マイナス）面からどうか。米ソ冷戦時代に一触即発の危機にあった危機的状況の下で、沖縄が米軍基地として抑止力を持っていたため、戦争が起こらなかった、という見解である。日本が戦争に負けて米国へ隷属して宿痾の状態で絶対服従したが故に、高度経済成長した原因となったのは沖縄が経済的に餌食にされたからである。米軍事帝国植民地主義による人間の価値を微塵も認めない精神的苦痛があったことを決して忘れてはならない。過酷な支配下で住民の人命や財産に甚大な損害があっても米兵に対する嫌悪感は感じないに等しい。

復帰後（一九七二年五月一五日）も依然として、米軍事帝国植民地基地が存在していることと、自衛隊という軍隊が強権的に配備されていることに対する県民の抗議行動を物ともせず沖縄に居座ってしまった。再び苦難の歴史を背負う軍事基地環境になりつつある。

前述したように、沖縄の地上戦で経験したことは、日本軍は住民を守ることに努力すべきだが、反対に住民虐殺に追い込んだり、また英語が話せる住民をスパイと決め付けて虐殺したり、壕に避難している住民を追い出して自分の身を守ったことに怒りと憎しみを抱いている。こうした野蛮的行為に対し、米軍と言えば、住民を手厚く看護し、食料を与えて住民を保護した行為に好感を与えているようだ。沖縄の地上戦から七〇年近くの年月が経過した現在も日本軍の悪態を口にするが、米軍についてはその反対である。だから、戦争を引き起こす政治権力者たちを徹底的に憎悪することを検証し、戦争を食い止めることに全力を傾けて平和への道を目指すことである。

平和記念資料館を見学し、かつまた戦争体験者達の証言を聞いた場合、その感想として「戦争は絶対にいやだ」と言うが、しかし戦争を引き起こす張本人となる主体は誰なのか。その根源を知らなくてはならない。

日本国憲法の前文に「……政府の行為によって再び戦争の惨禍が起こることのないやうにすることを決意し」てこの憲法が確定しているが、国民の望まない戦争を引き起こし兼ねない行為の主体は「政府」と位置付けているのだ。

戦後から現在に至る時間の流れで、戦争を引き起こす軍隊が沖縄に駐留し、県民を県民として取り扱うどころか、人命や財産を重要視しない日米軍事帝国植民地主義者たちに、基地撤去に全県民が一丸となって取り組み、全力を振り絞って抵抗運動に参加しないのは不思議である。

復帰後は、安保条約のみでは軍事帝国植民地支配は軽いということで、更に、がんじがらめにしばる地位協定を制定したこの二つの差別的な足枷により日米軍事帝国植民地主義によって強力な軍事支配になっている。直接的に目に見えない放射能のように感知不可能な軍事帝国植民地政策で、県民を縛り付けられていることを感覚的に受け止めていないから前述の＋（プラス）面に捕らわれて－（マイナス）面を疎かにされていないか、ということが懸念をいだくのである。

沖縄県民の虐げられた人権を日本国憲法の真の姿に取り戻すには、いま中東情勢で革命を起こし、人権と平和を取り戻す民衆の力と知恵を学ぶことも必要となっている。また、フィリピンでは、東アジア諸国の中では貧しい国でありながら米軍が駐留していたがために、軍事基地の存在には我慢できず、米軍事基地を完全撤去させた民衆の平和的行動に勝利をもたらした。

この勝利の感動を沖縄県民も諦めず、夢は必ず実現するという希望と信念で、名護市辺野古の日米軍事帝国植民地基地建設を断念させると同時に既存の軍事基地撤去に向けて、抵抗運動に情熱を傾けることである。

（２０１２年11月11日）

国民の目を暗ました事業仕分けの裏側

――消費税狂詩曲は不協和音と響く――

民主党政権交代の当時、期待と希望を抱いて最初に注目されたのは「事業仕分け」の作業であり、前政権にはできなかったことを手掛けたことであった。無駄な国家予算をチェックして無駄な予算を削ることに日夜努力している雰囲気に、国民は政治の方向性に大きな期待感を抱いていたのである。

ところが、三代交替説のように野田佳彦政権になって最初に取り組んだのは、国民の緊急議案を除外して「消費税」の増税に、命を懸けて国会成立を目指す、という意気込みとなってしまった。振返ると、「事業仕分け」への期待感は薄らぎ、むしろ「消費税」のことにこだわり、国民には何んの前触れもなく沈黙して政策転換をしたため、ここにおいて仕分けの瑕疵が、三代目の政権に露骨に現れてきたのである。

現政権の民主党への期待と信頼は徐々に低下している。前政権の極右主義の自民党には、勿論のこと寸毫も惜しまず期待はない。

「消費税」の問題については、政権交替当時は公約として国民に発表して、任期中はこの件について増税はありえないし、審議にも上せることもない、と主張していた。その後は、政権の言動が急変して、この「消費税は増税ありき」のみに問題を絞って国会で騒ぎ立ててしまった。公約で国民に大々的にとり上げて高齢者を喜ばせたのが「後期高齢者医療制度」の廃止論であったがこれも存続の方向にあって、公約の信頼を問うことを実行せず、公約ではないところの「消費税」増税に向けて実施しようとという意気込みとなってしまった。

野田佳彦首相は、消費税の増税について国会の質疑討論の場ではなく、また「事業仕分け」の委員会の場でもなく、ヨーロッパＥＵでこの消費税を段階的に一〇パーセント引き上げることを、ヨーロッパ諸国の首脳会談で表明したことに国民は不満を感じている。国民に面と向かって表明ではなく、かつ国会審議の質問もなしに「消費税」の増税に意欲を燃やしている。絶対納得できない現政権への怒りが広がっている。

税を論ずる前に、国民が即座に解決し、審議して欲しいのは、東北地方の大震災被害についての復興資金問題と国民の第一希望の社会保障のような直接国民生活に密着した事項について審議することが先決問題となるべきであり、「事業仕分け」で検討する必要がある。

沖縄県民の切実な要望は、米軍事帝国植民地基地について、「事業仕分け」のような委員会を作って、問題解決しようと意気込むならば、普天間基地を県外か国外への移設に県民に寄り添って真剣に討議したかも知れない。しかしそれとは反対に、民主党政権の政権公約の方向性は、沖縄県民への対応として、日米軍事帝国植民地主義の支配体制へ邁進していく前兆がありありと見てとれる。国民と県民から掛け離れた強権的な外交政治であり、民主主義の影も形も無く、前政権の二の舞を演じる不安な政治情勢になりつつある。

前述したように、税金徴収の目途がたたないことが明確になってきているので、消費税八パーセントにし、更に来年度（二〇一五年）は一〇パーセントと同時に、相続税の引き上げにも政治日程が組まれている。国民から徴収できる税の種目は、もう見当たらないようである。

税金の徴収に関する、中国の古い話しを引用することにした。「豚を売ったら税金がかかり、その豚が太ったら太った分に税金がかかった。季節がきたので、繁殖させたらまた税金が課せられた。その子豚を売ったらもちろん税金がとられた。親豚をつぶして食べたら再び税金を徴収された」と現在も意識として口ずさんでいるようだ。

恐怖政治の例として、税金徴収の問題について古代から現代に至って、最も関心の高い政治問題の一つとして、中国の税の恐ろしさをとりあげた。

民主党政権下の消費税狂詩曲は、国民の聴衆の前で不協和音を伴い響いている。この古い中国の税金徴収の恐怖感は、現在の日本の国情にも近い類似点がみられる。日本の場合は、税金に対する徴収には根刮ぎ探り当てて、課税の対象にしていることは、まさに中国の現代版にもなる蟻地獄のようである。

もう一例を挙げると、政治経済の分野に引用される中国の主要な名言で、人口に膾炙している「苛政は虎よりも猛し」の句は、苛酷な税金に対する例えが含まれている。重税を課して人民を苦しめる悪い政治は、人食い虎よりも凶暴で恐ろしい、と国語辞典で解説している。具体的には、大切な家族の三人が虎に殺されているのに、税で苦しめるむごい政治がないので、生れた故郷を立ち去らない婦人を見ていったことば、と言われている。現代は税に関する本が、専門家による解説本も巷にあふれているので、節税対策に役立てることができる。税に関する知識は、生きていく上で重要である。

（２０１２年11月25日）

石に漱ぎ流れに枕する抵抗精神で挑む

――美ら島から権力者を跳ね返す――

超保守的官僚政治権力者たちの来県で入れ代わり立ち替わりに、知事（仲井真弘多）と会見していけば、沖縄県民の「肝ごころ」が働いて根負けするであろう、という気持ちを持っているようだ。これに対して、沖縄県民は、絶対に軍事植民地主義の権力者達に屈服してはならない。

こうした来県の行動は、名護市辺野古の陸と海に県外から異質の土石で埋め立てて、強力な軍事帝国植民地基地建設に執念深く実行しようと企んでいる。沖縄県民は、根強い抵抗運動で阻止しなければならず、執拗に圧力を掛けてくる強硬な措置に対して、絶対に無関心であってはならない。来県の深層に隠れている軍事帝国植民地主義による政策の企みは、「再び何の目的なのか」という不信感を持ってその動向を観察する洞察力が必要となる。

東京の永田町から遠隔地にある沖縄の与那国自衛隊配備を推しすすめ、更に右傾化にある「教科書」採択を強制することに固執して、国家権力に従う国民を育てていく方向に一層の拍車を掛けようとしていることを警戒しなければならない。

沖縄県民の抵抗精神に基づいた抵抗運動が緩んで右傾化がどんどん進んでいる。超保守的軍事帝国植民地主義の官僚政治権力者たちは、その方向へ政策を執る一大決戦場と位置づけている。全国民が時の権力者たちの思う壺にはまり思うままに操ることのできる国民を念頭に置いて、沖縄県の外堀を切り崩していけば、日本全土が急速に軍事帝国国家へ進んでいくことを想像するには容易である。

国内軍事帝国植民地主義の政治権力者たちが、悪魔の「密約文書」を隠して来県するごとに、名護市辺野古に新型の軍事帝国植民地基地建設に拍車を掛けることになる。思い浮かぶのは、一九三〇年の日中戦争に突入する戦争前夜の状況である。同じような現状に対して深い危機感を抱いていることを深刻に認識するのである。

今は政権担当者を失なった超保守主義の自民党と現政権の民主党と呉越同舟の両党が一つになって、秘かに来県して県内同調者と会談を重ねている。自民党は日米軍事帝国植民地基地の移設承認を実現できなかった悔しさを、負け惜しみの強い名言の「石に漱ぎ流れに枕す」という強硬姿勢で沖縄県民を締め付けようと、積極的な政治行動をしている。

この呉越同舟の二つの政党は、与野党の関係がなく、沖縄に対して同一の政治的目的で歯向かってくる表面的な与野党の間柄のようである。裏工作では、味方し加勢する左袒《さたん》の行動をとり、沖縄県民には一歩も譲歩したくない「いじめ」と「だまし」の手口で、国内軍事帝国植民地政策による支配をしようと企んでいることがありありと見てとれるのである。

まさに民主主義の根本原理を失った沖縄に対する独裁的軍事帝国植民地主義の政治形態を、中央集権の永田町から遠隔地の「美ら島」に押し寄せてきている。この二大政党は、超保守的国家主義の観点に立って、沖縄県民に圧力をかけてきているので、国家権力の政策に不満を持ち抵抗すると逆鱗に触れるぞ、と言わん許りの態度で迫ってきている。沖縄県民に対応する政治的植民地支配は、潜在的に薩摩藩による侵略行為が植民地時代から現代までの時間の流れの中に深く染み付いて、遺伝子的国策として継承していることの歴史的事実が、沖縄では体験できるのだ。

風雨は家の中に入れるが、悪魔からの密約を引っ提げて、軍事帝国植民地主義の政策で支配しようとする権力者たちは入れてはならない、という感情が強いので、弱い立場にある沖縄県民は断固として排斥する決意で抵抗精神による抵抗運動で難局を乗り越えなければならない。

その諦めない意志と、いかなる壁も乗り越えられる政治信念を持ち続けることが勝利の栄冠への輝く道となる。

（２０１２年12月８日）

第二章　捲土重来の自民党による弾圧至上主義体制の沖縄

居心地よい日米軍事植民地主義の楽園基地の沖縄
――脱欧入亜の政策転換をめざして――

一

駐米大使の経験のある人が、外交問題について次のように述べている。すなわち「外交の難しさは、相手が主権国家で全部対等であること、無理やり説きふせることのできるのは米国だけ、日本のような普通の国は相手に納得してもらうことである」と講演で明言している。この中で「主権国家」の相手には「全部対等」の立場にあると言うことだが、日本は日米軍事同盟で相手国との間では不平等の関係であるため、対等ということは外交政策上無理である。だが、日本人として悪魔の海兵隊に入隊した経験のある日本人の元海兵隊は「世界一気前がよく米軍に寛大な日本政府のせいで、米軍基地が沖縄に残り続けている」と発言している。

「世界一気前がよく」楽園の米軍事帝国植民地基地にしているのは、「思いやり予算」に縋り付いているので、県外、国外移設を拒絶しているのだ。「無理やり説きふせられない」ためには、軍事同盟を解除して基地撤去と同時に「思いやり予算」を武器にして、日本軍事同盟を深化させようとする政治的、軍事的外交政策に終止符を打つことである。それを実行できるのは、社民党以外にないのである。

沖縄県民が普天間基地の県内移設に大反対していることを、日米軍事帝国植民地主義者たちは軽くあしらい、その県民の怒りの波は「外交上の宿命だ」と思って、県民の同意のないままに頭越しの外交と悪魔の密約による「日米共同声明」の合意をしているのである。

莫大な「思いやり予算」は、二〇〇九年以降は約一八九二億円となっているが、国民の税金を人殺しのための軍事維持費に消費させてよいのか、誰しも疑問視しているのである。これも前政権時代に納得のいかない予算が、民主党政権にも承継されてきていたのだ。「事業仕分け」の対象として第一に考えるべき国民の税金となっていたからである。また「思いやり予算」は、想像のつかみどころのない分野に使われているようだ。即ち、病院の建設費、金網の修理費、レストランのタキシード、トイレットペーパー、そして電気水道等にこの予算を賄いとしている。どこの同盟国家が、このような莫大な税金を使っているのか、不可解と考える国民からすると、官僚政治権力者たちの無策がもたらした贈り物であるためなのか、米軍事帝国植民地国家は沖縄県民の基地反対の抵抗運動に耳を傾けることもなく、平然と居座り続けているのだ。

官僚政治権力者の民主党も国内軍事帝国植民地政策を沖縄に実行しようとしているため「思いやり予算」は当然と判断しているのか、国を守るためならよい税金の使い道と考えているようだ。先進国の先端にあると空威張りしている状況には、個性のない国家であるためなのか、親分格の米国に追従し、隷属関係にしていないと国家の存亡は不可能と考えているようだ。

二

沖縄県民はどこへ行くのか。この先何百年後には日米軍事帝国植民地主義の支配体制が漸次強化される。存続するにつれて、本土企業によるあらゆる生活分野にわたる経営の侵入と官公庁の職員による主要ポストの独占で県民の存在は外国にもみられるように、原住民が窮地に追い込まれる可能性がある。過去の諸外国の歴史を辿ると、原住民と侵入してきた外国人との磨擦や闘争で民族の滅亡にもなっているからである。窮地に追い込まれた原住民は、今世紀では見せしめのための観光資源のひとつとして国家による保護地域での生活を余儀なくされている。沖縄も予断を許さない状況にあると思うことがしばしばである。この心配は杞憂に終わればよいのだ。

普天間基地の県内移設問題で「負担軽減」とか「抑止力」ということを官僚政治権力者たちは常時使っているが、沖縄県民には使用価値のない「軍事用語」であり、県民を宥めて安心感を与えるよう注意の用語となっている。国内軍事帝国植民地主義者たちが、近隣諸国民を愛し、平和友好関係の条約を結び「脱欧入亜」の外交をすすめていけば、絶大なる信頼感が築かれるであろう。明治時代から近隣諸国と脱落した外交政策は、もし現在米軍事帝国植民地主義者たちから見捨てられたらどうなるのか、不安のなかの孤立した国家になることに恐れをなしているため、親分へ服従せざるを得ない官僚政治権力者たちの外交観となっている。

三

ヤマトンチュー（本土人）とウチナンーチューという区別用語は、復帰後には「死語」にすべき気持ちがある。ヤマト（本土）からの若い観光客の中には、軍事植民地の楽園基地という感覚と観光したいという気分でやってくる人もいるようである。基地がなければ観光客も減少するし、また基地撤去は、沖縄経済にマイナスになる、という意見を抱いている。この考え方は、戦前から戦後まで引き継いでいる沖縄県民に対する蔑視した差別主義が根強く息衝いている証である。こうした思考の証には、沖縄に駐留する軍人、軍属の発想と同じ視点に立っていることに問題がある。

沖縄県民は、日米軍事帝国植民地基地から発生する複雑怪奇な問題や事件、事故に対して、啐啄同機の態勢で即座に対応しなければ、ヤマトー（本土）が嫌がる軍事基地の問題は、いつも沖縄に目を付けて政治的にも軍事的にも解決したい、という軍事的に狙い澄ましていることが、官僚政治権力者たちの醜い政治体質となっているのだ。

沖縄の日米軍事帝国植民地基地の解決の一つの方法として、全国民が「全身の痛み」と感じるならば、日米の権力者たちにもその「痛み」を受け入れるであろうが、そのことを肝に据えて沖縄が日本国民の同胞として見捨てることはできないという強い精神力で行動することによって、希望の光に輝くであろう。その反面期待が薄いのは、日本国民の半数以上の者が最も好感のある国は米国である、と答えている。官僚政治権力者たちも同じ立場で米国を信頼している。それは「日米同盟」を深化させたいという考え方から頷けられる。この「日米同盟」という軍事植民地用語を正面な考えで解釈すると、沖縄県民として法律的に言えば「悪法の中の悪法」と言える。

四

日本人は、中国を最も嫌いで厭な国だ、と言っているため、中国との外交関係では沖縄には不要な「抑止力」といった軍事用語で宥め賺し、要注意の中国であるから無言の抵抗を宣伝して沖縄に我慢を押し付ける政治姿勢である。それは紛れもなく「日米同盟」の深化に関係しているのである。国家の政策に不満を抱き異議があっても「従う国民になれ」という国家の正体であり、民主主義制度が根付かないのは甚だ疑問である。民主主義は、日本の政治形態に馴染みが薄い制度であるのか、沖縄県民の立場から判断すると、国内軍事帝国植民地主義に基づいて県民を支配しているため、この制度を改めて戦前戦後の歴史的事実と比較して考えなければならない。

例えば、忘れられないのは四月二五日（二〇一〇年）の県民の抵抗精神を結集した熱烈な普天間基地の県内移設反対集会だ。民主党政権時代には、米軍事帝国植民地主義者たちの圧力に屈して、現行案にこだわっていたのは前政権の政策による政治形態と同じ狢の道を目指している隷属国家となっていた、と言える。

沖縄県を全国一の貧乏県で失業率も全国一、それに学力も全国最下位ということに、心の底では軽蔑した認識を抱いている。例えば、本土の社会環境をみると、学校現場で集団的にひとりの人間をいじめて死に追い詰める環境の異常さに比較して、沖縄では深刻になるような社会状況ではないというのが人間としての生きがいである環境となっている点が本土との差異となっている。

社会的、政治的状況の進展に関心を持ち、民主主義制度のあり方に危機感を抱く沖縄の代表的英雄で組織した県民集会の抗議文を、民主党政権に突き付けるのは、県民の平和を求めて止まない抵抗精神を学ぶべきだからである。国会前で、代表者七人を含め七〇人が参加して抗議のため座り込む英雄的行動である。本土人の特に東京都民が行動を共にすれば、沖縄の「痛み」を感じると思うのだが、当時は冷淡で傍観的な状況であった、と報じている。どんな困難があっても、必ず最後まで遣り遂げる決意で、雨が降ろうが槍が降ろうが、沖縄の未来に星の輝きがある、と信ずる。

（2013年1月10日）

前途に横たわる難問の領土問題を考える

日露戦争（一九〇二年）当時、日本海で運命をかけて戦ったロシア大国に勝利し、戦略上重要拠点にもなったのが竹島（韓国名　独島）である。距離から判断して韓国と日本の島根県からの距離は僅小の差となっている。

三五年間の長い植民地（一九一〇年から一九四五年）時代の朝鮮人に対する軍事的植民地政策による圧制の代償として、韓国領土と主張していることに対して、日本人として素通りできない領土問題となっている。

官僚政治権力者たちが、日本固有の領土であると主張する紛争前に、この島に強固な建造物を築く前の段階で、強力に異議申し立てをしないのは、問題を引き起こす切っ掛けをつくってしまった、と言える。

また、前政権の大統領が、はじめてこの島に上陸したために抗議をした官僚政治権力者たちであったが、韓国大統領としては「韓国固有の領土」と主張しているから、不法占拠でもなく不法の上陸でもない、という認識である。もし不法行為であれば、大統領たる地位にある者が上陸することはないであろう。

韓国は「固有の領土」と思っているため、日本に対して悪い印象があり「嫌日憎日」と言っているようである。

朝鮮併合して強度な植民地支配によって「固有の領土」となったのであれば、日本が主張する竹島は「日本固有の領土」とは言えず、韓国による不法占拠ではない、という疑問を抱くのである。そういう経緯であれば、朴槿恵大統領が主張しているように「戦争犯罪の代償として割譲すべきである」ことに応じて過去の苛酷な植民地支配を清算すれば、韓国との過去の歴史的事実も解消することになるであろう。

尖閣諸島（中国名　釣魚島）の紛争を複雑にしたのは、東京都（石原慎太郎知事）が購入の意思表示をし、二〇一二年九月に国有化したためである。その後、捲土重来を期して超保守主義の自民党が政権を担当することになって、中国に挑戦状を突き付けるように、先島諸島への軍備増強により、益々中国との関係を複雑にしてしまっている。

韓国名の独島は、両国間ではそれぞれ「固有の領土」と主張しているが、この島を購入するという風評はない。尖閣諸島の領有問題の解決には、国をあげて早急に購入し国有化しなければならない瀬戸際にあったようだ。

それに付け加えて、中国は共産主義国家であることに対して、韓国は日米韓の同盟国であるため、紛争の種にはしたくない外交上の問題を意識した官僚政治権力者たちの巧みな外交姿勢があったのだ。

領土問題は、過去の歴史的事実から紛争に発展する可能性が十分にあるため、国家間で「傷口に塩をぬる行為」のないように、慎重に外交手段を選び平和解決への目標を探ることである。平和を追求するには「平和の大切さは、戦争や軍備を整えることで栄えた国家はない」ということを時の権力者たちは心に強く銘記して、問題解決の糸口をさぐることに努力しなければならない。

未曾有の現代の軍事技術の進歩により、武器の性能が一段と発達しているので、いざ紛争になれば、敵も味方もなく地球上の人類が滅亡する可能性をはっきり認識することができるのだ。

政治的外交問題は、やり方によって相手の反応もちがうことのたとえのように「太鼓も撥の当たりよう」によって、お互いの国家に損得のない話し合いを積み重ねていけば、加害者の立場にあった軍国主義国家の日本と被害者の韓国が相互理解し、加害者側の国家が一歩でも譲歩する政治的姿勢があれば「志合えば呉越（昔の中国で仲が悪かった国）も昆弟（兄弟）たり、志合わざれば骨肉（親子、兄弟）も讐敵（仇）たり」ということになり、平和への道に進み近隣諸国の安定した地球環境になっていくことになる。

日本は国家の異なる三つの領土問題をかかえていることについて、当事国の間では何一つ解決の目途が付いていていない不安な国内情勢を抱えている。せめて日米韓の同盟国の中で、竹島（韓国名 独島）の問題については、外交的に真摯な態度で話し合うのであれば、他の領土問題でも希望の光が差し込むであろう。

国際関係機関で領土権を解決しようとしても、よい結論は得られないであろうし、最終的には当時国間の話し合いによる解決が将来において国家間の友好関係としてよい、と思われる。両国の国民としては望ましいことではあるが、しかし国際法上においてもまた国内法においても、法律家の見解として問題にするのは「日本社会が非法的社会」から脱ぎ捨てることができず「法律後進国」の一つに「価値観の異なる相手方と対等な立場で」最後まで「議論する精神がかけている点にある」と指摘されている。

そういう状況であると、前途に横たわる領土問題を一方的に主張するだけでは、永久に未解決に終わる。最後の手段の武力行使で解決することは、現在の日本国憲法の下では絶対不可能であるから、「非法律的社会」から「法律的社会」になるための法治国家であることに最善をつくして、前途困難な領土問題を解決することである。


（２０１３年２月５日）

植民地化された日本語の文字

――日本語の本来の構造と成立から考える――

英語は、本来横書きのために作られた文字であるが、日本語は、横書きの文字として作られたものではない。本来の日本語は、縦書きを標準に作られた日本独特の文字の特徴をもっている。横書きの文字として多用に使われているのは、英語の横書きによる影響がみられる。

日本語は、横書きにも縦書きにも適した文字となっていて大変便利である。それが理由となって、現在では公文書をはじめ日常的な文章にも英語式の横書きにした型破りなものになっており、それに加えて外来語の多用化が進んでいる。

縦書きの文字の美しさは、漢詩文に表れている。横書きにするとその漢詩文としての文字の美しさはない。

日本語の文字を横書きにして読む場合には、目の視線の流れから目の疲れも緩和される適した文字となっているようだ。その影響なのか、日本語の文字も横書きが多く、外来語の使用も日常的に多く使われている。現在では日常生活のチラシや商店街の看板、更に大型店舗の中の各商店名など、ほとんど横書きにした英語文字で占められている。

横書きの英語の文章を日本語で解説する場合、説明文も横書きの日本文にすると、体裁もよいが、その説明文を縦書きにしたり、また横書きの説明文にしても都合よく読める、ということは日本語の文字の特徴となっているので、非常に便利となっている。

その特徴の反面、正確な判断はできないが、縦書きの文字を縦に読むべきであるのに、英語式に横に並べて読むから目を悪くしたり、近視の子供たちが統計的に多い、という報告もされている。

さらに日本語を特徴づける例として金田一秀穂国語学者の説明によると「7月1日〜5日Tシャツ大安売り」の例文の中には、「漢字、ひらがな、かたかな、ローマ字それに算用数字」の五種類の文字が使われていて、この文字について「ふだんからつかいこなしているのは、世界中で日本だけ」と指摘している。この使い方によって「さまざまな表現ができる」ことと「文字を見ただけですぐに内容が理解できる」という二つの特徴を述べている。こういう特徴のある日本語は、縦書きの方法の並べ方として読みやすく、文字の美しさがある、と思われる。さすがに国語学者の「日本人は文字の手品師」とはよくも言ったものだ。

日常的に使われている会話の中にも定着した外来語が多用に使われることになった理由として、日本国民の外来語に対する知的教養の象徴とみられる日本人の性格の特徴がある。日本国民の生活環境に外来語が普及するようになって、米国に憧れることによって模範にしようとする感情が旺盛になるであろう。官僚政治権力者たちも同じ道を目指すことになるであろうと思われる。

ただ一つ心が救われるのは、新聞記事では横書きもあるが、縦書きが中心になっているので、文字の型からして縦書きが本来の漢字の成立から体裁もよく、文字の形も美しく読める。

以上の特徴を念頭に置いて考えると、日本語の文字が横書きになるのは、英語の文字の構造によりその影響が日本語の書き方にもなっているようだ。日本本土の生活環境の至る所に、その現象が浸透しているのは、文字の植民地化を意味している、ということである。その現象を疑問視することができなくなっているのは、感覚器官の知覚神経が麻痺しているからではないだろうか。

この著しい傾向は、沖縄県が最も進んでいるので、横文字の書き方と横文字の使用が氾濫している。現実に、軍事帝国植民地化が緩慢な状態で進んでいくことを敏感に反応する感覚が必要である。日本の漢字、かたかな、ひらがなの由来は、縦書きにして上から下へ読むように構成されているため、横書きにされた文字を読む場合には文字の使い方の便利さと美しさに目を奪われてはならず、植民地化された文字の使い方や形式になっていることの認識を忘れてはならない、ということである。

（２０１３年３月15日）

事大主義に転落した公約した公約破りの国会議員

――虹の国家を目指した虹の国の政治家――

沖縄県出身の自民党国会議員の五人全員が、保守的支持者たちから信頼されて当選しているが政権公約を否定して、自民党の石破茂幹事長の高圧的な言動に脅えて、全員揃って辺野古移設へ鞍替えしてしまった。沖縄県民の二重意識をもつ特徴は、極めて一般的な県民に通用していると思ったが、国会議員の高いレベルの人間が事大主義に転落した行為は、悪徳な人物として沖縄の政治的歴史に記録されるであろう。

民主党政権時代に「最低でも県外」と主張して政権交代をした鳩山由紀夫前首相は、回り回った結果、方針を変えて県内移設に意思を表明して政権の座から転落して不評を買った。それと同様に、沖縄県の超保守的自民党議員は五人共ども県外移設の公約を破棄して県内移設に転じたことを思うと、政治家たる者の言動は風船のごとく、また宙に浮く綿のように果敢無いものである。

米軍事帝国植民地支配の軍人・軍属による事件や事故が絶えない重圧に苦しみ続けている沖縄県民の先頭に立って解決すべき人物たちであるのに、ヤマトンチューの考え方と同じ言動をとるとは、馬鹿につける薬はない、と言うべき国会議員たちである。

選挙中の公約通り付和雷同せず国会で沖縄の深刻な問題を解決するであろうと、その政党を支持する県民は思っていたかも知れない。政党政治の中にいる人間が、県民の切実な態度を身につけて徹頭徹尾に反対の容認をするわけはない。「公約」の政治信念が曲げられたならば、当の本人たちは潔く辞表の意思表示を出すだけでは足りないばかりか、県民に不幸を蒔き散らすことになり「売県奴」という烙印を押されるであろう。

この異様な雰囲気の印象として石破茂幹事長の鋭い目付きは、まるで獲物を捕えようとする瞬間の虎の目で、牙をむけて威嚇する表情に、新米議員がまともに対面できるものではない。マスコミがとらえた五人の自民党国会議員の姿をみる限り、まさにこの五人の議員たちは、蛇に睨まれた蛙のようで県民の代表ではない醜い姿をさらけ出している。

自民党本部の政策に同調せず、その逆鱗に触れるような者は、容赦なく切り捨てなければならないという国内軍事帝国植民地主義者たちの影の姿が隠されている。まさに生殺与奪の権をにぎって沖縄県民をみつめている恐るべき官僚政治権力者たちであり、沖縄のみの問題だけではなく全国民にも牙を向けて権力を振っていくことを認識することである。

沖縄県出身の自民党議員は、それを支持する県民の代表者であり、支持しない県民の意思を踏みにじる踏み絵の行動をとる党幹部の姿は、まさに二一世紀初頭の第二のナチス・ドイツのヒトラーが出現したのではないか、と耳を疑うばかりである。

未来の沖縄県の進むべき方向を誤らないためには、どうすべきか。再び中国を敵視している状況の中で、五年間の軍事費二〇兆円以上を投じて軍事増強し、沖縄県の最南端の島々を戦場に見立てて軍事訓練をしている日米軍事帝国植民地軍隊の動きに厳重な監視をしなければならない状況になっている。今こそ、その動向に無関心になってはならない。しかしそうは言っても県民の大多数の人達を啓蒙し、意識を改革しなければならない政治課題がある。これを先導するのは沖縄県出身の全国会議員の責務でもある。政治の現状を認識し分析して、軍事優先の日米軍事帝国植民地政策を打破するためには、県民ひとりひとりを啓発することに尽きる。それが県民の代表としての国会議員に課された政治的責任である。

南アフリカの元大統領で二〇一三年一二月に死去した偉大な政治家と評価されたネルソン・マンデラ氏が、「虹の国家」の建設のために国民に呼びかけた政治的影響力は全世界に広がっている。沖縄県は、官僚政治権力者たちにより、差別され人間としての人格権も無視されている。民主主義という名に値するには、遥かに程遠いため、マンデラ氏のことばは心に染みてくるし、他国の政治家が言ったこととして受け止めず教訓として、未来の沖縄の立場で考えると勇気が湧き出る、と思われる。

マンデラ氏の功績に対する南アフリカ国民の評価は「私たちの父、偉人、英雄、歴史上の巨人、国父」と呼ばれ「不屈の闘士」であると賛辞をおくっている。これ程の評価をされた歴史上の政治家は、過去から現在までに日本の軍事帝国植民地国家にはいない。

現在の沖縄県は、南アフリカのような人間の尊厳や自由平等といった国内の政治状況ではない。反旗を翻した沖縄県の五人の自民党議員は、マンデラ氏の人物評価の一つでも身を以て軍事帝国植民地基地の難局に当たれば、県民を裏切る行動はしなかったのではないか、と考える。

南アフリカの国民への圧政に抵抗し、民主主義を貫くためには「死ぬ覚悟である」と言うマンデラ氏の政治的信念を持って国会で行動する国会議員こそ、沖縄県民の代表者として評価されるのだ。

沖縄が理想として目指している国家のあり方は、日米軍事帝国植民地主義者たちの政策による過酷な軍事支配から自由の身となることと、武器もなく軍事武装化されて怯えることもなく、更に官僚政治権力者やヤマトンチュから最低の県民であり「土人」「支那人」と口汚く罵られ差別されることもなく、かつ間然する所が無い楽園の島を目標としている。

日米軍事帝国植民地基地がなければ、民族間の政治的争いもなく、凶悪事件もなく、かつ保革の区別もない極めて安定した政治活動ができる。また、行政に携わる翁長雄志知事の仕事は、軍事帝国植民地基地にまつわることばかりが多く頭痛の種となっており、県民の望みとする政治政策の問題解決には、時間的に余裕がない状態が続いている。軍事基地に振り回されて、毎日の生活が不安と恐怖の生活環境となっているのが、沖縄の現実となっている。

この過酷な日米軍事帝国植民地主義の政治的圧力国家から人間としての真の尊厳を取り戻すためには、ネルソン・マンデラ氏の「虹の国家」を沖縄の「虹の独立小国家」に置き換えることである。日常目にする軍事帝国植民地基地に関する記事や国内軍事官僚政治権力者の沖縄に対する弾圧記事が、将来にわたり新聞やテレビに絶対に登場しない平穏無事な社会こそが沖縄の本来の未来の姿である。

（２０１３年４月29日）

化石頭脳を持った政治家には沖縄は救えない

――ボワソナード博士の建白書と沖縄――

なぜ、国内軍事帝国植民地主義者たちは、沖縄県の切実な要求の「建白書」の実現を真面目に取り上げて討議しようとしないのか。「建白書」の理念を実現させるために、これまでの主要な選挙（名護市議選、名護市長選、県知事選、衆議院選等）で、その実情を訴え勝ち取ってきている。

それらの選挙を軽視する国内軍事帝国植民地主義の政治家たちは「偉大な頭脳をもった化石」となっているため、沖縄県を軽視した政治政策の理論を実践に移している。

化石頭脳をもったこのような政治家たちには、沖縄の軍事帝国植民地基地を解放する意思は全くない。

遥か明治時代に遡ると、過去の政治家たちの化石能力を持った悪い遺伝子を引き継いでいる傾向があることがわかる。その具体的例として、法律学を志した人には日本の法律（特に民法）の基本を築いたフランスの民法学者として有名なボワソナード博士を知っているだろう、と思われる。

そのボワソナード博士は、人間性に溢れた豊かな知識を持った温かい人柄があった、と想像できる印象深い行動を法律上の人物像として描かれている。

博士が来日した当時の明治初期は、犯罪を犯したと思われる被疑者を白状させるために、残酷を極める仕掛けで拷問にかけて罪を認めさせていた時代であった。

あるとき博士が、裁判所の前を通っているとその中から拷問に付された哀れな悲しい泣き声が聞こえてきた。その中を覗き込んで残酷な仕打ちの状況を見た博士は即座に行動をとり、当時の明治政府に対し拷問は残虐な行為であるから直ちに廃止せよ、という「拷問廃止の建白書」を提出したのである。

その「建白書」の趣旨による拷問は、法律論から判断すると問題点があり、拷問による裁判をするならば「近代国家としての仲間入りは不可能」であるから、日本が「国際社会に名を連ねるためには、国益としての尊厳が損なわれるおそれがある」というものである。

その内容と類似しているのが沖縄県民を代表とする四一市町村の首長の賛同を得て国内軍事帝国植民地主義の自民党政府に差し出した沖縄県からの「建白書」である。

ボワソナード博士の「建白書」の主旨が、明治政府の政治家たちに「生命は尊貴である」ということを納得させ、心を打たれたのかその後、直ちに拷問廃止に漕ぎ着けたという感銘を受ける歴史的事実が込められている。

なぜ、このようなことを例にしたのか、と言うとボワソナード博士は、誰の力の支援も受けず、独自の判断で拷問裁判の行きすぎを目の当たりにして「建白書」を提出し、明治政府の心を動かし廃止させた。それに対して、沖縄県の場合は、一四〇万県民の意思として四一市町村の首長が賛同した「建白書」を提出しているのに、国内軍事帝国植民地主義の自民党政府は冷淡極ない取り扱いをして、辺野古へ巨大な日米軍事帝国植民地基地の建設を強権発動している。この政府は、真の民主主義か。強権発動しての強硬手段は「積極的平和主義」の国家と言えるのか。

沖縄県民を民主主義国家の下に、日本国民として同等に認識しない冷淡な感情があるのは、まさに「自民党は偉大な頭脳をもった化石集団」の政府であり、その頭脳には「麦藁の詰まった藁人形」の政治形態になっているから「民意」無視に繋がっている。

更に「化石の頭脳」と言われる政治の現実には「安全保障関連法案」で、与野党から推薦された憲法学者たちが揃って「違憲」と主張したが、与党側は「合憲」の学者もいると言って一歩も譲歩しない立場である。

長年に亘って、過去の判例や憲法研究の実績を築いてきた憲法学者の意見に耳を傾けない保守的与党の政治家たちの醜い政治の現実に唖然とするばかりである。

その他、法律の泰斗の元内閣法制局長や元最高裁判所長官であった人たちも、この法案は「違憲」

と主張しているのに「私人」としての発言であると言って度外視することは「化石の頭脳」を持っている証拠と言える。

　こうした現実から、ひとりの民法学者の「建白書」を素直に受け止めた明治時代の政府のもつ良質の遺伝子を受け継ぐことのできない沖縄県民を支配する国内軍事帝国植民地主義者たちは、悪質の遺伝子を受け継いでいるために、沖縄県民の切実な「建白書」を物ともせず、「辺野古が唯一の解決策」と繰り返している。

　また、首相補佐官という重要な役職にある人物が大衆を前にした講演会で、法案成立に向けて自分の主張を何が何でも実現させるために、最も法律を遵守すべきであるのに「法的安定性は関係ない」という独裁国家ヒトラーの演説と同じ立場の講演内容で物議を醸す状況を作り出している。

　政治の方向性は再び過去に目を向けて同じ道を歩むことに真剣になっている。

　憲法の前文と九条に掲げられている三大原則の一つ「平和主義」を守り「政府の行為によって再び戦争の惨禍が起こることのないやうにすることを決意」させるには、国民のひとりひとりが、政治に目覚め行動することが重要となっている。

　その国民的行動は「偉大な頭脳をもった化石」の政治家たちによる国民の意思に反した政策を排斥し、かつ「基本的人権の尊重」を守り「国民主権」による戦争をさせない、という固い決意で「政府の行為」による「戦争の惨禍」を防ぐことができるのである。

　沖縄県民の「魂の飢餓感」を解決させる「建白書」を冷淡にあしらう悪質の遺伝子をもつ国内軍事帝国植民地主義者たちによる悪質な政治的行為からの解放には「独立国家への道」を模索することが、

今世紀における最大の目標となるであろう。

(2015年5月11日)

一知半解の作家と沖縄 ――沖縄の近現代史を直視せよ――

破綻を投じた浅学で御用作家の百田尚樹氏が、自民党議員の「勉強会」で発した傲慢不遜の発言に対して、沖縄県民の怒りが充満している。

沖縄県民は、過去七〇年間日米軍事帝国植民地政策により、苦難の歴史を背負わされている。普天間基地を強奪された経過や沖縄の二大新聞と共に苦難の歴史を歩んできた県民の実情を知らない「勉強会」での発言は、言論の自由が保障されていても、発言すべき状況を判断すべきである。

特に国内軍事帝国植民地主義者たちの代表者である安倍晋三首相に最も近い作家となっているので、「勉強会」に出席代弁したのは首相と同じ考え方の持主であると推測される。

自民党の若手国会議員のみの「勉強会」ならいざ知らず、議員中心の国会議員ではない作家を講師に呼び出すのは腑に落ちないのである。首相自身が参加するよりは、瓜二つの政治目標を持つ作家を身代わりに講師として派遣したのではないか、という疑問である。

この百田尚樹氏は、過去において国民を裏切る発言をし、問題を起こしている。こういう経験の人物は、再びその機会があると問題発言を引き起こす可能性が容易に予想できる。

この作家の過去の発言で、全国的に悪名を知らしめたのが、二〇一四年の東京都知事選挙で他の候補者に向かって「人間のクズが立候補している」と発したことだ。

日米両軍事帝国植民地基地建設が県民の粘り強い反対抗議によって、思うように工事が進展しない焦りから「鼬《いたち》の最後っ屁《ぺ》」として門外漢とも言える作家を選んだのか、という疑問が沸き起こってくる。

そこで、百田尚樹氏が、波紋を呼んだ問題を具体的事実の発言に照らしていくと、以下のような内容である。

(1) 南京大虐殺はなかったか

共産党を率いる毛沢東と国民党の蒋介石は内戦状態にあった。

日本侵略軍を迎え撃つためには、共同で戦わなければならない意思が一致して抗日戦になっていた。しかし、その後状況が変わり、中国人民の大多数が毛沢東の傘下に結集して抗日戦争の勝利となったが、依然として蒋介石とは対立関係にあったので、毛沢東は遂に追放に踏みきったのである。

日本侵略軍を撃退するために、中国の全民族が毛沢東の下に団結した結果が勝利に導いたことに全世界が注目したのである。それに対する蒋介石は、中国人民軍によって台湾へ追放されたので、南京大虐殺について、百田尚樹氏が言う「一九三八年、蒋介石がやたらと宣伝したが、世界の国は無視した。なぜか、そんなことはなかったから」と主張している。

蒋介石が絶叫しても、事実を報道しないことに嫌気が差して、毛沢東と人民軍に関心が高まっていたからである。

南京大虐殺は、歴史的事実が証明しているのは「あったから」こそ、中国は大虐殺の記念碑を建てたのであるから、百田尚樹氏の言い分には歴史を歪めた主張であることを知る必要がある。

その主張の否を決定的にしたのが在日米大使館の報道が「非常識」であり、「侵略戦争下で起きた残忍な犯罪」と非難する中国側の報道を百田尚樹氏が「そんなことはなかったからだ」ということは、まったく信ずることのできない歴史的事実を歪める言い方である。

あるジャーナリストは「彼はジャーナリストでもなく」かつ「ノンフィクション作家でもなく、放送作家としての立場から「事実に即したことを言うとは限らない」と評している。

南京大虐殺を面白おかしく書きたいならばそれでよいし、フィクションとして表現するだけでよいのである。

(2) 土井たか子元党首は売国奴か

土井たか子は、憲法学者として大学で教鞭を執っている途中に辞職し、当時の社会党の党首として活躍した政治家である。

社会党支持の母胎となっていたのは、日教組であり、政治的目標と教育目標とが一致していて、いずれも政治家と教職員のそれぞれの立場から、政権論争を繰り返してきて、国民の支持を得ていた。党首は、衆議院の議長も務めていたので、国民から「オバタリアン」という愛称で呼ばれて人気を得ていたのである。時の自民党政権とは熾烈な政治論争があり、日教組を「日本のガン」と呼んで同列に嫌な組織団体とみている百田尚樹氏は、気に障る奴等を「売国奴」と名指しで批難し、徹底的に国民に宣伝している。

このいきさつから、今は亡き土井たか子党首を「売国奴」と言うことを「勉強会」で主張するのは、名誉毀損で訴える必要がある。

死者にも名誉毀損で訴えられた判例もあるので、それに該当する発言であれば、十分にその効果はあるであろう。

（3）日教組は日本のがんというが

日教組が組織した目標は、戦前の軍国主義教育によって多くの国民が戦争による犠牲になった反省から一九五一年四月「教え子を再び戦場に送るな」のスローガンを掲げて運動の方向性を示したのである。

憲法で保障した二六条の教育を受ける権利と平和を求めてやまない教育基本法の主旨に基づいて全教職員は教壇に立っていることを文部省（現文部科学省）は、非常に警戒心を抱いてその動向を注視していた。両者は犬と猿の間柄といえる。

日教組の平和主義に基づいた教育方針のあり方に対して「日教組は日本のがん」と主張する百田尚樹氏は、権力国家の支持を代弁して主張しているようである。

政治団体の組織の中の「勉強会」で発言するこの作家は、一体全体何者なんだ、簡潔に表現するとすれば、「ナショナリスト作家で安倍晋三首相の親友」と報道した米誌タイムス電子版が要約している。

日本の有名なジャーナリストの大谷昭宏氏が彼をどう見ているか引用すると、「作家、放送作家」であると人物評価している。そういうことであれば、あの「勉強会」の発言への期待感には「その場が面白ければいい」ということになり、「バラエティーの放送作家にありがちな発想がある」と評論しているので、この人物は何者なんだ、という疑問が溶けてくる。

日本の教育のあり方に対して、子供たちに「贖罪意識を教え込んでいる」とか、自虐思想があるため「南京大虐殺の問題にノーと言えない」ということを、口を酸っぱくして言うのは、根底にはナショナリストの思想が宿っているからであろう。

若い自民党の政治家たちが「勉強会」に参加した彼のことばに支配されて、危険な法律で国民の大多数が反対している「安全保障関連法案」を成立させると、国民に対して不安を与えてしまうことになると警戒している。

この法案は、将来を目線に入れる国民を不安に陥れてしまう言葉をごまかして、戦争を暗示するような語句は、微塵も表面上みられない。そこには彼らの本心が隠れていることを思い知らせる。

そこに現自民党政権の外交上の問題として非常に怖いもの知らずの人物たちが、政権担当に携わっているのである。

（4）普天間基地は田んぼで何もなかったか

沖縄の地上戦で、社会的状況は急変してしまった。戦前の宜野湾村は、普天間基地内に一〇の部落があって、そこには約九〇〇〇人以上の人々が住んでいた。当時（一九二五年頃）の人口比率から人口集中地域であり、かつ戦争直前でもあったため、若者たちが徴兵制によって戦場に駆り出されて人口の減少はあったにしても、一大都市に相当する。

公共施設として「村役場」があり、「国民学校」があったということは、中心的地域であったことが想像できる。

百田尚樹氏が、普天間基地は「田んぼであった」という意識には、農民にとっては非常に侮辱的な発言となっている。

戦前は「田んぼ」を持っている農家は、裕福な生活をしている豊かで恵まれた人たちであった。なぜならば、沖縄の主食は「イモ」であり、貧乏農家は三食とも「イモ」であった。それも食べられない農家は、旱魃続きの悪天候の季節であると、飢えをしのぐのに「ソテツ」を食べていたのである。それが「ソテツ地獄」である。私も小学校時代には「ソテツ」を食べた経験がある。「田んぼ」を持つ農家には、そんな地獄経験はない、と言ってよい。

「田んぼ」を持っているか否かによって、農民の間では「差別」の的にもなっていた。こういうことから百田尚樹氏の「基地は田んぼであった」と蔑むような視線は、沖縄の「田んぼ」に対する意識があまりにも幼稚な判断と言える。

普天間基地から現在の普天間高校までは「松並木」の街道があり、その下を通る住民の生活は安泰で、野生の生き物たちが生息している状況を眺めながら往来している。百田尚樹氏は、この状況を感知しない、木に竹を接ぐ、という見解と言えないか。

普天間基地は、地上戦が終わっていない一九四五年六月に、そこに住んでいた住民を「収容所」に閉じ込め、その間に周囲一三km以上にわたる普天間基地を金網で強制的に取り囲んだため、住民は古里に帰ることが不可能になってしまったことを忘れてはならない。

これに対して、地上戦終結八年後、米軍事帝国植民地の軍隊によって伊佐浜に住んでいる住民たちを追い出し、「銃剣とブルドーザー」で土地を強奪した状況とは、時間的経過によりその違いがあることを認識すべきである。

百田尚樹氏は、雉も鳴かずば打たれないのに、その普天間基地と伊佐浜の土地強奪による土地闘争との歴史認識が足りないのである。

もう一つ腑に落ちない発言として、普天間基地による「軍用地料の金額別の割合（二〇一一年度）」をみると、一〇〇万円未満が全体の半数を超えているという報告である。百田尚樹氏は「基地の地主はみんな年収何千万円」と公言して、「東京の銀座の高級マンションで生活をしている」とも言っている。地主の中には地代には高低があって、その中に「東京の豪華マンション」に住んでいる人がいるかも知れないが、彼は地主の大多数がその対象者であると指摘しているため、国民には根拠がなくても、そういう発言に「なるほど」と頷かせることになり、沖縄県民は、腹に据えかねる目に余るものがある、と感じている。

沖縄県民の現実を知らない発言をして、傲慢不遜な態度をいつまでも「大山鳴動して鼠一匹」に終わらせないように、県民は注意深く観察することである。無いことを有るように思わせる百田尚樹氏は、「天網恢恢疎にして漏らさず」という覚悟をすることである。

（5）南太平洋の島は貧乏ではない

軍隊のない南太平洋上に浮かぶ島々には地球上の楽園があり、そこに住む人たちは人情溢れる豊かで純粋な人たちが住んでいる。

自然とともに生き、自然から学ぶ人間性で子供から大人に至るまで無垢な心に満ちた神様のような人たちである。だから、人を恨み、人を殺し、人を騙すこともないため、犯罪を犯す人はないと言ってよい。

これに対して、日本国民はどうであろうか、太平洋上の島々の大人たちは、他人の子供たちも自分の家族と同様に愛情をもって見守っている。

しかし本土の子供たちは想像を絶する環境の中で育っている。二〇一四年一〇月のＮＨＫニュースの中で「子供は迷惑」な存在であり、保育園に隣接している大人たちは「園児たちの姿はみたくない」ので「カーテンで目隠しをする」という報道を見て、異常な社会環境の中に子供たちの姿がある、と感じている。

日本の犯罪年齢は、老若男女を問わず、未成年者から高齢者まで、いつどこでも起こりうる環境でそんな生活に怯えながらの悪条件の日本社会になってきている。

国会で繰り返し討議される内容も、日米関係の軍事同盟を強化するにはどうすればよいのか、ということに明け暮れている。

戦争準備のために表面上は国民を守る、と言って国民に関心を持たせ、今にも他国から戦争を仕掛けられるようなことばかりが討論内容となり、国民が最も関心を持っている福祉、年金などは全く表面に出ず、いつの間にか審議されて新聞に報道されて分かる。

南太平洋上の島々は、このような日本の政治関係についての心配の種はなく、いつも大自然の中でのんびりと豊かに生活のできる社会環境に生きる楽しさを持っている。

百田尚樹氏の馬鹿げた発言は、一寸の虫にも五分の魂があることを忘れている。南太平洋上の島々の人たちとの間には生きる目標に雲泥の差がある。まるで天国と地獄のようである。

「くそ貧乏長屋で泥棒も入らない」という発想の裏には、沖縄県も同一視の認識があり、それは個人的見識であって、それに対する社会環境の著しい緊張感を強いられている日本社会とは比較する必要はない。

貧乏だから幸福ではない、という意見感覚は「石が流れて木の葉が沈む」の譬え話のように、資本主義社会の病巣からきている、と言えないだろうか。

南太平洋上の島々の人たちと沖縄県民が同じ立場から「自由と平和のための京大有志の会」で発表

した声明文に「血を流すことを貢献と考える普通の国よりは、知を生み出すことを誇る特殊な国に生きたい」という思いの強さを身につけた一文がある。鍵をつけなくても生活に誇りをもつ生き方に日本の政治家たちや御用作家は目を向けるべきである。

(6) 沖縄の二大新聞をつぶせるのか

沖縄県の二大新聞を自民党若手国会議員の「勉強会」の講演で「つぶせ」と公言する百田尚樹氏は、憲法で保障(二一条)の言論の自由と報道の自由を徹底的に否定し、戦前の言論弾圧を再び蘇させる危険な人物といえる。

沖縄の二大新聞は、県民の生活を支え、県民と共に歩み、県民に夢と希望を育んでいる全国の中でも偉大な報道機関紙である。

復帰前は軍事帝国植民地政権の民政府布令の弾圧を受け、それでも軍事基地による危険な軍事帝国植民地政策に抵抗し、県民に真実を報道する義務と使命感に駆られて今日まで県民の生活と共に歩んできた日本の新聞史上、特異な存在感をもっている。

沖縄タイムスは、一九四八年七月一〇日に、そして琉球新報は、一九六八年二月二日に、それぞれ第三種郵便物認可を受けて、沖縄戦終結後、直ちに報道の自覚をもって出発している。

二大新聞の報道陣は、軍事帝国植民地政策による県民の生活悪化に懸念をいだき、軍事帝国植民地基地に関心をもたらすことに全神経を注いで県民を導いてきている。この二大新聞の認可を受けた年月日を忘れてはならない。

印象的な記憶として復帰前の琉球新報は、時の権力者に味方をし、県民が人権侵害されることを無視したため、非売運動の対象にもなったが、報道の自由はあっても県民のためにはならない、ということでその苦境を乗り越えて、県民の圧倒的支持の下に現在の報道機関紙として信頼を勝ち取ってきている。

百田尚樹氏が「つぶす」という気持ちを持ち続けている限り、権力側とぴったりと寄りそう右翼的暴力作家というレッテルを張られることを自覚するのがよいであろう。

作家という職業は、社会的価値のある探求心を身につけて国民から信頼されるために権力に抵抗し、政治的に行動することに意義がある。

沖縄県の巨大な軍事帝国植民地基地と新型の巨大基地建設を完全に抹消させて基地からの被害と恐怖がなくなれば、必然的に二大新聞の基地に関する報道も完全になくなり、そうなることを県民は願っているのである。

二大新聞は、基地が撤去されると基地に関する報道の役目を果たし、権力側も沖縄を黙視することになって、対峙することは無きに等しいものになるであろう。

日米軍事帝国植民地基地が完全撤去され、それに関する行政指導や報道がなくなることが、沖縄の本来の姿であり、未来社会の構図である。

そうなれば、二大新聞を「つぶす」という「猫に鰹節」の烙印を押されることもなく、「ささやき千里」にも届かない存在になったであろう。

（7）沖縄の近現代史を勉強会で学べ

翁長雄志知事の二〇一五年八月九日から九月九日に跨る集中協議の中で、米軍統治下の無権利状況の下に沖縄の歴史的事実を訴えていることに対して、菅義偉官房長官は「私は戦後生まれなので沖縄の戦後史はなかなか分からない」と断言している。何も分からないから県民の民意を無視するのである。

権力者として最高責任者の地位にある人物に沖縄に対しての信義と誠実の精神があれば、我武者羅に歴史的事実を勉強するだろう。「辺野古合意がすべてだ」と言えないのが民主主義社会の指導者ということである。

沖縄県民は、民主主義以外の主義を主張して行動する人はすくない。辺野古の巨大な軍事帝国植民地基地建設の反対意思は、政治政策の右傾化の方向性を正しい軌道に乗せるためなのだ。

安倍晋三首相のような強権的恐怖の独裁政治家たちは、沖縄県民の諦めない強力な抵抗の意思表示を「子を知る父に若くはなし」（親が子のことをよく知っているように、君主（首相）は臣下（国民）のことをよく知らねばならないの意）の忠告を肝に銘じて政治のあり方を考えるべきである。沖縄県民の民意を軽視する政治活動は民主主義の政治形態ではなく、独裁的政治と何等変わるものではない。

人権の確立と真の民主主義を進めるためには、沖縄県民として強権的独裁政治に対して「兄弟牆《けいていかき》に鬩《せめ》げども、外其務《ほかそのあなど》りを禦《ふせ》ぐ」（兄弟は家の中で争ったとしても、外からの侮辱には一致団結して防ぐの意）抵抗の精神を持って行動しなければ、再び戦禍をこうむることを意識しなければならない。日米軍事帝国植民地政策から解放され、独裁的政治政策の犠牲から逃がれるにはどうすればよいのであろうか、答えは「独立国家への道」に目標を定めることだ。「一人の生命は地球より重い」美ら島沖縄になるための必然的な道標となるのである。

（２０１５年6月30日）

贋の知識人の女流作家と沖縄 ——一知半解の知識は不幸の種をまく——

本土人（ヤマトンチュー）のある女性作家が「復興資金」を援助しているにもかかわらず、一向に経済的好転がないのは、県民の努力が足りないからである、と新聞で発表している。この問題として、沖縄の実状を現実に認識していないことを証明しているので、県民は不愉快であり、頭から湯気を立てて怒らなければならない。沖縄が日米軍事帝国植民地基地に取り囲まれている金網の内と外とを徹底的に調査するか、それに関する資料を勉強して発言すべきである。

沖縄県の現実を事実として理解するには、現地に足を運び県民の生の声を聞かなければ、知識人たる女流作家の証言を真実と思い込み、国民に誤解を与えることになり、そのために何時になっても沖縄の抱えている日米軍事植民地の解決にはならない。半可通を振り回す知識では沖縄の現実を理解させることは不可能である。

沖縄県の経済的復興がなぜ遅れているのか。金網に囲まれた広大な基地内は、世界的にも誇れる風光明媚で最高の環境となっていて、沖縄の経済復興のための企業施設に最適な条件が揃っていると評価されている。その金網の中の米軍事植民地基地を全面解放すれば、経済的効果は確実であるのは、これまで解放された地域の経済的繁栄が功を奏していることがその証拠となっている。このような好条件の土地を占拠し続けているために、沖縄が最低の貧乏県になっているのである。

一知半解のやからの女性作家が言うように、経済復興の遅れには疑問も多々あるが、それとは対照的に官僚政治権力者たちは、別問題に考えていることを想像するのだ。というのは、沖縄が貧乏県で、本土並みの経済水準に達することを希望しているのかどうか、日米軍事同盟を「深化」させるために、目覚ましい経済復興に真からの希望を抱いているのか、という疑問である。なぜならば、軍用地料を定期的に増額して、それによって生活をしている軍用地主たちは、普通以上の生活を保障しておけば、「軍事基地はいらない運動」には消極的であることを密に持っているようである。日米軍事帝国植民地政策を推進するには、増額は最もよい効果的餌となっているのである。

軍用地主会が、基地撤去の抵抗運動に参加することを全会一致で決議した場合、官僚政治権力者たちは、神経を尖らせてしまうことになるのだ。軍用地料は、県民を「軍事基地肯定論」として増額してきたことを思うとき、いかに軍用地主会の動向を恐れているかが理解できる。

沖縄県民が望むように、軍事帝国植民地基地を撤去してその跡地に「平和産業」の企業が建ち並ぶことが、県民の究極の希望となっている。そうなれば、近隣諸国との平和友好産業の交流が進み、アジア諸国全体の人々が政界平和を築く拠点となる。しかし、日米軍事帝国植民地主義者たちは、その方向性を政治的にも軍事的にも望まないのが、現実の政策であり、支配体制に猪突猛進している二つの国家の醜い政治姿勢である。

復帰前の米軍事帝国植民地基地による基地経済は三五パーセントであるが、復帰後の現在では五パーセントになっている。解放された土地を平和産業の発展地域になっていることは県民の基地に依存しない意識改革によるのである。

一般的に教養のある作家は、経済復興への努力が足りず貧乏県となっているという認識を抱いているので、沖縄に無関心の一般国民が、この作家の軽蔑的差別的な考え方に賛同することが気懸かりになるのである。この作家と同様に国民が沖縄に対して、一知半解で望むから理解できないのだ。足がすりへるほど沖縄の現地を歩き回り足を擂り粉木にするほどの努力をすれば、軽蔑的差別的態度で、沖縄の現実を迂闊には言えないのだ。

官僚政治権力者たちに限らず国民も同調して、現在もこの抜け穴から脱皮していないのではないか。例えば、国内の問題で「部落問題」を完全に解消していないし、また広島、長崎の被爆者たちをも冷ややかな応対が見える。その外に、東京と関西を比較したり、東北地方及び九州などの人々にも「田舎者」と呼ぶ意識には差別主義があるが、沖縄県に対してはそれが顕著で、官僚政治権力者達や作家という贋の知識人にもみられる。

こうした意識の解放には、日米軍事帝国植民地基地の存在と新型の軍事要塞基地建設が、平和で豊な生活環境の妨げになるのだ。安心した楽園の島沖縄の未来は、悪の根源となっている軍事植民地基地を根刮ぎ断ち切ることによって、沖縄の先祖伝来から伝わってきている「守礼の邦」の未来像がみられるのである。

（２０１５年７月３日）

弱肉強食のはびこる沖縄の社会
――未来の希望と魂が奪われた若き女性を悼む――

二〇一六年四月二八日、うるま市でジョギング中の二〇歳の女性が被害に遭う、元海兵隊の黒人の軍属による暴行・強姦殺人遺棄事件が発生した。

沖縄県の警察官は、米軍事帝国植民地軍隊の犯罪に対しては、慎重にして失敗のない証拠に基づいて逮捕する優秀な頭脳をもっている。しかし逮捕の切っ掛けになったとき、国内軍事帝国植民地主義の官僚政治権力者は「真相はわからないのでコメントできない」と言った。県民に「寄り添う」ことなく、親分の米軍事帝国植民地主義者たちに視点を置いているため、県民の激怒した意識を理解できないのである。

沖縄県民の立場になって、物言えば唇寒し秋の風、のように物ともしないという態度は、軍事帝国植民地基地がある限り、やむをえないという気持ちがあるようだ。もしそうでなければ、「真相はわからない」という発言はしないのである。揺るぎない証拠がなくても警察官の逮捕が証拠に基づいているもので、米軍属という確かな人物を見定めているならば、沖縄県の翁長雄志知事が即座にコメントした通り「怒り心頭にきている」ということなのである。

国内軍事帝国植民地主義の官僚政治権力者は、事件や事故が発生しても親分の機嫌を損っては面目無いと思っている。日本国民や県民の命の尊さを口にしても、親分の米軍事帝国植民地主義者たちにはそういう感情はないのである。

悪魔部隊の海兵隊は、戦闘部隊として殴り込みをかけてくる命知らずの悪名をもっているので、軍属になっても殺人行為を実行しようという悪魔的精神構造に変化はないのである。元海兵隊の軍属は、どのような態勢で相手を殺すのか、その手段と方法の軍事訓練を現役時代に頭脳の奥深くに刻まれているため、現役に身を以て果たせなかったことを、退役後に確実に実行している。

沖縄県の女性と結婚した、ということは沖縄県民の心を理解し、沖縄に永住するつもりで結婚したのであろう。犯罪を犯す前には、生まれて間もない三・四カ月の赤ちゃんがいて、家庭円満な生活を営んでいたかも知れない。沖縄の風俗習慣になじめず不満ながらの生活環境であったのであろう。日常的に郊外を徘徊して、沖縄の女性を野獣の目でみていたのか、このような犯罪は殺人訓練教育で徹底的に心に染み込ませているので、目に見える生き物や人間を人間とは見ず、殺傷以外の対象として考える予知はもはや持っていない。過去に県民に恐怖を与えた、訓練中の海兵隊が、農民をイノシシと錯覚して銃殺した事件を思い浮かぶのである。

悪魔部隊の海兵隊の存在の恐ろしさは、沖縄県民には底が知れず恐れおののく事件や事故が、過去から現在に至るまで続いている。

もしも反対に、沖縄県民が米軍事帝国植民地国家の軍人、軍属その家族たちに対し「強姦殺人」、「殺人」「交通事故」「強姦（未遂を含む）」のような事件や事故を起こした場合どういう結果になるのかというと、軍法会議で極刑に処せられると思っているので、沖縄県民によるこのような非道な事件・事故は、過去の七一年間において一九七〇年の「コザ騒動」以外には、一件も発生していない。

また、今回の事件で、国内軍事帝国植民地主義の官僚政治権力者を代弁した言い方をしている人物がいる。橋下徹という弁護士で前大阪市長である。彼の「風俗活用論」に対して、国民及び県民はどう判断するか。風俗を活用すれば性犯罪を減らせる、という意見である。

それから企業と軍事帝国植民地基地について、それぞれの会社員や米兵の犯罪を比較して悪魔の海兵隊との事件については、基地を否定するのは「外国人」という視点から肯定的な立場での見解であり「まじめな米兵」の人権侵害となる、と主張している。

沖縄の極悪非道な犯罪の事件についての見解は、余りにひどい言い方だ。彼は、今回の女性の死体遺棄殺人事件に対し非常に軽い気持ちを持っており、その見解を支持するならば沖縄県民への侮辱として犯罪史上、余りにも大きい足跡を残すのだ。

橋下徹氏は、米兵や軍属による凶悪犯罪の比率について述べているが、日本人の比率と大差はない、と主張している。考えてみるがよい。沖縄県に駐留している軍人、軍属その家族は、四七三〇〇人で、沖縄県民は、一四三万三一八一人（二〇一六年度）と比較してみると、沖縄における米兵の犯罪は、統計上から判断すると非常に多いことが理解できる。彼は「日本人の比率」と言張しているが、沖縄県民との比率を考える場合、雲泥の大差である。

また、犯罪の比率のみを問答するのではなく、被害者の最低年齢生後九ヵ月の女児が被害を受けている犯罪の内容を考えると、その残忍酷薄非道な犯行は、比率のみで判断するのはあまりにも沖縄県民を馬鹿にしている。

橋下氏は、独特な発言内容で国民の支持を得ているが、沖縄県民からみた場合には、米軍司令官が過去と現在の凶悪事件について言及するのと同じで、橋下氏も同じ立場でコメントしているようなものである、と理解している。

日米軍事帝国植民地主義の政治家たちが、沖縄県で発生する事件事故を冷淡に鼻であしらうのは、両国の軍事帝国植民地支配による政治的圧力政策であるため、沖縄県民を日本一最低の国民と見立てているからである。

橋下氏と同じ穴の狢で、物議を醸し出した人物が現れている。自民党の神奈川県議員で、県議員四期を務めている人が沖縄県民の基地反対闘争に対して「キチガイ」と放言している。県民の「基地外」闘争を「キチガイ」とカタカナで書いたので、その響きは県民に対する言い知れぬ嫌悪感に満ちた悪魔の叫びのようである。

「私は差別主義者ではない」とも言っているが、沖縄が過去七一年間の被害状況に苦しめられている犯罪や事故に対して、人権回復のために抗議していることを、この議員は「基地外で反対運動は好ましくない」と主張している。沖縄県民の抗議行動の効果は「基地外」ではなく「基地内」で基地撤去の抗議を連続的に繰り返すことができれば、その効果は計り知れない。時間的に問題解決も速まるであろう。その議員は、県民が被害を受けても、黙っておけと言っていることと同じで、これこそ「私は差別主義者」の張本人である。

今回のうるま市の残忍事件は「一つの悲惨な事件」だが「すべて基地がダメだという論理」にはなりたたない、と断言している。この主張は、沖縄県民が過去から現在までに被害にあったこの種の事件を「一つの事件」と言えるのか。

沖縄タイムス社の犯罪史年表は、戦後一九四五年から今回の事件となった二〇一六年までの軍人・軍属その家族による犯罪件数をまとめたものだが、沖縄県民さえ熟知していない膨大な数の事件に驚くのである。犯罪王国世界一である。タイムス社は、この犯罪を「目を覆いたくなるほどのむごたらしい犯罪があった。あまりの数の犠牲にただ立ち尽くすしかない」と解説している。

橋下徹氏や神奈川県議員は、この犯罪史年表をみてどう思うのか。「一つの事件」とは何を根拠にこう言うのか。以前にも引用したフランスの劇作家が「学問のある馬鹿は無知な馬鹿よりももっと馬鹿だ」とか、また沖縄の格言の「墨や知っちん、物や知らん」という人間たちであり、この種の人間たちは、県民の宿敵である。

自民党の県連広報局長で四期目の議員の地位にあるので、沖縄県民の立場になって「寄り添う」のであれば、こんな暴言を吐かないことが政治の役目を果たしていたということになるのだ。このような県議員たる者が、沖縄の犯罪の内容や件数について何も知らない無知なる暴言に賛辞を送り、全くその通りだ、と肯定する人間は、一体どんな人種であるのか。

それに加えて、人命軽視の発言は上層部においてもみられる。国内軍事帝国植民地主義の官僚政治権力者の防衛相中谷元氏と親分の米国防長官の会談は、女性の遺棄事件で大規模な抗議大会が開催されているときに行われたが、抗議集会に真剣な目差しをむけることもなく日米軍事同盟の強化を「地域の平和と安全」のために民主主義とか法治国家とか言っているが、そんなことでは県民の怒りと悲しみを鎮めることはできないのだ。

沖縄の「負担軽減」とか「日米同盟強化」というそのものがありふれた会談の中心になっていて、悪魔部隊による犯罪史上悪質な犯行を県民の「命どぉ宝」に「深い謝罪」の中味はどう対応するのか具体的には何もなく曖昧そのものが現在まで続いているのである。惨忍酷薄な事件が発生するごとに、上滑りをして「遺憾だ」には、呆れ返ってものも言えない。

この二つのことばの対策として、事故防止を完全に実効するには「綱紀粛正」とか「再発防止」ということばを頻繁に使っている限り、犯罪はなくならない、と言うことである。軍人・軍属とその家族による残忍な殺人事件の犯人を「終身刑」にするか、あるいは全県民の抵抗集会の波紋から「極刑」の判決を下さないと、再び犯罪発生の可能性がある。

二〇一六年四月二八日の元軍属による殺人遺棄事件を顧みて、結論として述べると、最善の犯罪防止方法として、日米両国による軍事帝国植民地支配の政治的圧迫主義に対して、非暴力的にして継続的な抵抗運動による解放と、県民投票による「独立小国家」樹立の道を選んで、軍事帝国植民地基地の完全撤去にもっていくこと、によって事件・事故のない安心して生活のできる「守礼の邦」に相応しい平和な「美ら島」になる、ことに期待できるであろう。

（2016年9月19日）

日米軍事帝国植民地の政治的虐待から解放の道へ
——軍事使用価値のない施設返還に甘んずるな——

沖縄本島中南部の米軍事帝国植民地基地の五施設返還の時期を一〇年以上の長い年月が経過してから取り決めたが、完全返還までには世界の情勢がどのように変動するのかその状況判断は非常に困難である。

五施設の返還が実行されると、「基地軽減」になるのか、県民の判断は八〇％以上が否定的である。何故ならば、辺野古の陸と海に日米軍事帝国要塞植民地基地を建設すれば、五施設の何十倍、何百倍にもなる巨大基地の強化になってしまうからである。「負担軽減」という軍事植民地用語には、真綿で首を絞める政策であることを認識することである。

日米軍事帝国植民地主義者たちの返還合意の真の目的は軍事機密の中にひた隠しに隠しているので、県民は現実的には、まさに俎板の鯉に立たされていることを意識している。

普天間基地の移転先とされている辺野古地域だけではなく沖縄全域が日米の軍事植民地による訓練場になるので、二〇〇年以上の耐久性のある要塞基地の存在に脅かされて生活しなければならない。五施設の使用価値の減少で返還されても、新型の要塞基地の存在になると、日米軍事帝国植民地政策で、基地には全く被害もなく、無傷の状態で永久に管理維持されながら軍事訓練も容易になる。世界の各地に八〇〇以上の米軍基地があるが、沖縄の場合は世界の米軍基地の中でも最も楽園軍事帝国植民地基地となっている。更に我が世の春を謳歌するための強力な新型の要塞基地建設を目指しているのだ。

この五施設の返還と将来日米両軍が使用する新型の軍事要塞植民地基地による県民の「将来の人権侵害」は、一層悪化することをヤマトーのマスコミ関係者が、連続的に沖縄の危険性を報道すれば、ヤマトーの国民も沖縄県民の痛みを理解する意識も高まってくるかも知れない。マスコミの積極的な報道によって「ガンバレ沖縄、負けるな沖縄」のスローガンを全国規模で、公共的な乗り物や施設に掲示されることになれば、この文言が沖縄県民の塗炭の苦しみとして理解することもあるであろう。

戦後から現在までの沖縄の塗炭の苦しみを精一杯訴えても無頓着なヤマトンチューには期待できないことは、復帰後から現在までの時間の流れの中で理解はしているが、すこしでも沖縄の現実を理解させる一つの方法になれば、一歩前進することになる。

ヤマトーのマスコミが、沖縄の日米軍事帝国植民地基地についての報道について非常に消極的であるのは、沖縄県民の現実を理解させようとする感情を持たせない社会的環境に原因がある。なぜ積極的に報道をしようとしないのか。

その理由として考えられるのは、沖縄から四一市町村の代表者が「建白書」を持参して東京のど真ん中で大衆にアピールした際、その抗議団の列に向かって「売国奴」とか「沖縄を甘やかすな」と罵声を浴びせて堂々と我が物顔に歩き回って叫ぶ右翼団体の行動に恐怖感を抱いているからであろう。マスコミ報道機関も右翼暴力思想を持った団体には異常なほど恐怖心を持っている。これらの行動に恐れを抱くと、マスコミへの圧力が凄まじい勢いで進んでいくことを意識することだ。

隷従国家の官僚政治権力者たちには、沖縄県民の「民意」を反映した解決をしようとする誠意は塵ほどもないので、沖縄県民としては、直接的に親分（米国）へ継続的な抗議行動をとらなければ、一歩も前進しないだろう。

親分は、影武者となって子分（日本）の背後で操り人形のように自由自在に支配しているので、県民の抗議行動のあり方も状況をよく見極めて形態を考えながら精一杯の抵抗運動をとることにしなければならない。

沖縄県民は、怒り心頭に発しているが、日米軍事帝国植民地主義者たちは、辺野古に新型の軍事帝国植民地基地を建設して永久に支配しようと企んでいるので、二〇一三年の「建白書」提出の抗議行動も不発に終わらせてはならず、県民としては堪忍袋の緒が切れていることの認識の基に、独立国家への道を模索すべき政治的環境に進んでいる、と言うことである。

かつて過去の植民地支配に苦しんできた韓国やその他の諸外国の歴史的な真実の記録を認識できれば、独立の道への夢も夢ではなくなるであろう。

そこで沖縄県民は、立ち止まって将来について考え、日米軍事帝国植民地政策による数世紀の永きにわたる苦難の道に進むことを予測した場合、県民の切実な願いとしての人権回復を取り戻すには、人間軽視の軍事的、政治的威圧から解放される最良の道として、独立小国家を目指すことが理想的である。

（2016年10月18日）

米軍事帝国植民地の沖縄に悪魔機墜落
――政治を考える指標となる沖縄の未来――

名護市安部の部落の陸地から一ｋｍ離れた海岸に、普天間基地所属の悪魔機オスプレイが墜落した。二〇一六年一二月一三日である。米海軍は、この墜落事故を最も重大なクラスAの段階である、と報道しているので「不時着」論争は不要である。

再び沖縄県民をどん底に落し入れた悪魔機が、不安と恐怖を与えながら配備されてから年月は浅いのに遂に墜落してしまった。いずれの日か再び大惨事の事故が発生するのではないか、という不安な生活の中で予想をしていたことが的中してしまったのだ。

いち早く県民の不安を取り除くために、「オール沖縄」に後押しされ、絶大な信頼と尊敬の翁長雄志知事が時を移さず、稲田朋美防衛相に抗議をしている。即座に行動に踏み切ったことは、さすがに県民の命の尊さを心に染み入る実行となった高潔な人柄である。抗議のみではなく、その墜落現場を直接見極めた知事と共に、県民も怒りを打ちのめしているのだ。

堕落した現場の捜査に参加もさせず、ただ茫然として沖合いで待機している海上保安庁の巡視船は、その機体収拾している米軍の様子を傍観しているだけで、何の手出しもできない哀れな敗戦国、日本の醜い隷属国家の正体である。これが法治国家であり、民主主義国家の醜態を演じている。世界中の人々から笑い物にされる国家体制に成り下がっている。

沖縄県民から猛烈な抗議を受けたニコルソン四軍調整司令官の県民に対する言動は、何たる持って回ったおろかな言い方か。県民が最もおそれている堕落事故に対する言動の奥底に潜んでいる真の意味をどう受け止めるのか。そのニコルソン氏の言動は「県民や住宅地に被害はなかった」ので、堕落については「感謝されるべきだ」と言ってその場面の県民への態度に、机をたたいて声を荒々らしい息づかいでまくし立てていることにどういう抵抗したらよいか。

また更に、操縦士は「ヒーローだ」と賛辞を送っているが、堕落機の性能について最も関心が寄せられているにもかかわらず、それについては一言も触れず、優れた点だけを強調し、今後の配備に都合よくすすむことを内面的に思っての会見になっているのだ。

民間地域に堕落しなかったのは、操縦士の優秀な手腕であり、悪魔機の欠陥に全く触れない意図は、今後二〇〇〇年から三〇〇〇年の長きにわたって沖縄県民を、日米軍事帝国植民地支配するためである。その軍事目標に向けて、欠陥機であることを言明せず、沖縄県民を犠牲にしてもかまわない巧みな軍事行動をとるニコルソン氏の不始末な謝り方である。

沖縄県民を限り無く支配し続けている日米軍事帝国植民地主義者たちは、一九四五年から現在まで事件や事故が発生して県民に対する謝罪の仕方には、邪魔者扱いの言動で事件や事故の談話になるので、民主主義国家とは程遠い軍事帝国植民地国家に成り下がっている、と言うことである。

また、病的執念で同調している日本の官僚政治権力者のひとり若宮健嗣防衛副大臣も親分の米軍と歩調を合わせたように、口を揃えた口の聞き方で腑に落ちないのだ。そこには、両国が一致した政治的権力者たちとなっているので、その物の言い方には、程度を超えた高圧的政治権力者たちの集団国家がある。特に親分の米軍との関係では、先進国とは名ばかりでむしろ後進国家と呼ばれてもおかしくない隷属国家になっているようだ。

二〇一五年一〇月から沖縄へ派遣されている大阪機動隊員が、県民の正当な抗議集団に対して「シナ人」「土人」と呼んで、大きな反響を引き起こしていることに抗議している真っ最中に「空飛ぶ恥」とレッテルを貼られた悪魔機オスプレイの堕落事故となってしまった。この「シナ人」といい「土人」という侮辱的、悪魔的「いじめ」の言い方は、戦前に中国や沖縄人に対して盛んに使われていたが、戦争に負けた日本人はこの使い方について地下に深く埋められて再び地上に上ることはない死語になってしまったと思っていたが、二度と再び地下から姿を変えて這い出し悪魔の亡霊となって生き返ってくる気配である。

この亡霊の死語が、再び地上界に現れることになると、戦前以上に始末に負えない勢いとなる。福島原発事故から避難してきた住民や辺野古基地建設に反対する沖縄県民に対して、この亡霊の死語が猛威を振るって襲い掛かってくることに全力を挙げて阻止する態勢をととのえることである。

今、沖縄県民の「民意」を馬鹿馬鹿しいと考えているので、さまざまな形で日米の独裁政治権力による強力な圧力がかかっている。人権を脅かしていることを肌身に受け止めて将来どうなっていくのか、若者たちの意識のもち方によっている。若者たちの行動力は、人生の過程で一番充実していて健康で活躍できる肉体を持ち、勇敢な情熱がこもっているのに、抵抗精神であらゆる抗議大会への参加もすくなく、ましてや投票への棄権も目立つのは、老化現象の始まりであることを真面目に考えることである。政治への無関心は沖縄の未来像に暗い影を落とすのみである。

悪徳の政治を見詰め、それに対抗できる気概がないと、権力至上主義に巻き込まれて日常的にも生活に悪影響を与えることを認識することは、非常に重要な課題であろう。若者たちの政治への無関心は、経済生活への影響に計り知れない結果をもたらすことを認識させるには、精神的革命が必要である。それを自覚させるには、選挙権も一八歳から投票できるので、日常的に学校教育の中で政治的教養を身につけさせることに重点目標を置くことも重要となっている。

政治への無関心が特に若者たちの層に多いのは、政治が日常生活に毛嫌いされていることが原因である。国民のために役立っていない政治的失敗に陥っている現実を考えるべきだ。

現在の学校教育課程で政治的関心を持たせることは、時の権力者たちには不都合に考えるであろうが、教育課程に位置づけることによって希望を達成することができるかも知れない。

政治は、ごく一部の一握の政治権力者のためではなく、国民及び沖縄県民のひとりひとりが平穏無事に安心して平和に暮らすためにある。それを実現する方法として日米軍事帝国植民地基地を撤去させると同時に、辺野古の巨大な軍事要塞基地建設を断念するまで追いつめることによって、自由と平和そして幸福を求めてやまない生きる生活環境になるのだ。

換言すれば、日米の政治権力者たちのために軍事帝国植民地基地の存在と新型の軍事基地建設の軍事費用と維持費用にかける費用に莫大な予算と時間をかけている。沖縄県民の「民意」を押し殺して弾圧を繰り返し、問題を解決しようとするのは、民主主義国家ではなく弾圧主義国家だ。権謀術数をめぐらす政治権力者に、国民的抵抗精神で立ち向かう意気込みが必要となっている時代を迎えている。

名護市安部の海岸へ堕落した「空飛ぶ恥」の悪魔機オスプレイは、沖縄の若者たちが核となって抗議行動への指揮をとることが最も望ましい若者の生き方である。抗議集会に一度だけでも参加すれば、政治への関心も湧き出ることは言うまでもない。抵抗への情熱こそが沖縄の未来の原動力となり、沖縄県民の本来の求めていくべき社会環境になっていくことに希望をいだくのみである。

（２０１６年12月10日）

沖縄の若者よ、輝かしい未来の国をめざして
――不屈の闘志と抵抗精神を心の糧にして――

ヤマトンチュ（本土人）のウチナーンチュ（沖縄人）に対する感想として、「日本人の中の最低の国民」という悪評をしているようだ。沖縄県民を軽蔑し、差別をする判断基準はどこにあるのか。確かに、ヤマトンチュが、こうした意識を持っているのは次の例のように受け止められるようである。

沖縄県民は、本土人と比較して流暢な日本語の話し方ではなく話がうまくいかない喋り方しかでき

ないという点である。即ち、本土人は立て板に水のような喋り方で、沖縄人は横板に雨垂れの喋り方に軽蔑の動機がある。

沖縄県民は身長が低く、茶褐色の肌にも深いといった身体的特徴に差別感覚をもっている。

本土と沖縄は遠く離れた地域にあって、季節感覚も異なっていて共通点は非常にすくない。そうした風土的影響もあって、医学的に喉や舌の構造も異なっているのであろうか、喋り方にも横板に雨垂れのような喋りと発音になっているのであろう。

以上の民族の独特の差異は、能力とは全く無関係である。沖縄県民は、世界的にも伝統的な独特の芸術を築いてきたことを先祖伝来の能力として証明されている。ただ島国根性が原因で努力しない難点があるので、そこを克己の精神で努力すれば、本土人による差別意識も低下していくであろう。

沖縄県民のひとりひとりが、現実を見詰める真剣な目つきで考え自覚しないと、不都合で悪いものをどしどし押しつけてくる官僚政治権力者たちの沖縄に対する政治的政策によって軍事植民地主義による支配体制にされるのだ。

官僚政治権力者による日米軍事帝国植民地基地建設に、八割以上の県民が県内移設反対の意思表示をしているが、県民を最低の国民と意識しているため、粘り強く説得すれば、おそかれはやかれ匙を投げて政治権力に屈すると自己満足するであろう。

沖縄の難問題に対しては無関心層が多く、また、口先では同情していても行動力がなく、国民の多くは時の権力者に賛同するため、沖縄の苦しみを感じとることができないようである。

本土の国民の中には、沖縄県民に寄り添って全国民に連帯意識を呼び掛けた「総がかり行動実行委」

という団体がある。その共同代表者が「本土の闘いが弱いから安倍政権は沖縄へ弾圧をやめない」ので、沖縄県民と共に国民が結集して大衆運動の士気を上げれば「絶対に負けない」と訴えている。

強権的恐怖政治に踏み切る官僚政治権力者の乱暴な振る舞いに対し、沖縄県民と共に行動できる本土人の協力態勢を築くには、県民として心と技を磨き徹底的に物事をやり遂げる精神力と行動が必要だ。それが伴わないと本土の国民は反応を示さないのだ。

日米軍事帝国植民地政策による支配体制にもかかわらず、甘い汁を飲ませて精神的に落ち着かせながら日米軍事帝国植民地基地建設に執念を燃やす政治的、軍事的圧力政策、それを跳ね返す若者たちの抵抗運動が中心でないと、沖縄の未来には暗い歴史が再び繰り返されることになる。

将来の沖縄を光り輝く平和な島にするには、沖縄の若者たちの努力と忍耐がなければならない。海外に留学の目を向け研修を積みあげることによって、輝かしい未来の沖縄がある。

戦前は貧しい沖縄であったため、海外の移民で活躍した移民の父と呼ばれている当山久三は、県民が世界にはばたくのは五大州（アジア・アフリカ・アメリカ・ヨーロッパ・オセアニアの総称）への移民が必要であると奨励し、開拓精神と啓蒙活動に尽力した人物である。

現在は意欲のある学生や前途有望な若者たちに、無償資金援助を当てて海外へ留学させる制度を活用して自分を磨けば、将来の沖縄に計り知れない恩恵をほどこすことになるであろう。夢と希望を目標に、努力に努力を積み重ねていけば、沖縄の将来はきっと新しい時代に生まれ変わることになる。

日米軍事帝国植民地基地経済のみに頼りすぎると、沖縄はいつまでも基地に怯えた生活が続き、それと併せて軍事植民地支配による悲劇がどんな運命を辿っていくのか、その本質的実体を理解することが県民の重要な課題となっている。こうした状況を考えたとき、教訓となるのは元早稲田大学総長で沖縄県石垣市出身、大浜信泉氏の「人の価値は生まれた場所によって決まるものではない。いかに努力し自分を磨くかによって決まる」という遺訓だ。また同じ内容の教訓を慶応大学の創設者で啓蒙思想家の福沢諭吉も述べている。

日本は、本来差別主義の強い国家であり戦前から現在に至ってその体質は変わらない。朝鮮人や中国人に対する呼び方を動物にたとえて植民地支配をしてきた歴史があるのだ。この歴史的事実は、現在の沖縄県民にも注がれているので、学問と知識で克服しなければならないのだ。

沖縄の若者たちを中軸にして、県民のひとりひとりが将来に向けて夢と希望をもって、沖縄の過酷な現状を打破するために、各自が努力に努力を積みあげて自分を磨けば、希望に輝く星空の美しい島となるのは言う事無しである。虹の国の星空を眺めながら、枕を高くして寝る豊かな社会環境にする夢と希望をいだき前進するのみである。

（2017年1月26日）

日米同盟の深化による軍事植民地の沖縄の現実

一　トランプ大統領と安倍晋三首相の隷属的誓い

第四五代米大統領のドナルド・トランプ氏の就任式は、二〇一七年一月二〇日であった。極右主義の安倍晋三首相は、この就任直後、間髪を入れず即座に「日米同盟」を強化し、深化するために、大統領と会談している。

名護市辺野古基地建設反対の抗議をしている最中に、世界の同盟国の首脳に先んじて会談を実行している。米国内では、トランプ大統領に対して、「ホワイトハウスにいるのは、私たちの大統領ではない」と抗議の旗とプラカードで大規模な抗議行動が起き、「無謀な政治権力者である」と口ぎたなく罵られて混乱しているにもかかわらず、安倍首相は外交政策に猪突猛進の行動をとるのか。これは、明らかに沖縄県民の総力をあげて結集された信念の民意を意識しているので、県民の動きを敏感にとらえた一歩も下ることのない官僚政治権力者の姿勢である。

沖縄県民から篤実な人柄と高潔な人格者として尊敬され、その上更に硬骨漢の翁長雄志知事が、安倍晋三首相に先がけて県民の民意に基づいて辺野古基地建設を断念させる目的で、直接交渉のために訪米を決行している。これが本来の外交交渉していく道筋の問題となるべきであるが、安倍首相は、これを感知しての訪米となったのは、まさに隷属的で病的な外交手段を主眼に置いているようである。

翁長知事の訪米は、県民の期待していたことが十分に実現できず、入閣予定の人物と直接面談できなかったのは残念ではあるが、諦めてはならない抵抗精神の強さを、知事と共に堅持することが最も重要である、と思われる。

極右主義の安倍晋三首相は、翁長知事の頭越しに権力をふるってトランプ大統領の別荘を訪れ、ゴルフを楽しみながら「辺野古基地建設が唯一である」と確認している。このトランプ大統領は、本当に地球の裏側にある小さな島の沖縄で、現在、何が起こっているのか、その状況を熟知しての確認かと言うことである。米国内が混乱している状況の中で、沖縄へ目を配る時間的余裕があるのか、これも疑問とする歓迎ぶりである。

二　沖縄県民の民意無視は独裁国家の始まりだ

沖縄県民の四大選挙の結果、意思表示を鮮明にしたが、新型の軍事要塞基地の建設に県民の強力な「民意」を無視している日米軍事帝国植民地主義の二大国家は、更なる軍事独裁主義国家へ進みつつある。

「辺野古への移設が唯一である」と二大国家は確認しているが、この新型の軍事要塞基地の規模と攻撃機能が揃った基地の状態は、普天間基地の何十倍、何百倍である。その機能を発揮することが「基地負担軽減」になると主張しているのだ。このことばたくみに人をだます朝三暮四に落とし入れられてはならない。新型の軍事要塞基地の機能に無知であると、「県内移設もやむを得ない」という意識の変化にならないように、肝が据わった県民の硬骨漢が最も重要となってくる。

日米軍事帝国植民地基地の現存の施設を撤去させると同時に、名護市辺野古への新型要塞基地と東村高江のヘリパット基地を断念させることによって、全世界の観光地にも劣らない「有数の観光資源となる。また、この北部地域が、世界遺産に登録されると、世界中の人々から注目されるのは明白である。イタリアの有名なオペラ歌手が沖縄公演前に、インタビューで沖縄の印象として語ったことばが印象的である。「沖縄はすばらしい。ゆたかな島だ」と評価していることに感激させられる。

外国人が沖縄に来た第一印象がイタリアのオペラ歌手の感想と同じであることが、沖縄伝来の美ら島と呼ばれる所以である。

三　翁長知事に対する森友学園理事長の名誉棄損

今年の三月には、安倍晋三首相に関係する学校教育の問題で、全国的に波紋を広げた最大事件の一つになる不祥事件が発生している。その中の一つは翁長知事に対する森友学園理事長の籠池泰典氏による全く根拠のない発言だ。毛を吹いて疵を求める籠池理事長が、高潔な人柄で信頼され尊敬されている翁長知事の家族について中国人と関係があるような根も葉もない噂を立てることは、プライバシー侵害と名誉毀損にあたる。

本土の男性や女性は、アメリカ人やヨーロッパ人そしてアフリカ人等世界の隅々までに住みついてさまざまな民族と結婚しているのに、それについてこの理事長は何の悪口も、軽蔑的にさげすむことばや態度を示していないのに、篤実温厚で硬骨漢の翁長知事のプライバシーを侵害するのか。

翁長知事が、名護市辺野古への日米軍事帝国植民地基地建設に反対の意思表示を政治的公約の中の第一に挙げている政治的信念をもっているため、森友学園の理事長は不可解な個人的批判をしている。しかし、その発言内容は明らかに個人攻撃であり、名誉毀損に相当する悪質な犯罪行為になっているので、この理事長には嫌韓、嫌中、嫌沖の意識が、血となり汗となって教育目標にして身に染み込んでいるので、常日頃の会話で話題にしていたことが今回のように表出するのだ。目の上のたんこぶと感じて、駟も舌に及ばずであるのに、嫌悪感が露骨に示されている。

森友学園の危険な教育方針が全国的に強い警戒心を与えていること、それに国会では安倍首相に対する矢継ぎ早な質問を浴びせられることにも、嫌気が差していたのである。安倍首相夫妻が、森友学園と深く関係していたことになると、社会的に重大な不祥事件となることは言うに及ばない。

この森友学園の籠池泰典理事長は、要注意の人物として、学校教育の中で、学園経営者の立場から戦前の軍事教育を幼い子供に徹底して教えている。二度と繰り返してはならない戦前の軍事教育をするこの理事長が、中国や韓国を槍玉に挙げるのであれば、正当な理由で抗議している県民と共に闘う翁長知事に対する嫌がらせに沈黙してはいけない。これからの日本の教育現場には戦前の軍国教育の再来どころか、日米軍国同盟の陰に隠れた世にも恐ろしい想像以上の日本の社会になることに不安を抱くのである。

安倍晋三首相や森友学園の政治的、教育的偏向教育の糸口を断ち切る絶好の機会を見逃すことなく全国民と共に最大級の抵抗運動が必要である。

四　沖縄県民の幸福を求めて闘う翁長知事と共に

翁長雄志知事の政治的信念が形となって「オール沖縄会議」が、二〇一四年一二月に結成されてからいまだその歴史が浅いので、その下の全県民が鉄の固まりとなっていないが、近き将来、必ずその政治的主旨が理解され知事の政治的実績が証明されると思っている。

沖縄の夢と希望を示した真実のこもったこの名称の意図する内容には誇りをもっているので、県民が希望と勇気を抱いて翁長知事と共に行動することが夢ではなく実現されるのは、明白な事実となる、と確信している。希望に輝く沖縄の未来は、諦めない抵抗精神を持って闘うことである。

日米軍事帝国植民地基地に脅かされて、連日連夜県民のひとりひとりが、薄氷を踏む思いで生きている現実を「小指の痛みは全身の痛み」と感じることができれば、ひとりひとりの力は極めて浜の真砂の一粒のような弱い人間であっても、全県民の結束で翁長雄志知事と共に総力を結集することによって、不可能と思われることも粘り強い忍耐と努力で粘り抜くことによって可能になる、と信じている。

（２０１７年２月18日）

古代から現代までの歴史の事実を探る

――私見による歴史的真実を追う――

一

日本の古代から二一世紀の現代までの国情を辿ってみると、他国を侵略しようとする歴史的事実の政治体制がある。本格的に朝鮮半島に侵略したのは一五九二年の豊臣秀吉軍の朝鮮征伐に始まり、その後秀吉の後を継いで加藤清正の軍勢が侵略したが、朝鮮半島の軍事力によって敗退させられている。日本の古代国家時代は、国内統一も不十分であり、原始的な生活様式でしかなかったが、他国を侵略するためにそれ相当の武器を開発していたから侵略の準備は着々と推し進めていたのだ。古代国家から侵略の歴史を作り出しておけば、時の権力者たちはそれを継承して、いつか来た道を歩むという、日本独特の歴史的認識がある。過去の歴史的事実の経過を辿ると、二一世紀の現代にもその兆候がありありと蘇ってきていることを理解することができる。

国内統一した後の豊臣秀吉時代の朝鮮半島への侵略は、中国大陸への侵略を目安に置いていたことが想像できる。中国東北方面の満州から侵略する決意を固めるためには、まず朝鮮半島を重要な拠点とする必要性にかられていたのである。

二

南西諸島に目を通すと、一六〇九年に薩摩軍は琉球王国を侵略して植民地政策を実行しておく重要な軍事植民地にする必要があった。琉球王国を奪い取り、中国との交易で琉球王国の持っていた莫大な財産を持ち去って、琉球民族の生活環境を隈なく破壊してしまったのである。

このように第一琉球処分に始まり、四〇〇年も経過した二一世紀初頭の現在の沖縄でも、再び日米軍事帝国により、沖縄を地上戦に巻き込んで犠牲を払わされた上に、さらに中国をにらんで巨大な日米軍事帝国植民地政策に苦しめられており、第四の「沖縄処分」として痛めつけられている。薩摩軍の侵略以前は、琉球と中国の間には固い信頼の絆で結ばれていて「守礼の邦」として隆盛を極めていた。

薩摩軍の侵略者たちは、先島諸島をはじめ尖閣諸島まで侵略することはできず、琉球王国を制圧した延長線上に現在では歴史的にも尖閣諸島（中国名釣魚島）を「日本固有の領土である」と主張するようになっている。琉球侵略以前は、近隣諸国との貿易関係で立派な独立国家として成り立っている。

一六〇九年の琉球処分の第一段階からはじまって一八七四年になって軍事帝国植民地軍隊を台湾征伐に向かわせている。台湾を植民地にする意図には尖閣諸島を視野に入れていたかは分からない。尖閣諸島をも「固有の領土である」ということは侵略して植民地にしていることになり、この島も侵略して奪い取ったことになるであろう。

三

日本軍事帝国植民地軍隊が、中国領土の北と南の両面から侵略すると、東北方面から一八七五年に朝鮮の江華島の占拠事件を契機に中国をにらんだ事件を起こしている。

長い鎖国時代から脱して一八八五年に明治政府が誕生して外国文化に接することによって、その遅れを取り戻すために日本の社会、政治、経済、文化が急速に変化してきたのである。資源の乏しい国土の日本は、資源豊富な中国大陸へ視線を向けて資源獲得に躍起になっていたようだ。

二一世紀の現在も民主党政権時代にみられるように、中国との資源獲得交渉に神経を苛立たせていることを、岡田克也外相の「人物論」で論究した論文がある。

外国と言えば、中国や朝鮮半島へ侵略することを第一目標に立てていたので、露骨に敵意を燃やし一八九四年の日清戦争により本格的に中国侵略に拍車を掛けていたのだ。

侵略戦争を容易にするために先ず始めに手掛けたのは一八八九年の大日本帝国憲法の制定だ。政治的侵略の意図を作り出さなければならなかったのだ。その憲法施行後の一八九四年中国の東北方面からの侵略コースとして、日清戦争を引き金にして本格的な侵略戦争となっている。その結果、一八九五年に南西諸島から台湾を統治し、割譲されてから約五〇年にわたる植民地政策に乗り出している。一八七四年の台湾征伐から二〇年後に台湾を植民地にしている。その前年には、中国との侵略戦争で中国名の尖閣諸島の釣魚島も占拠している状況から判断すると、釣魚島を日本固有の領土と決めつけ、その名称も尖閣諸島にして中国を威嚇した厳しい険悪な島名にしているのであろう。

更に歴史的事実を追及すると、一九〇〇年代になって北清事変が起こり、それに勢い付いて一九〇四年には超大国のロシアとの戦争で勝利した結果樺太《カラフト》（サハリン）の領土保有に踏み切った。そして勢いが付いてきたため、これからの侵略戦争をする条件には、国民を思想統制に推し進める政治対策が重要な国家の課題となってきたのである。この国家の体制の根底には、中国大陸への資源獲得のため根強い軍事帝国植民地政策を国策にしていたということを理解することが重要であろう。

四

歴史的事実の経過を辿っていくと「中国固有の領土である」と主張する中国側の言い分にも耳を傾けて公式の場で時間をかけて平和的に解決する道を選択すべきであろう。

いかなる国際機関を通して日本側の主張する接続水域が決定されたであろうか、という疑問もある。二一世紀になって尖閣諸島がにわかに浮上し、紛争の種を蒔かれた一触即発の状況になってきたことを沖縄県民は真剣に考えるのである。日中両国で真摯な態度で話し合って決定されたならば、中国の監視官の領海侵犯が毎日のように報道されないであろうが、日米軍事安保条約が締結された当時から親分の米国に後押しされその勢いで虎の威を借りた狐のような行動を中国に向けているため、益々複雑化し問題解決の糸口を見出すことができず遠退くばかりになっている。

中国に対する挑発的行動は更に拡大して、文部科学省が教科書の中で尖閣諸島は「日本固有の領土である」から有効に実効支配しているので領有権の問題は存在していない、ということを記載する方向にしている。沖縄県民にはどうして固有の領土になったのか、歴史的事実の経過による理解も不祥のままに教科書で決定的な証拠としている。

韓国と竹島の領有権の問題においても、挑発的な表現で「固有の領土である」と主張しているため、不法占拠されていると教科書に記述される羽目になっている。

こうした外交問題を複雑化していくことに沖縄県民には底が知れないおそろしさと不安があるのだ。武力で解決すると、県民は甚大な犠牲を払わされてしまうからである。

中国が、尖閣諸島は台湾の「固有の領土である」と主張している根拠として、中国憲法の前文に「台湾は中華人民共和国の神聖な領土の一部である」と謳われているように、一八七四年の日本軍事帝国植民地軍隊の侵略から始まり一八九五年から再び植民地にした歴史上の経過から判断して尖閣諸島は奪われた領土である、と実証していることに注目することであろう。

中国は、四〇〇〇年の歴史的にも文明国家を築いてきた偉大な国家であるから、尖閣諸島は六〇〇年前から実効支配していることの正当性を主張している。このような長い年月の流れの中で、日本をはじめ諸外国の列強国によって苦難の歴史を歩んできたのが韓国や中国であることを理解しなければならないであろう。

朝鮮半島を侵略し、植民地帝国に足場を築いて中国の東北部から侵略してくる日本の植民地帝国軍隊に対して、総力をあげて撃退するために、中国全土が戦闘体制に入る緊張した状況にあった。しかも国内では毛沢東の率いる共産党と蒋介石の率いる国民党との内戦下になっていたため、台湾を救済する余裕もなく、まして尖閣諸島を実効支配するまで手が届かなかった。国内の軍事的衝突のはざまにあって、状勢が混乱していた。

戦前の日本は、軍事帝国植民地政策のために幾多の侵略戦争で軍事技術上の機動力を向上させていたが、中国は軍事上受け身にまわる立場にあって、軍事技術で対抗できる能力が低いために、中国の東北地方からの侵略を許し、南のほうへどんどん侵略が拡大してしまった結果、野蛮的な軍事力で、焼き殺し奪いつくす「三光作戦」が展開されて、問題の「南京大虐殺」に至っている。

日米軍事帝国主義の国家間の太平洋戦争で日本が敗北した結果、日米軍事同盟が締結されたが、一九六〇年には同盟関係が強化され、社会主義国家に対する冷戦時代を迎えた。その陰では沖縄が絶えず緊張に包まれて脅かされる社会環境になっている。

五

民主党政権時代（二〇〇九年から二〇一二年）には、尖閣諸島の国有化問題に及んで両国の関係は、危機的状況になって、沖縄県民に極度の緊張が高まっている。捲土重来を期して政権を握った極右主義の自民党になって中国の民族に対して一段と警戒心を抱かせており、その上日本をはじめベトナムやフィリピンとの領有権問題による紛争の瀬戸際に立たされ中国への嫌悪感を高めている。

安倍晋三政権になって中国への対抗意識が日増しに強化されてきている。問題解決の糸口もなく緊張感が高まれば高まるほど国家間の対立でどういう手段と方法で平和解決していくのか、真剣に模索しなければならない極限状況になりつつある。

資本主義と社会主義の国家間では、対立は激しく話し合いの目途が立たない暗い雰囲気に包まれている限り首脳会談は困難であるが、沖縄県民の要望を聞き入れる筈はなく、日本国民として差別意識がなければ、一刻を争う状況の中で、不安と恐怖を解消するには積極的に外交交渉に踏み切るべきである。

六

北方領土ではロシアが、竹島（韓国名、独島）は韓国がそれぞれ実効支配し、日本は尖閣諸島を実効支配しているという状勢になっているが、ロシアや韓国による実効支配では強硬手段は困難であるにしても、尖閣諸島だけは目的達成のためには手段を選ばず実効支配し、その効力を示すためにあらゆる手段を駆使して「日本固有の領土」を守らなければならない、という状況になっている。そのため中国には強力な手段を選ばなければならない、という政治姿勢になっている。それは「集団的自衛権」行使のための法律の成立に全神経を注いでいることで証明されていると言える。

尖閣諸島は無人島ではあるが、そこに横たわる海洋資源は豊富に蓄積されているということで、中国と血の争いをしてでも解決する方向にあるため、日本、沖縄、中国、そして台湾のそれぞれの国益や県益を考えながら共存共栄の海域にして、「共有財産」として話し合って解決していけば、それぞれの国民の間での信頼と友好関係の「絆」となって国際間の緊張が緩和されることになるであろう。

海は世界の海域に結ばれているので、平和的に解決するには、漁獲量や海中資源の開発には、それぞれの国の技術を使って共同開発で臨み、国内情勢も考慮した割合で利益分配することは不可能ではない、と考える。
　こうした近隣諸国と友好関係を結んでいけば、「平和」の二文字は沖縄県民には最高の喜びの文字として歓迎されるのである。

（2017年5月15日）

第三章　福島原発事故とトモダチ作戦基地の沖縄

倫理観を欠いた科学文明の結末の福島原発事故

――「生命は尊貴である、人間の生命は全地球より重い」――

自然災害に対する対策の見通しの弱さから、津波による「想定外」の災害と、地震大国と言われながらも研究対策の貧弱さにより大災害を蒙ってしまった。また、物欲と私欲による福島原発の悲劇の前兆として予想もできる筈はないが、一九四五年八月の米軍機による被災国への反省もなく、技術文明の最先端をゆく「原発」開発により国民への不安と怒りが広がっている。「原発」推進派は、今こそ目覚めるべきである。

なぜならば、原発事故の行方には冠水は一〇年以内、燃料取出しは二五年以内、廃炉は最長四〇年に終束するという計算をしているからである。この間、避難生活を強いられる住民は、阿鼻叫喚の巷と化した生活環境に追い込まれることになるであろう。

「最も確実で安全な原発」とか「安全で経済的」と言って、国民の頭を撫でて落ち着かせるような謳い文句で、国民の理解と協力を得たにもかかわらず、この惨劇になってしまったのである。倫理を伴わない科学技術革命の最先端をゆく国家であることを誇示して、先進諸国の中ではトップを目標にした拝金主義の結果、このような悲惨な出来事になったのである。

宇宙開発については、マスコミを通じて紙面の拡大宣伝と画面での最大限の報道に時間と費用をかけて国民に知らせるが、地震研究者と海底調査の専門家については、報道も控え目でかつ消極的であるのは、予測不可能な専門知識を必要とする分野であるからであろう。

一九〇〇年以降、米地質調査所によると、地震による津波の教訓としてあげられるのは、カムチャッカ半島沖（一九五二年）、アラスカ地震（一九六四年）、スマトラ地震（二〇〇四年）、チリ地震（一九六〇年、二〇一〇年）、そして東日本大地震（二〇一一年）等だが、以上の災害から何を学んだのか。研究者が多くいても「想定外」の津波の高さになるという研究が足りなかった、と言える。

津波による福島原発の場合、長期化の可能性があり収束するまでには国民の不安は日増しに強くなりつつある。

政権担当の要人や東京電力会社の役員は、避難地域に住んでいるとその実感が湧くであろう。長期的に避難している住民こそ、大きな迷惑であり、不安と苦悩に明け暮れているのである。

原発電力会社の役員は、避難民に「迷惑をかけ多大なる不安を与えたことに対し、深くお詫びを申し上げます」と深深と謝罪すれば納得のいく問題ではない。避難先から帰宅しても、将来の長い時間原発事故の恐怖で脅かされるからである。原発推進派は、この惨劇に心血を注いで反省し、原発廃棄を真剣に考えることである。

全国に存在する五四基の原発の中で、浜岡原発（静岡県）の廃炉を求めて弁護士らが提訴していることが注目される。その理由として立地条件が悪く、安全性が確保できないとして廃炉を求めて静岡地方裁判所に提訴したのである。脱原発を求めて運転の差し止めの訴訟を全国的に広めていくことの方針に賛同して、全国民もこの行動にあわせて共に行動することは意義深く、脱原発の道を開くことになる。

東京電力会社は、自信のない不安を募らせる言い方で「工程表どうりうまくいくのか」明確に答えていない。廃炉に向けてさまざまな難問題が前途に横たわっているからである。収束するまでの長期にわたっての作業には、人類の危機が宿っているようである。それを証明する事故として、一九八六年四月二六日（旧ソ連）のチェルノブイリ原発事故が挙げられるが、現在も未解決のままになっていることで、その悲劇が理解できる。

被災者に補償することは精神的償いとして当然であるが、お金にかえられない命ほど尊いものはない。最高裁判所が「人間の生命は尊貴である。人間の生命は全地球より重い」と昭和二三年三月一二日の大法廷判決文で述べている。

原発損失額五兆七〇〇〇億円の莫大な補償額は、国民の税金からの支出であることを考える場合、いかに人災による原発事故は、国民に大きな犠牲を背負わされているか、ということを認識して原発再稼働の反対運動を展開するかが、今後の課題である。

原発事故が収束するまでの間、長い時間の作業を必要とする「前代未聞」という波紋には、人類にもたらす大きな負の遺産になることを警告している。

このことはまさに原発の設計者の机上の空論といえる。事故が発生したとき、どのような対策をするのか全くその知識が欠けていたことを証明している。「想定外」の事故発生という無責任な発言は、長びく事故の阻止ができないのであれば、この用語を使用すべきではない。地震研究の学者が大勢いるというが、大地震の発生から一ヵ月以上も余震が続き、国民を恐怖のどん底に落としていることを考える場合、この余震の回数も全く予見しえていない畳の上の水練となった学者たちの存在意義が疑われる。

推進派のいう「原発による街の発表」、「原子力明るい未来、生活が安定」、「深刻な事故が起こることは予想しなかった」このことばから原発は有難く、人類に与えた貴重な財産ということで、不幸をもたらす不安は、一欠片も感じられないということだ。

原発事故発生から三ヵ月経ってからのこと、オーストラリアでアセアン（ASEAN）会議が開催されたが、これまでに例のない全世界から四〇〇人以上の国の代表者が集まった、という。福島原発事故の収束の目途が立たないため、日本の代表者に対して発生からその対策と今後の問題について矢継ぎ早に質疑がかわされ、これまでにない会議に対する高い関心が寄せられている。日本の経済産業相は、この席上で「原発を推進していく」ということを表明している。実に日本の政治家は、全く先が見えない倫理観を欠いた発言をするようだ。

国民が嫌がることを国策だからと言って、権力者たちが強硬手段を使うならば、原発の安全性を主張する人間は、その地域に住居を構えてみたらどうだろうか。特に内閣組織の中にいる政治家が安全性と心の安らぎが保たれるのか、そのことを実証してくれると、国民も一〇〇％でなくても、政治家への信頼感が低減するかもしれない。

また、同じ観点から沖縄県の辺野古へ軍事帝国植民地基地を建設したいという欲望があるならば、「危険負担軽減」という謳い文句で安全性を保障すると証明するならこの地域に二・三ヵ月間生活することができるか、ということである。

福島原発事故直後の夏に、節電を呼びかけているが、暑さに耐えることができず、電力を充実させてほしいという国民が多数を占めると、原発の所為にして廃炉に賛成しない推進派は積極的に主張する可能性がある。

人為的に建設される原発のような人工的構造物が事故を起こした場合には、国民に与える影響は想像を絶するものがある。例えば、波紋を呼んだ汚染物質として肉牛、魚介類、野菜類、腐葉土、稲や稲わら、そして風評被害等の類である。

更に危惧する問題がある。長期にわたって人の住まない廃墟と化した環境になると、野生の動物たちの住家となって、生活環境が完全に破壊されることは予想できるであろう。

大自然の猛威にはたとえ先端技術の能力があっても、自然災害から人命を救うことは限られている。また、避難指示があった際狭い国土に安全確実な避難所を確保できるのかどうか。その候補地に沖縄県を指定できないか、ということを願っている。その条件として、日米軍事帝国植民地基地の全面撤去することにより、被災者を受け入れることは不可能ではないのである。

基地の全面撤去と主張すれば、国内軍事帝国植民地主義者たちにはその意志はないであろうが、しかし国民の人命や財産を守る憲法が保障する根本精神の理念を重視する意思があるならば、日米軍事帝国植民地基地の存在よりも、自然災害への対策が何よりも重要であることを政治的課題として論議すべきである。

政権担当の責任者は、事故が発生すると異口同音に「被災地の苦難に寄り添いながら手を携えて、歴史的な使命を果たす」と述べる。これを沖縄県に当てはめると、戦後から軍事帝国植民地政策に苦しめられ、復帰後もその支配は放射線のような目に見えない巧妙な手口で、県民が直接的に肌に感じない程度に行われていることへの重大性を感知しなければならない。

福島原発の被災者に思いを懸け、沖縄県民にも同じ日本国民として苦難に寄り添い、目を向けて実践すれば、沖縄の歴史上の人物として記憶に残るかもしれない。しかし、被災者と同じ程度でみないのが、国内軍事帝国植民地主義の政治家たちである。なぜならば、独裁的支配者として内心に深く自覚しているからである。

このような政治家の中には、原発事故に纏わる放言が多く、故郷へ帰れない苦悩の生活をしている状況にもかかわらず、人権無視の言動で平気の平左で吐き捨てるような言葉に唖然とするばかりである。

沖縄県民にも同様に罵声を浴びせたいが、福島県民と同じことを放言すれば沖縄県民の怒りに触れるため、辺野古への新型の軍事植民地基地が建設完了するまでは、控えめにじっと我慢しているのが国内軍事帝国植民地主義者たちの下心である。

真の平和を築き、安心して豊かな精神生活をするには、貧しくても日米軍事帝国植民地支配から解放され、軍事帝国植民地基地のない安全な生活環境を整えることだ。それが沖縄県民の未来の姿であるから、そのためには「独立小国家」への選択の道を模索することも視野に入れる時代に向かいつつある。

（２０１１年３月11日）

人災は技術革命を謳歌した天罰

――千里の野に虎を放った福島原発――

福島原発の建造物は、最先端を行く研究と技術力を持っているが、予想しない事故が発生すれば、それを防止する技術と研究は最低になっているというのが、今日の福島原発事故が証明している。

憲法の中には「人権尊重」を規定した内容の条文が四〇カ条もあるが、政治権力者たちがこれらの条文を遵守し、国民の幸福を願って政治活動をするならば、狭い国土に五四基も設置することはなかったであろう。

今回の事故は、権力者と資本主義信奉者がつくり出した原発事故であり、技術開発を重視し国民の不安と犠牲を無視した人災事故である。これは正にその通り人為的事故であり「千里の野に虎を放った」人間軽視の政策による天罰と言えるのではないだろうか。

原発推進派の人たちが、原発の構造の知識をどれだけ知っているのか疑わしい。事故発生後、はじめて国民の前にその原発の構造と基数を知ることができたことによって、原発の高い技術能力であることが理解できる。だが事故が発生するとその防止策は万全ではなく、開発設計の技術とは正反対である。

事故が発生すれば、人類が滅亡しないとは言いきれないので、防止策まで予想した技術能力が必要になる。防止対策技術は国民に理解させて、不備であれば原発開発の存廃を論じることもできるであろう。

目に見えない放射能物質が体内に入ると二〇年、三〇年という長い月日が経ってからその症状が表われるというので、如何にその原発の恐怖が国民の感情に根付いているか理解しなければならない。原発事故による悪影響は、国内だけでなく海外にも及び、日本から輸出される物質も規制されるし、不買運動にもなり、経済的に大きな打撃を受けることになるのだ。国内では、海や山、土壌など海産物や農作物にも放射能が染み込めば、時間的な現象ではなく、将来の国民の運命を左右する重大な関心事となっている。

原発事故によりどのような影響を与えるのか、国民に知識として理解させていると、事故になった場合の結果として、原発建造や再稼働の反対運動が国民的大規模に展開されることは必然的である。

事故発生当時、民主党の枝野幸男官房長官は、一〇ｋｍ以内の地域は避難命令、三〇ｋｍ以内は屋内避難と声明を出し、国民に「大きな問題になることはない」、「短時間に自己処理をする」と安堵の色を浮かべさせていたのである。

地震と津波の被害状況についてのみ焦点をあてていたが、政府は発生一ヵ月後になって、チェルノブイリ（一九八六年四月二六日、旧ソ連）並みの最高レベル七に達したという深刻なコメントをしたのである。原発の事故処理が時間の経過と共に非常に難しくなってくると、天災どころか人災の怖さが心に染みてくる。

天災復興は、全国民をはじめ世界の人々が心を一つにして支援をするには時間的に不可能ではないが、人災事故の原発復興の場合には事情が異なるため、時間的に予想を立てることは困難である。科学万能主義を誇示する科学技術信奉者たちは、前政権の自民党から現政権の民主党に至るまで国民の命を大切にするという政策方針が未熟であるため、天罰による原発事故が起こったという見解が強い。

物欲主義や技術万能主義により、金欲主義に拍車を掛けると欲に目が眩むその裏には、人命軽視があり、高度技術を謳歌する国家になると言える。

なぜならば、沖縄へ日米軍事帝国植民地基地を集中させておきながら、また新たに普天間基地を辺野古へ移設することを強権的に発動して、脇目も振らず推進する計画自体が人命軽視となるからである。原発事故も沖縄県と同様に人災による天罰となっている。

過去の広島と長崎への原爆投下（一九四五年八月）により多くの人命が失われて六六年以上経っても依然として放射能で苦しめられている被爆者たちのことを考える場合、原爆被害の反省から原発施設を建造しない再稼働しないということを政治的目標とする方針にするべきではないだろうか。過去の歴史的悲惨な事実を徹底的に反省せず、再び誤ちを繰り返すことが、日本の政治家やそれに同調する人間たちである。原爆製造の線上には、原発建造への道が予想できるからである。

国民に真実を報道した場合、政治権力者側に不都合が生じるようなことが起こることを意識すると、隠し事をすることが政治家たちにあるが、今回の原発事故から発生する危険な状況は、すべて詳細にわたって事実を隠さず報道することを国民は真剣に望んでいるのだ。

沖縄県民は、日米軍事帝国植民地主義者たちの「密約主義」による軍事帝国植民地政策で重い十字架を背負ってきている歴史的現実にあるので、今回の原発事故に纏わる情報を、政治権力者と企業（東京電力）が一致協力して国民に不安を与えない真実な情報を提供することが必要である。そして政府は、憲法が保障する権利のために国民の生活を第一に考える政治的政策を目標としなければならない。

東日本大震災では大津波が押し寄せて根刮ぎ流されていく場面を見て「この世の世紀末」を暗示しているのではないか、という恐怖感を持たざるを得なかったのである。この悲惨な天災による被害者に対して、全国民をはじめ全世界の人たちが「痛み」を感じていて、どういう支援が必要なのか、自国の問題のように続続と支援の輪が広がってきていた。

その中で、特に印象的であったのは、中国での「日本語弁論大会」で、開催の前には、全員で一分間の黙禱をささげ、テーマも「東北大震災の日本」についての弁論である。

国家間の主義主張が異なっていても、被災者たちを激励するために、共通の認識をもつことのできる自然災害には、対立感情を乗り越えて「人の痛み」を真剣にとらえることのできる人たちが多いということを知らされたのである。その他にも中国のネット上の書き込みの記事には、日本国民への好感度を示す目を見張る絶賛のことばが寄せられている。同盟国には、中国人のような行動はみられない。

中国にもこのような大被害が発生した場合、日本国民はこうした催しを持つことができるのか疑問である。主義主張が異なっているから相容れないのは当然であろう。その理由として考えられるのは、中国に対する嫌悪感を持っている日本人には前向きに考えないところがあるからである。また反中国派の政治家たちは、好ましくないとしてその行動には冷淡さを示すに違いないし、更に右翼暴力主義思想をもった人間から「売国奴」と罵られ、危険な極限状況に追い込んでしまうことが予想される。

東日本大震災から、学ぶものがあるとすれば、国内軍事帝国植民地主義の政治家たちが、沖縄県民を日本国民として同等に尊重して、この「痛み」を天災と同じく人災による軍事帝国植民地政策による人間軽視の軍事支配で苦悩している沖縄県民への差別劣等主義の偏見を改めることだ。沖縄県民にも暖かい目を注ぎ、天災と同じく「人の痛み」を感じとることのできるよい機会になれば、と思っている。そんな虫がいい話ではないのだが……。

異民族国家の米軍事帝国植民地主義の政治家は「誠心誠意」をもって沖縄の実情を正しく提供し、被抑圧の中に苦悩している県民を「日本国民」として認識して、脅かされない平和な沖縄にしていくことを東日本大震災による被害から学ばなければならない。県民の心の痛みを今こそ感じとる絶好のチャンスとなっている。

自然災害の多い日本国土の安全のためには、宇宙開発や原発に莫大な税金を投資したり、軍事増強のために使う税金よりも安心して平和な生活環境づくりに税金投入すべき時代状況になってきている。

国民の貴重な税金を国民の納得のいかない使途不明金にする阿漕な我利我利亡者の政治家たちは、政治の世界では最も危険な人物であるから、潔く政界から身を引くことに尽きる。

沖縄県民の究極の目的は、日米軍事帝国植民地基地を完全に撤去することと、県民の強力な意思表示の「民意」を尊重して、真実味のある信頼された民主主義に基づく平和国家を目標とした政治体制を行動原理とする点である。

今回の東日本大震災による天災と福島原発事故による人災から得た教訓を、未来に向けて語りつげるような民主主義国家を目指すべきである。


（2011年4月28日）

原発廃止は夢ではない　――信念があれば人間は強い動物です――

日本全土に五四基の原発が存在するということは、国民が危険な地域に住み、原発から非常に近い距離に住宅が広がっているということであり、事故が発生すると今回のような取り返しのつかない環境の中に押し込められてしまう。原発被災地域の住民の意向調査によると、半数以上の住民が帰還しないという結果から理解できる。

今回の原発事故で、国内のみではなく全世界の人たちに恐怖感を与えている。

日本の原発技術者や政治権力者たちが、チェルノブイリ原発事故（旧ソ連、一九八六年四月二六日）と米国のスリーマイル原発事故（一九七九年三月二八日）を教訓にしていたならば、防げた事故かも知れず、日本の技術力には起こり得ないという錯覚におちいっていたのであろうか。そうでなければ、過去の二つの事故を検証する研究機関を組織し、惜しみなく研究費を計上して事故現場の調査をさせることはできたのである。そういうことがないため、福島原発事故後の処理が暗中模索の状況の中で行われ、早く安全な状態に戻すことができない。「想定外」という言葉は国民に安心感を与えることはできない。原発事故には、その用語は通用しないのである。

其の実、悲惨な事故を契機に一度立ち止まって、近隣諸国を敵視政策してきた日本の政治権力者たちは、軍事増強に軍事費をかけてきた外交政策を見直しする絶好の機会にすべきである。

日本全土に原発を置かれている状態で、近隣諸国が敵対行為でミサイル攻撃をしたり、特に北朝鮮の核兵器で攻撃を仕掛けてくることは考えにくい、と言えないか。原発集中地域に攻撃をすると、日本のみだけではなく、全世界に被害を与えることは今回の原発事故が証明しているからである。

天災による被害（地震、台風、水害、津波など）が世界一多い日本を、近隣諸国が核武装で侵略行為することは、今回のような東日本大震災や福島原発事故による日本国民の悲しみを攻撃目標にすることであり人道的に許されることではない。

近隣諸国が、国是として「わが国の思想は純潔である」と明言しているのであるから、日本国民の中にこのことを否定する人がいるとは考えたくないが、国民の安全で安心のできる平和国家を建設するという目標に向かって邁進すれば、近隣諸国と不和が生じない外交政策を見直すことができ、不測の事態が生じることはない、と思われる。

人間と自然の共生という合言葉を信じて原発を建設し、重大事故が発生した場合に「自然との共生」ができるのであろうか。人災により自然を破壊するような建造物が生活環境の中にあると、「共生」どころか自然破壊になるのは当然である。

人間は、勝手気ままに人類の歴史の中で生きてきているが、前世紀の戦争の繰り返しの時代から今世紀に至って自然破壊になることが次から次へと発生した。その結果として、地球温暖化ということになったが、これで「人間と自然の共生」になっていると言えるのか、疑問と言うべきである。人間の欲望には際限がないため、自然を顧みない人間も多いが、福島原発事故を政治的中心課題として見直しをすることができれば、自然破壊の悪化も防止することができる。

戦後の日本は、先端技術を追い続けて世界の一等国民になろうとする優越感が続いてきている。宇宙への開発をはじめ米国に続く世界優秀国民への憧れが、福島原発事故の悲劇になったのである。原発開発を誇る技術文明の国家という政策の付けが回って今回の福島原発事故になり、自然破壊と生活環境破壊となったことを反省すべきである。

日本は他国と比較して自然エネルギーを開発しようと思えば、最も環境に恵まれた風土になっている、と言われる。例えば、原発撤廃への近道には各自治体で自然エネルギーとなる太陽光発電、山の麓では風力発電、海上の海上風光発電等を設置して電力供給をすることにより、原発による需要も序次減少していくことになって、一〇年、二〇年後には原発に依存しない環境になるであろう。

福島原発事故による諸外国の動きとして逸早くその反応があったのは、ドイツとイタリアである。ドイツ国民は、不安と恐怖感が募り、原発廃止論を唱え、国民運動により廃止への意志を固めたことは非常に感動的である。

また、イタリアでは「国民投票」により原発に「サヨナラ」を言わなければならない、という国民的反対運動が盛り上がって、最初の「国民投票」になったことは全世界の人たちの目を覚まさせることなるであろう。

日本国民は、原発に対してどのように考えているか。国民的大規模の反対運動を起こし、原発見直しを考えさせることであるが、そうではないようだ。

ノーベル平和受賞の大江健三郎さんが、国民に呼び掛けたところ約五万人規模の原発反対抗議集会となったことに対して、政治権力者たちは、九牛の一毛としか理解していない。原発撤廃運動を連続的大規模に展開しても、魂の抜け殻の政治権力者の世界の人たちは、国民に目を向けることはないし、国民の真剣な抗議行動には一欠片の気持ちもない。例えば、原発事故の町を「死の町」といい、現場視察の感想を問われると「放射能を移してやる」と暴言を吐いて辞任した経済産業大臣や、岩手県の知事には面と向かって「知恵を出さない奴は助けない」と言って、罵声を浴びせて辞任させられる大臣の言動は、国民の天敵と言うに相応しい。

福島原発事故についての対策は未だ完全に講じられていないし、その後の放射能物質の危険性の原因解明もなされていない。避難している住民のみが解決の真っ最中にいるにもかかわらず、政治権力者たちの中には放言を撒き散らす者もいて、そしてその行為の裏には、原発再稼働を暗示していることを意味しているし、暗闇の鉄砲の中で模索しているのであろう。

閣議決定したことを即座に稼働予定の自治体へ赴いて説得しようとする態度は、まさに暗黒政治そのものだ。このような危険極まりない原発稼働は、イタリアがとったように日本も同様に全国民の投票によって決定すべきである。なぜならば、事故が発生すれば、その事故地域だけではなく、全国をはじめ全世界に広がり、海に流された汚染物質は、地球の自転に合わせて全世界に悪影響を与えるからである。

人間の生活の便利さと豊かな生活を求めるためには、原発の稼働が必要だという人間の無限の欲望を優先すべきではない。「安全神話」が崩壊するまで人間は幸福感で満足しているが、福島原発事故による後遺症の問題は、これから先どんな症状を呈するのか、科学者さえ理解し得ていないことを思うとき、原発の再稼働に反対して飽食暖衣の生活環境から一歩抜け出す安全で平和な暮らしに転換していく生活様式のあり方を考えなければならないであろう。

南米のウルグアイの政治指導者ホセ・ムヒカが「信念があれば、人間は強い動物です」と言ったが、真実を語った価値のあることばとして耳に留める必要がある。

福島原発事故と東日本大震災の教訓から沖縄県民として他人の疝気《せんき》を頭痛に病むように考えて関心がないと、原発誘致と建設が話題になることになり、日米軍事帝国植民地基地からの被害と併せて、ますます沖縄の現実は惨たんたるものになることを認識しなければならない。

一例を挙げると、二〇一六年六月八日付の新聞報道によると、英国人の著名なジャーナリストが、米軍による環境汚染について二〇一〇年以降に発生した軍事訓練や事故による有毒物質が大量に沖縄の土壌や海に流出されている、と報告している。ジャーナリストの結論として「沖縄は世界でも最悪なレベルで危険な状態だ」と指摘しているので、強権を発動して、辺野古へ日米軍事帝国植民地基地が建設されると、辺野古の地形から判断して陸上、海上、空間の全域にわたって軍事訓練に最も適しているため、今後の沖縄が最悪な危険に身を晒された生活をする可能性が十分予想できる。

安全確実で、平和憲法に守られた沖縄県にするには、県民の心構えとして、常日頃から日米軍事帝国植民地主義者たちの政治的動向に関心を持ち、美ら島、美ら海の標語に誇れるウチナー県民という意識を高めることである。

「世界でも最悪なレベルの危険」から逃れて「世界でも最良のレベルアップの安全」な沖縄県にするには、梅根性の日米軍事帝国植民地主義者たちから解放されて「独立小国家」の樹立に向けて闘っていくことに沖縄県の真の姿がある。


（２０１１年５月３日）

福島原発事故の県民と沖縄県民を差別してはならない
——差別による憎悪は毒であることを知れ——

地震／津波の天災と原発事故の人災について、日本の科学者や科学文明評論家などの予測と知識は貧弱である。このような災難が発生したとき、いろいろな分野の物知り博士たちが解説するが、その結果については納得できないことにうんざりする。

国民の重要な関心事は、発生前にどのような被害が生ずるのか、それによってどんな損害を与えるのか、そのようなことを知りたいというのが、今回の天災と人災による予想外の事故の状況となっているようである。科学技術の進歩が、世界の最高水準に達していても福島原発事故の早急な解決方法についてては万全の対策をたてることができなかったことが、今回の事故と言える。

被災地から約二四万六〇〇〇人の住民が、集団避難していることを考えるとき、原発事故は、国際的犯罪というべきではないのか。

原発を誘致し、建設を実行する自治体の首長たちは、その構造的知識がどれほどあるのか疑問であるが、いざ重大な事故になった場合、どういう気持ちでこの地元の人たちに対応するのだろうか。

原発推進派は、金銭的恩恵があるため、誘致に賛同の意志を表すようであるが、この現実問題について考えさせるのは、南米ウルグアイの類稀な政治指導者のホセ・ムヒカが言った言葉だ。「少ししか物を持っていない人ではなく、無限の欲があり、いくらあっても満足しない人」のことを貧乏人と言っていることを思い出す。

問題にしたいのは、佐賀県知事と九州電力関係者との間で取り交わされた「やらせメール」で原発稼働を推進しようとしていることである。また、原発事故の収束の目処が立っていないのに推進派の知事を当選させることについては、無限の欲望を求めて満足できない県民の意識にも問題があるようである。

福島原発事故から三ヵ月経っているが、いまだに事故の解決策を暗中模索している状況が続いている。この間において次から次へと新しい事実の難問題が発生していることを思うと、原発の恐ろしさが喩えようもない不安に脅かされていることが理解できる。

官僚政治権力者たちは、新しく設置した国家戦略室がまとめた重要戦略の一つとして「世界最高水準の原子力安全を目指す」ことを掲げて原子力発電を推進することを二〇一一年六月四日の日付けで表明しているが、国民の不安を解消する道筋は立っていない。

福島県民が長期的に避難をしていると、動植物などにも放射能が付着しているため、出荷停止となってしまう。こうした状況にありながら官僚政治権力者に同調する「原発推進」を掲げる推進派の人たちの態度には全く理解できないのである。

福島原発事故の人災が発生しなければ、安心した生活もあるが、事故発生すればその影響として国民の日常生活にいろいろな形で負担が掛かることを自覚しなければならない。例えば、消費税の値上げの検討と原発損害賠償財源のための電気料金の値上げは、国民の承諾もやむをえない雰囲気となり、これが原発事故の大きな応報措置になる可能性がある。だから、原発廃絶に向けての行動が絶対に必要である。信念があれば、不可能なことを可能にすることができる。原発廃絶の闘争には、諦める気持ちは絶対に禁物である。

物理的な事故だけではなく、精神的なひどい仕打ちにも注目しなければならない。

福島県民が原発事故の影響により全国各地へ避難しているが、原発所在地から来たということで、子供たちが「放射汚染」を浴びている虞れがあるので、差別をされたり、また避難してきた家族の中にはホテルに避難手続きをしようとしたところ投宿を断られたというニュースも流されている。

こうした現象は、国民の中に先祖代々から隔世遺伝として受け継がれた差別的万能細胞の感情が、美しい日本の風土に永遠と流れているのであろう。

また、喜ばしいニュースもあり、東日本大震災へ寄せられた全世界の人たちからのメッセージを読むと「日本の力を信じている」「日本は必ずのり越える。ひとりではない。みんなが力を与える」「日本の強さは団結力である」と、毎日のように新聞やラジオ、テレビ等での報道を聞くと、そこには差別主義の気持ちは全く感じられない。差別主義の隔世遺伝を持った日本国民は反省すべきである。

農作物や牛乳などが出荷制限となり、食物が放射能によって危険に晒されていると報道されると、それに関連させて生身の人間にも危険性があるという錯覚になり、人間をはじめあらゆる産物にわたって差別主義の感覚をもった人間がいるようである。

こうした差別主義の感情をもった根底には、「風評」には影響を受けないようにと言っている日本の官僚政治権力者たちこそ、差別徹底主張主義者であるので、国民の中にもこのような現象が起こるのだ、と言える。

この現実には、沖縄県民へ差別意識をもった官僚政治権力者たちの態度が顕著な効果として現れていることを思うとき、納得のいく現実問題となっているのだ。

沖縄県民が、国内軍事帝国植民地政策による差別徹底主張主義に基づいた政治的過酷の支配から難をのがれるには「独立小国家」への目標に現実的に情熱を燃やすことである。

（2011年6月23日）

日米軍事帝国植民地支配の沖縄と福島原発

――科学技術文明を信ずると天罰がくだる――

福島原発事故の処理ができず、発生から二ヵ月以上も経過しているのに、次から次へと新しい難問題が発生し、放射能の漏れを阻止できない状況になっている。

東日本大震災の被害と避難民の未解決の問題もあり、避難先で自殺した女性の遺書の「お墓に避難します、毎日原発のことばかりで生きたここちしません。」ということばが身に沁みてくる。

事故の損害賠償額と振興費用額に二〇兆円という莫大な金額が必要になるという計算をしている。事故発生の前から借金大国といわれているが、更に不意打ちを食わされるように、天災と人災の被害が全国に広がりつつある。

今に始まった事ではないが、国内軍事帝国植民地国家は危機的状況にあるため、親分の米国への「思いやり予算」を止めると同時に南西諸島への自衛隊配備増強の政策も止めて、阿鼻叫喚の巷と化した被災地の救済に充てると国民から感銘を受けるであろう。これらの資金はどういう工面が必要なのか。「思いやり予算」について、国会審議で時間をかけて国民の理解が得られるまでに検討したのか明確ではないが、増額されたという報道である。二〇一六年から五年間の総額で九四六五億円と可決されている。多額な軍事費に使われる「思いやり予算」を国民の要望事項や被災地の住民の支援に充てるために、辺野古新基地建設費とされている三五〇〇億円と「おもいやり予算」の合計額一兆二九六五億円を援助費として使うならば、国民の声明と財産を守ることができ「国民と沖縄県に寄り添う」ということばが真実味を帯びることになる。

日本は、世紀末に向かっている状況に直面しているのに「思いやり予算」の増額を要求するその神経が分からないのだ。

日本と米国は、親子関係の問題とよく似た面を持っているようだ。親の懐を搾れば搾るほど油が出てくるという子の親に対する感覚が、親分の米軍事帝国植民地国家の発想となっている。

もう一つ付加したいのは、多額の軍事費と辺野古新基地建設費を思い切ってカットして、現在国民の切実な要望事項としている「保育園の増設」と「保育士の給与増額」を検討することである。未来の社会を担う子供たちの親に明るい夢と希望をもたせて働きやすい社会環境を整えていくには「思いやり予算」を減額すると同時に、新基地建設費を完全排除することが望ましい。国民をはじめ沖縄県民は心から望んでいる現実の問題がある。

二〇一六年三月二〇日の報道による待機児童の記事の「保育園落ちた日本死ね」への同情も全国的な大反響の支持を得ている。安倍晋三首相が「匿名なので本当かどうか」と国会で答弁をしたことに対して、国会前で抗議した国民の声は「これは私だ」と表明されたことにどう解釈するのか。国民への「目配りをきかせる」とは一体ぜんたい何を意味するのか。

民主党政権時代の、腑に落ちない政治的感覚として国会討論の中の出来事がある。原発収束の目途は全くない前途の暗いニュースである。福島県民が、先行きの読めない不安を抱えている最中に、菅直人首相の「不信任案決議」に没頭して窮地に追い込む国会討論には、国民的感情として、想像もしたくない国会論争である。

国会議員は、高い歳費を支給されているが、その見返りに国民に何をしようとするのか。歳費に見合った政治活動をすべきであるが、しかし国民に寄り添って苦難の境地を理解している国会議員は、果して何人いるのか。富裕の生活と地位、名誉に齧り付き更に「政治とカネ」に執着心を燃やすことに資本主義体制の醜い政治的本質が潜んでいるのだ。

原発事故から四ヵ月も経過すれば、事故収束の目途が付く筈であるがその間の被災地の生活はどうするのか、という国会の活動も切迫してきた真剣さがなく、いたってお粗末である。原発建設を推進するために、雇用をはじめ自治体には交付金を支給して生活を潤し、豊かで安全な原発への有難さに、その地域の住民に満足感を与えると、宣伝する。

原発地域に、交付金を与え、国家の原発政策に同調できるような国民に特別の仕立てをほどこすことに警戒しながら常日頃監視を怠らず、危険な障害物の排除に向けて監視の目を光らせることが必要である。

被曝地の森に住む生き物たちにも、五年間の空白時間の経過で生態系に大きな変化がある。例えば、福島の野生のニホンザルは、チェルノブイリ（旧ソ連）の生き物とは比較できない、と言われている。その影響が分かるのは、二〇年、三〇年後でないと結果が分からない、という報告である。

国家の主要な外交政策は、一九四五年八月に、広島と長崎へ倫理観を欠いた科学がもたらした米軍の野蛮行為によって原爆投下されたが、多くの犠牲者と目に見えない放射能に苦しめられている悲惨な体験や残虐さを世界に先がけて、原爆と原発の廃止を表明すべきである。

被災地の住民だけの抵抗運動ではなく、過去の痛みを知る全国民が力を結集し行動をすることにより、全世界の人々が目を覚まし行動すれば、地球上から完全に抹消させることができる。

天災・人災による災いは、直接的、間接的にも、沖縄県が狙われる可能性がある。例をあげると、被災地のガレキの廃棄物の受け入れを全国の自治体に打診したが、全面的に受け入れる自治体はいない。行き場のない処分集積所を沖縄県の仲井真弘多（前知事）が受け入れてもよいという報道が流れたのである。放射能を浴びたガレキを持ち込む不安が全県民を震撼させたのである。それにもかかわらず、前知事が辺野古軍事帝国植民地基地の承認をしたことが尾を引いて、沖縄県に目を向けて処分集積所を指定しようとする国内軍事帝国植民地主義者たちの醜い姿がちらつくのである。

普天間基地の移設先を全国各地の自治体で平等に受け入れることを要望しても拒否され、またガレキの受け入れも拒否している本土の自治体の報道の様を見ると、どうして沖縄県にばかり悪い問題を押し付けようとするのか。

普天間基地の県外移設に全力を挙げて取り込んだ目覚ましい成果は、本土人《ヤマトンチュ》にも理解が広がってきていることは事実である。

災害等の問題が発生した場合に、外国の首脳陣から今回の事故について言われることは、臨機応変に対応して問題解決をしていく政治的指導力が欠如していることと、問題解決に強力なリーダーシップが欠けている、という見解をしている。

このように指摘されているため、沖縄県民は辺野古軍事帝国植民地基地建設反対の意思表示をしているのに、それでも強固姿勢で「辺野古移設が唯一の解決策」として主張することに固執していることは、まさに政治指導力の欠陥と指導者の失格であり、沖縄県民の怒りが怒涛の勢いで沸き起こっていることを深く認識すべきである。

沖縄県も二〇一六年三月一一日「さようなら原発を一〇〇〇万人アクション―沖縄」をスローガン

に抵抗運動が催された。「全国の仲間と手をつなぎ、基地問題も原発再稼働も許さない闘い」を全国的規模で行動すれば、必ず道が開けるのだ。

また、参加者の声である「原発事故は震災後の復興の阻害」に対して、「原発再稼働」の政策は、沖縄県民の民意を物ともしない「辺野古が唯一の解決の道」という日米軍事帝国植民地主義者たちの野蛮的政治で全国民と共に闘う県民の心の持ち方と関心がなければならない。

日米軍事帝国植民地基地の存在と、新型の軍事要塞基地の建設を実現させてしまうと政治的奴隷の圧力から逃れることができず、将来を見渡す政治的展望から推察して、子や孫の幸福を望むことに不安がある。そこから抜け出る沖縄県の行く道は「独立小国家」への道標に向けて将来の展望を考えることが望まれる、ということである。

（２０１１年６月25日）

東日本大震災及び福島原発事故と沖縄

――沖縄から出動したトモダチ作戦の真相――

米軍事帝国植民地主義者たちの軍隊が、東日本大震災や福島原発事故の「トモダチ作戦」を隠れ蓑にして支援展開しても、それに感謝を表明するのは誰なのか。天災と人災の被害者と政治権力者たちの同調者であろうか。

被災地へ日本国民や世界中の人たちが支援のメッセージを寄せてその「痛み」を感じていることは大変すばらしい。しかし、沖縄のように米軍事帝国植民地主義者たちにより戦後六六年間も人権無視され続けている県民への支援メッセージは、今回の事故に寄せられたようなものは過去から現在までないと言ってよい。

日米軍事帝国植民地支配に苦しめられていることに認識のずれがある。このことは国内軍事帝国植民地主義者たちの沖縄県民に対する差別万能主義の意識で外交問題を処理しているため、親分の米軍事帝国植民地主義者たちへ向かって堂堂と戦う立場に立っていない粗末で宿痾の外交政策が長江の流れのように戦後から続いていることにその原因がある。

東日本大震災の支援活動と福島原発事故の困難な協力体制に参加した「トモダチ作戦」の海兵隊の出動に対して、「感謝」の気持ちを満福の信頼を寄せて表明した北沢俊美防衛大臣は悪魔部隊の海兵隊の存在価値を絶対評価し、国民にアピールする行為には「宣撫工作」手段が露骨に表現されている。

この工作の裏側には、海兵隊の支援活動に「感謝」の気持ちの象徴として、さっそく沖縄県を来訪して辺野古へ新型の軍事要塞の植民地基地建設を強力に押し切っていこうとする態度が北沢俊美防衛大臣の言動にありありと現れている。

沖縄県民が、反対意志を全面的に抵抗運動で表示しているにもかかわらず、悪魔の海兵隊が沖縄県に駐留することがいかに日本国民を守るために重要なことか、ということを今回の「トモダチ作戦」の支援活動で示した。そして、その意義が十分に発揮されたのではないか、という満面の微笑を浮かべたに違いない。沖縄県民は、このことを理解して辺野古新基地建設することが望ましい、という差別的劣等意識をもった態度をみせてはならない。なぜならば、災難支援活動の「トモダチ作戦」の出動拠点は、沖縄県になっているからである。このことを真摯な態度で受け止めようとしない北沢俊美防衛大臣は「北沢俊美。ガタフィ防衛相」に相応しい名前をつけても可笑しくない大臣と言えそうだ。

沖縄県民が「全くその通り」という気持ちになれば、不幸をもたらさないが「トモダチ作戦」という「感謝に堪えないということを受け入れた場合、益益難問題を押し付けられるし、なぜ拒否するのかと、政治権力者たちから侮蔑のまなざしを向けられるのは必然的である。

同盟国という名の下の「トモダチ作戦」の支援活動は、いざ有事(戦争)になった場合を想定すると、今回の沖縄から悪魔部隊の海兵隊が出動したことは、軍事訓練の一環であったことを証明している。

米軍事帝国植民地主義者たちは、日本が同盟国ということで「トモダチ作戦」に参加したが、その根底には自国の国防政策のために、自国の国民を守るためにこの「トモダチ作戦」の外交用語を使用したのである。また「同盟」は軍事上、重要な意義をもった硬い絆で結ばれた軍事手段の用語として使用されているにすぎないので、いざ自国が危機的状況になった場合、その作戦行動は日本との問題ではない。「トモダチ作戦」という「作戦」には、軍事作戦の意味が強いので、天災・人災による支援活動とは異質の意味を含んでいるにすぎない。

悪魔部隊の海兵隊の支援活動の影響で、福島原発事故による「放射線汚染」の物質が、普天間基地に保管されていることを事故発生から五か月後に判明する。「トモダチ作戦」に出動しなければこの汚染ゴミが運ばれることはなかったのだ。そんな恐怖心を煽り立てるようなゴミまで持ち込んでくる支援活動に何の意味があるのか。沖縄を軍事的に廃棄物を掻き集めて処理しようとする有毒物質廃棄処理工場と見立てているようだ。

辺野古へ新型の日米軍事帝国植民地基地が悲運にして建設された場合、新型の要塞基地を効率的に利用することにより日米の軍事訓練が最大限に運用されることになるが、そこから廃棄される有毒物質は陸と海に垂れ流しにされることは言うに及ばない。また、この地域で事件や事故が発生した場合に、辺野古新基地撤去の抗議行動が困難にならないように、大規模な抵抗運動を低下させない戦術を考えなければならない。

今回の天災や人災の事故による国家復興予算を模索し、国民もそれに対する過敏に神経を尖らしているときに、米軍事帝国植民地主義者たちは、現状維持の予算を上回る「思いやり予算」を要求している。この要求額は、「トモダチ作戦」の支援活動に対する見返りからこうなったのであろうか。

こうした深刻な状況であるのに、棚から牡丹餅が落ちてくるような快い心持ちでしがみついて検討要求する態度は、沖縄県民を「ゆすりの名人」と主張する前に、「ゆすりの国家」に成り下がってしまっている、と言うべきである。

今世紀最大級の東日本大震災と福島原発事故の復興に国家予算二〇兆円という莫大な資金を充てようとしている。事故災害から三カ月以上も経っているが、その資金の目途が立っていない。それにもかかわらず、「トモダチ作戦」の直後に「在日米軍再編」に伴なう「在沖海兵隊のグアム移転計画」の負担費用増額について検討することを要望しているのだ。

悪魔部隊の海兵隊が、軍事的共同作戦として「トモダチ作戦」と銘打って、沖縄に駐留することを公認してもらうために、あらゆる軍事的装備を使った今回の救出作戦と基地の存在とは別問題として認識することを改めて注文しなければならない。また、この支援活動で、この感謝の気持ちが国民の心に浸透して、沖縄の軍事帝国植民地基地の存在と辺野古新基地の建設を公然の事実として認めてしまうと沖縄県民には迷惑この上ない、ということを認識することである。

東日本大震災と福島原発事故で、自衛隊の災害救援活動による貢献としての存在価値を高く評価されるようになっている。自衛隊の軍事増強によって近隣諸国を威嚇し、外交上問題を引き起こすような軍事費を計上するよりは、今回のように災害救助のみ自衛隊を組織してその存在価値を高めることにすればよい。

東日本大震災と福島原発事故の莫大な復興資金の拠出に、全国民が注目しながらその成り行きを案じているときに、グァム移転費の増額と「思いやり予算」の要求をすることは、「人の命よりはお金が大切だ」という資本主義体制の醜態を晒している。

この醜い体制を決定的に分析した発言は「資本主義は悪だ、悪は規制できない」と主張している米国の著名な映画監督で、正しく現代資本主義の本質を突いている、と言えるのだ。この監督は、世界的に注目されている人であるので、米国を代弁した率直な資本主義の本質的な意義を追及した発言ということである。映画製作に豊富な実績を持っているからこそ、その主張は真実を語っていることを意味している。

こうした監督の主張から判断すると、日本国民の気持ちを理解しえない拝金主義の独り善がりの人によって支配された資本主義国家体制の実態がみられるのである。

こうした国情の延長線上にあるのに、米国民は国外に約八〇〇の米軍基地が存在していることを知らず、安い費用で基地政策ができると思っている。特に、小さな島沖縄県の存在位置も知らない米国民が多いのも事実であろう。また、国家体制は、国防政策として知らせたくないのだ。もし知っている米国民でもどれだけの基地の数と国外のいずれの国に存在しているのか、それも疑わしいのである。安い費用であるから多くの米軍基地があるので、米国民には自国の税金で維持されると思い込み、そのために軍事費の負担が重く国内の経済状況が悪化している、と思っている。

こうした状況から、小さな島沖縄の米軍事帝国植民地基地の支配の下で起こる事件や事故は、基地が存在する限り永遠に繰り返される。基地の全面撤去と辺野古の新型要塞基地建設反対に全身全霊をかたむけて勝利まで粘り強く諦めない闘争を続けることが平和で明るく暮らしよい島にする沖縄県民の究極の目標である。

（2011年7月5日）

東日本大震災の行方を占う　——地球環境の悪化は政治的危機問題だ——

お金をやるから理解してくれ、お金をあげるから協力してくれ、と言って「理解と協力」を得たい国内軍事帝国植民地主義の官僚政治権力者たちが異口同音に唱える言い方に、沖縄県民は感謝の気持ちが浸透せず、気掛かりになるのである。

本土の自治体の首長が、基地を平等に引き受けたくない理由は、民主主義国家と主張する悪魔部隊の海兵隊による凶悪犯罪に脅かされるからである。基地負担に絡むお金を貰い受けるようになっても、県民の生命や財産を守ることは不可能である、と認識しているからである。

悪魔部隊の海兵隊が駐留すれば、社会環境も極度に悪くなってしまい治安維持から行政上も苦難を強いられるため、絶対反対を貫いた方が宝物より貴重な価値があると本土の自治体首長は判断している、と言える。

しかし、沖縄県民は「お金をちらつかせばそれに眩惑されて飛びつく蛾と同じ」と見抜かれてはいない。悪魔部隊の海兵隊には毎日異常な恐怖心を与えて支配されてきているので、戦後米軍事帝国植民地政策に対する抵抗運動を繰り返してきたが、いまだに解決しえない問題が残されている。東日本大震災と福島原発事故による「がれき」の後始末の処理に、お金で解決されないように極度の緊張感を抱いていなければならない。

沖縄県民の一握りの人間の中には「がれき」の後片付けに一役買いたいという人もおり、本来県民の伝統的な人間性として持っている「肝心《チムグウル》＝肝腎」から引き受けたいと意思表示しているが、全く理解できないのだ。見ぬが花を想像する程度でよいのではないだろうか。なぜならば、基地負担の移設を全国で引き受け入れてほしいという県民の要望には、全く意思表示をしないのに放射能を帯びている恐ろしい「がれき」を、なぜ遠い沖縄にまで持ち込もうとして目を注ぐのか、不可思議である。

東日本大震災と福島原発事故後は、「絆」という合い言葉を全国民が共有するようになっているが、沖縄から米軍事帝国植民地への県外移設の打診は積極的に要望しても寝耳に水といった態度で鼻であしらわれている。「絆」精神は好感のもてる言葉であるが、掛け声だけで実行の伴わない通り一遍の現象となっているのである。

沖縄県の仲井真弘多氏は、受け入れるような姿勢であるようだが、この「がれき」の山を将来どのように処理しようとするのか、県民に青写真を公表し、それによる被害状況を、子供や孫の時代に至るまで絶対安全という証拠を科学的に証明できない限り、この問題の受け入れを承諾すべきでないし、検討すべきでもない。

官僚政治権力者たちは「がれき」のごみを処理しないと、復興に支障をきたすということで、危険な問題が含まれていても、安全であることのみを主張して、真相を公表しないで国民や沖縄県民に押しつけようとする政治姿勢がある。官僚政治権力者たちの言動にまともに面と向かっても勝ち目がないので、始めから無理を承知すべきではない。

日本国内で「がれき」の受け入れに難色を表明している自治体に対する放射能物質の憂慮に関する共同通信の全国アンケートによると、八〇％以上が消極的態度を示している。大震災一年後、放射性物質が拡散するとの懸念を抱いているので、広域処理はなかなか進まない状況である。

大震災による甚大な被害は、日本人の知恵と技術と復興への意欲によって必ず元の環境以上にネオンの輝くにぎやかな街になるのは勿論である。それを証明したのは、阪神大震災（一九九五年一月）で、復興には長い時間がかかると予想されていたが、一六年以上の歳月をかけてやっと完成にこぎ着けたことが証明しているからである。

自然災害とは違って、福島原発事故には未来への不安が尽きない。周辺の海に流出した汚染水は、将来にわたって微粒子が海底に沈殿して魚介類が汚染されたり、大気中から雨が降れば海中へ落ちる。三〇年後も海底に滞まり人体への悪影響も予想できる。自然災害の場合は、全国民の協力で陸上から支援もできて困難な状況を克服できるが、人災の福島原発事故の場合、事情が違うため、人類の滅亡にも結がる可能性もある。環境破壊は予想を立てることは非常に困難であろう。汚染「がれき」の恐怖心は一時的なことではなく未来永劫にわたり不安が付き纏ってくることを覚悟しなければならない。

沖縄県は、日米戦争による地上戦から六七年も経過しているにもかかわらず、その後始末も不十分であり、のみならず更に日米軍事帝国植民地基地からの廃棄物で安息日のない悩ましい日常生活が続いている。それに対し頑強に抵抗し続けると同時に、「がれき」をこの小さな美ら島、美ら海の沖縄に持ち込ませない態勢をとりながら、塵芥の捨て場にさせない強い信念をもって闘うことが宿運になっている。

ほんの一例を挙げると、県民に知らせてはならない軍事機密となっているが、ベトナム戦争でジェノサイド（皆殺し）のために使われたダイオキシンという恐ろしい枯れ葉剤の有毒物質が土壌や海に流されており、また県民には知らせず地下に浅くうめられているため、「世界で最も危険な状態の沖縄である」と報告されている。

沖縄県を世界地図上の地理的条件から理解すると、世界の海の隅隅まで沖縄の海水が流れ結びついた位置にあり、仮に辺野古へ新型の日米軍事帝国植民地基地建設のために、日本全国の各地から陸と海を埋め立てる土砂が運ばれてくると、沖縄だけでなく全世界の国々の環境にまで、徐々に冒されていくことは人間誰しも理解することができる。

沖縄県民に「寄り添う」気持ちがあれば、軍事帝国植民地基地の移設先を県外に持っていくことを県民の八〇％以上が要望しているのであるから全国に呼び掛けるような体制をとることができる。しかしこれが、政治の病気にかかった国内軍事帝国植民地主義の醜い心をもった官僚政治権力者たちの実態である。

日本復帰しても沖縄県民を日本国民の一員として認知しているのかそうではないのか実情は曖昧模糊として測りがたく、政治的態様には、「勘当」された子に対する冷淡さがあるため、全国に呼び掛けることもない。

沖縄へのしわ寄せには「オール沖縄」という健康精神で粘り強く諦めず戦い続けていく拒絶精神で跳ね返す行動力が重要となる。

日米軍事帝国植民地基地から排出される汚染物質の垂れ流しや本土に起こった難問題の解決には、沖縄に目を向けて政治的解決をしようとする奴隷的根性論をもった軍事的企みから解放される唯一の道として、「独立小国家」を模索することも価値のある判断となる。

これまでの論文の中でもしばしば述べてきたのは、「美ら島」「美ら海」の標語を掲げて観光客を呼び寄せて、平和的経済産業にしていくことが本来の沖縄の真の姿であり、進路でもあると主張してきた。その目標達成には、経済発展の悪の阻害となっている風光明媚に恵まれた金網の中の米軍事帝国植民地基地の完全撤去と辺野古の新型の軍事要塞植民地基地建設の断念である。それを断念させないと最も危険な道に向かっていくことを自覚することである。沖縄県民の幸福を求める闘いは、諦めないことに尽きるのだ。

（2012年3月3日）

第四章　いじめは政治的病気の断末魔の叫び

現代的政治状況に抗し民主政治を考える指標とする沖縄

沖縄県民に対する日米軍事帝国植民地主義者たちの間で、民主主義は適用しなくてもよい、と考えているようである。県民の猛烈な大反対にもかかわらず、悪魔機オスプレイを配備するために新型の軍事帝国植民地基地を、名護市辺野古の陸と海に県外からの異質の土石で埋め立てて建設を企んでいる。その反対を押し潰して、「アメとムチ」を最大限に駆使して実現しようとしている。この強力な政治対策は、現代の民主主義社会では原則的に禁止された自力救済を無視して、日米軍事帝国植民地主義の政策を深化させるために目を輝かしている。

沖縄県民の強靭な反対意志を物ともせず「日米合意」を深化させていくため、権力を振り回してまで日米軍事帝国植民地基地建設をしようとするのか。民意を無視した強権政治政策の乱用は、社会的に大きな混乱をいだく恐れがある。なぜならば、沖縄に軍事帝国植民地基地にまつわり付いた国策が絡んでくると、県民同志の間で賛否両論があって、熾烈をきわめた紛争が起こるからである。そういう状況になると「家貧しゅうに良妻を思い、国乱れては良相を思う」中国の前漢時代の史記が全身に漲ってくるのである。

野田佳彦氏が民主党総裁選挙で反対派の候補者と決選投票を獲得して政権交代しているが、民主党のいずれの政権も沖縄問題を重視せず五月二八日（二〇一〇年）の合意決定を踏襲するという日米軍事帝国植民地主義者たちの独裁的政治姿勢を貫くことに専念している。

この現実は、国民的人気番組「水戸黄門」に類似した政治形態である。高利貸しがヤクザと手を組んで立場の弱い庶民を「いじめる」ことに対する国民の同感があるからであろう。沖縄の普天間基地の県内移設反対の意思を無視して徹底的に「いじめ」ながら、親分格（米国）と手を組んで県民の意思を弾圧してでも「日米同意」を実行に移すには、国民の中で一番弱い沖縄を「いじめ対策」を物ともしない、というのが日米軍事帝国植民地政策による支配体制となっているのである。

東日本大震災と福島原発事故の被災者たちが「いじめ」によって苦悩している訴えには、沖縄県民に対する日米軍事帝国植民地政策による「いじめ」の支配に共通点がある。被災地からの転校生が、避難先で嫌がらせによる人権侵害と認定されるケースが発生していて、福島から避難してきたことを理由に「子供を公園で遊ばせないように言われた」とか「保育園の入園を断られた」などの被害報告である。「風評による思いこみや差別をしないように」と呼びかけられても、日本人気質が宿命的にあるので、この「いじめ」の行動は国民的に根絶させることは不可能であろう、と思われる。

普天間基地の県内移設に正当な理由で反対する沖縄県民を「ユスリの名人」と呼びつけて波紋を呼んだ元沖縄駐留の領事館のケビン・メア氏に同調している官僚政治権力者たちが、県民を容赦なく説き伏せようとして、沖縄へ攻め込んできている。

官僚政治権力者たちは、県民の「民意」を反映させることはせず、県内移設に執念を燃やす強固な弾圧政治で、民主主義国家という名の表面的な上滑り的制度である。これはまるで、リビアのカダフィ大佐が自分の政治政策に反対する人たちを「ネズミ」と軽蔑して、国家の最高指導者の立場から国民を容赦なく殺害したように政治的権力で抑えつけようとしている。これは日本版カダフィ内閣と言われても仕方がない内閣に成り下がりつつあることは防衛相の言動をみれば納得できるであろう。

悪魔機オスプレイ配備反対抗議集会に参加した一〇万人以上の県民が、日米軍事帝国植民地主義者たちに怒りの鉄拳を投げ付けた二日後に森本敏防衛相の来県とは呆れ返ってものも言えない。悪徳官僚政治権力者の森本防衛相が、悪魔機の事故について「自動車」と「自転車」を例にあげて県民を納得させようとしたことは、親が子供に向かって説得するような幼稚な発想だ。森本防衛相は閣僚になる以前から沖縄県民を潜在的に「野蛮人」とか「支那人」としての見方をしていたし、また自民党時代には保守的政治家の立場から「御用学者」であることを見抜かれていたが、民主党へ鞍替えした瞬間に県民に対して化けの皮が剥がれて露骨に軽蔑の行動に出た。それが県民集会二日後の知事（仲井真弘多）との面談である。

民主党政権が成立して三年、四人目の防衛大臣が森本防衛相である。三年間で入閣した防衛相は、沖縄に存在する米軍事帝国植民地基地に関して波紋を投げて問題となった。

いずれの官僚政治権力者たちは、軽蔑的いじめの言動をとる政治家たちであるが、野田佳彦首相の発言は、民主党の意見をひとまとめにしている。悪魔機オスプレイについて「オスプレイ配備拒否せず」、「配備は米国の方針」そして最後の発言で「配備事態は米政府の方針で、どうしろ、こうしろという話ではない」と言明しているのだ。日米軍事帝国植民地政策を推し進めようとする政治的正体は、隷属国家となってしまった政治的風土病となっている。

これからの日本の政治の先行きは、暗雲がただよう方向にあるので、沖縄が政治の圧力による苦難の歴史から解放されるためには、世界各地で独立への道を目指そうとしている国々の動きに目を凝らし、関心を持つことに沖縄の未来像が発見できるのである。

（２０１１年９月５日）

四季に富む日本国土と犯罪王国

――自然景観に育まれない人間性の喪失――

二〇一一年度の統計資料による「いじめ」の全国発生件数が報告されている。その年度は一四万四〇〇〇件にも達した小中高校生の異常な発生事件である。

外国では「いじめ」による件数が報道されていないが、日本の場合、先進諸国でずば抜けた発生率になっていて、将来社会を引き継ぐ今の青少年の考え方や生き方が、社会の中心的存在になると大変危険な社会環境となる。

この青少年たちが成年期時代になったとき、国家統制による思想転換として、戦争肯定派の意思表示になりはしないか、また国家体制主義の世代層が増加しないか、という危惧の念を抱くのである。

なぜ、このような「いじめ」の事件が頻繁に発生するのか。幼少のころの発達段階には、恵まれた生活環境にあると思うのが常識的判断である。例えば人間的に成長するには、誕生して一年後の慣習として「お宮参り」をして健康的で思いやりのある人間に育つように念願する。また、家庭をはじめ社会的な行事で祝い事も多く、かつ全国で七三〇のお寺があり、「お寺参り」で子供たちの成長を祝っているが、なぜ青少年たちが「いじめ」という無謀な行動に出るのか、その年齢の成長に従って、いろいろな祝福行事によって健康的に育っていく筈であるのに、こうした凶悪事件が増加するのか、日本の独特な風土的環境から考えると不思議な現実的問題となっている。

四季の移り変わりによる美しい自然の変化に囲まれて人間として純粋に育つ雀百まで踊り忘れず、の願いを込めて大人になっても変わらず、人生観も平和で暴力のない社会を作っていくことに希望を託しているが、その逆の方向に転換して青春を過ごしている児童生徒たちがいる。そういう方向にあるのは、質の悪い大人たちや官僚政治権力者たちの責任は重いのだ。

ある教育指導の専門的行政機関の児童教育委員会が「いじめ」による自殺をした生徒の学校管理責任者（校長）への助言に「素行不良の事故」にしてほしいと言っている。こうした専門家たちが、社会的反省として深刻に受け止めて対策をたてない限り、「いじめ」はなくならない。社会的環境の悪化現象は、政治的行政担当者をはじめ悪徳政治家たちが、国民や沖縄県民に対する「いじめ」の体質を徹底的に身を削る思いで社会環境を浄化しない限りなくならないであろう。

全国的に発生する「いじめ」の現実は、異質的に露骨に敵意を示すものであり、対して政治的剣幕で意地になって意地わるい行動によって意地を通すことに執念を燃やす官僚政治権力者たちの国内軍事帝国植民地政策によって痛め付けているのは、沖縄県民に対する軍事植民地主義の政治的いじめである。

沖縄県民を「いじめ」の根拠にしていることを考える場合、全国的に貧困層と言われるのは、所得が低いというだけでその他の面では差異があるとは思っていないが、「いじめ」の対象には都合よく本土人に意識されているのであろう。例えば、一九〇三年（明治三六年）の大阪の人類館事件以来から現在まで永遠と続いている沖縄県民に対する「未開人種」に「劣等種族」と並列的に取り扱われてきた歴史の真実が、現在の国内軍事帝国植民地主義の官僚政治権力者たちへ潜在的に根深く引き継がれている。

そう言われると沖縄県民の特徴として、現在も本土人には「褐色の皮膚と濃い眉毛」で「全身に体毛があり身長も低く足が短い」と認識されている。これらの特徴の差異は、本土のように四季の変化がなく社会環境から生ずる現象的なものである。

日本人は人種的差別が強いので、日本国憲法十四条で規定されたのであるが、それにしても戦前戦後を通して根底には差別意識が渾然と横たわっているので、それをはねのけるには県民が鉄心石腸の意識をもって跳ね返す努力が重要となる。胆が据わる努力の県民となることである。

沖縄県には独特の言語表現があって、それによる特有の文化的発展によって優れた歴史を築いている。また、本土人と比較して日本語を流暢に話すことができず横板にトリモチということが劣等民族と認識しているようだ。

小中高校の生徒の「いじめ」の現状を考える上で、沖縄県民の特異な特徴に目を向けて日米軍事帝国植民地主義による政治的権力で沖縄県民を「いじめ」る政治的体質を完全に反省し、「民意」を尊重して沖縄に寄り添って政治解決しない限り、日本の社会から「いじめ」の差別意識は消え入ることはない。

悪魔機オスプレイ配備反対に大多数の県民が抗議行動に参加しているにもかかわらず、日米軍事帝国植民地主義者たちの強硬姿勢で配備決行することになり、独裁的軍事政権を帯びたような政治政策が、この美しい島沖縄に「いじめ」として根強くはびこっているのである。

日米軍事帝国植民地主義の政治政策によって県民の「民意」の意思表示を軽視し、卑語の「いじめ」のことばを口汚くののしる間は、「いじめ防止対策推進法」のような法律があっても、いくら対策方法を練り上げて努力しても、官僚政治権力者から国民や青少年に至るまで、その根は絶えることもない不安定な社会環境が続くであろう。

沖縄県民の熱意のこもった名護市辺野古への日米軍事帝国植民地基地建設反対の「民意」を黙殺し、将来にわたって県民に不安と恐怖の生活環境に悪影響を与える日米軍事帝国植民地基地を完全消滅させることによって、青少年の凶悪事件や「いじめ」の卑語も減少して社会が安定した状態になっていくと思っている。

（2012年11月28日）

権利のための政治闘争による抵抗運動を続ける

日本柔道連盟の監督指導者の暴言と暴力行為の醜態は、日本の超保守的官僚政治権力者たちの政治的資質と瓜二つである。このことは、沖縄県民が米軍事帝国植民地主義者たちの軍事機密政策へ協力的でないことに対する「建白書」提言による抗議行動への暴言と非常に一致した嫌がらせを言う感情である。

「建白書」に基づいて銀座街道で国民にその意義を訴えて行進している抗議団に、罵声を浴びせる本土人は、毎日のように悪魔の海兵隊による事件や事故で甚大な被害を受け恐怖に脅えている生活に我慢できず、軍事基地撤去と縮小を叫んでいる沖縄県民に対し「売国奴」と叫んで抗議しているのだ。沖縄を理解せず無神経な本土人こそ、洗練された野蛮人ではないのか。これも政治的「いじめ」の本質から出る卑語となっている。

ヤマトーンチュのウチナーンチュへの偏見と見識の劣悪さは酷く、戦後生まれの国会議員による沖縄の理解はゼロに等しく、しかも沖縄担当大臣でさえ沖縄を理解しようとする意欲もないことを過去に幾度も指摘されている。だから抗議団に「売国奴」と罵声を浴びせても、マスコミも挙って報道することに消極的となっている。「売国奴」と「土人」や「支那人」の卑語とは同じ精神的構造から発せられた「民意」とは遊離した時代錯誤の贈り物である。

更に異様なことは、沖縄県の位置さえ分からない人間もいるようだ。同じ国民でありながら学校教育のあり方に原因がある。異常な日米軍事帝国植民地基地の沖縄を知らないことは、異常な日本社会の環境になっていることに卑語の政治的、社会的「いじめ」の発生原因にもなっているようだ。日米軍事帝国植民地基地にしている限り、国民が知らなくてもよいし、知らせなくもないのが、官僚政治権力者たちの下心で醜い政治的意図となっている。

沖縄県民が過去から現在まで胸を張って認識させようと渾身の力をこめて努力しても、沖縄への差別意識が根底にあるので、理解しようとする認識がないというのがヤマトーンチュの国民的感情といえる。

安倍政権を支持する官僚政治権力者たちの側からすれば「差別」という意識は考えたくない、というのが実情である。沖縄県民の代表者である四一市町村の首長たちが「差別」されていることを肝に銘じて「建白書」を携えて安倍晋三首相へ提出している。日米軍事帝国植民地主義者たちが、沖縄を軍事植民地支配していることが根底にあるので「差別」の認識はあるが、表面には現さない巧妙な政治政策となっている。「差別」も本質的には「いじめ」と同質の政治感覚である。

幼いころに「いじめ」られる側の人間がどんな苦悩になるのか、また野蛮的行動になると、最後には自殺に追い込まれる可能性がある。加害者と被害者の心理的落差が大きいため、それを解決するには政治的にも教育的にも一刻を争う社会環境を整えることが先決問題となっている。社会的に最も注目される政治家が襟を正して国民から信頼される言動が必要となるのだ。

国民に不安を与える極右主義の政治政策を実行しようとする安倍晋三首相は、過去の日本の侵略戦争の原因を話し合えば解決できることも、侵略的植民地政策が濃厚であったので、些細な事件を切っ掛けに戦争をしてきたことを認識すべきである。過去の侵略的植民地主義の傷を持った政権担当者が現在も潜在的にあるので、国民は今こそ、政治を傍観していられない時代となっている。

日本国憲法の保障している人権尊重が正常に適用されない沖縄県民は法の適用を誤っていると考えているのか、また日本国民の中の最低の国民とみているのか、県民の命と国民としての権利を守ることを想定外に考える永田町の官僚政治権力者たちの自民党が、捲土重来を期して再び政権の座についてしまった。極右主義の安倍政権の政治姿勢に対して、国民や沖縄県民はこれからの日本に計り知れないほど異常事態の恐怖政治が待ち構えていると不安を抱いている。

沖縄県民が米軍事帝国植民地基地の政策による災難に遭遇しても、東京永田町の官僚政治権力者たちは形式的に表面をかざって、遺憾のことばの声明を発表するが、その裏には、日米軍事帝国植民地主義の支配体制が厳然と横たわっているため、真剣になって県民に寄り添う「誠心誠意」のこもった処理をすることができず、県民に不幸をもたらす結果処理が現在も続いているのである。

官僚政治権力者たちは、沖縄県民を原始的死語となっている卑語の「シナ人」に見立てて、国民の中の最低の国民と見下しているのか、米軍事帝国植民地国家へ隷属している間は、悪魔の海兵隊や軍属による重大な事件や事故に強力な抗議をすることができず、県民の期待する行動をしないところに、その原始的死語は消え去ることはないのだ。

そういうことであるから、沖縄県民は一致団結して鉄の固まりの力を振り絞って、徹底的に抵抗していかなければならない。鉄の固まりの団結は、日米軍事帝国植民地主義の支配体制を消滅させることができる。

沖縄県民の抵抗精神による権利のための政治闘争を継続させることによって、人間として生きていく当然の権利を正常に取り戻すことができるので、卑語となる原始的死語や政治権力からの「いじめ」をはね除ける抵抗運動の継続に沖縄の運命がかかっていることを忘れてはならないのである。沖縄が、熱鉄を飲む思いをすることのないように、将来の沖縄の正しい針路に沿って誤ることのない目標を模索していくことに目覚める現実にもなっている。

（2014年3月17日）

自然景観に育まれない人間性喪失の日本人

――沖縄の希望の光は人間変革の論理で拓く――

一

美しい四季の変化に富んだ日本の風土に育っている人間は、人間性に溢れた豊かな感受性を持ち、人間を大切にする社会環境であるべきだが、官僚政治権力者たちや国民の九牛の一毛の中には、これとは反対の現実がみられるのである。「人間の命の尊さ」や「自然環境」への認識が薄い政治家も多い現実でもある。かつて環境大臣である官僚政治権力者が、名護市辺野古の海を視察した結果、その感想として「何もない、これが豊かな海か」と言う暴言を吐いたが、唖然とするばかりで批判することばがない。美しい自然に恵まれ、海からの自然豊かな贈物を沖縄県民に与え続けている辺野古へ日米軍事帝国植民地基地建設を実現するのが目標で、その自然への認識が欠如した官僚政治権力者の政治姿勢である。これこそ「自然への冒瀆」と批判され、政治的精神の欠如と冷淡さであると口ぎたなく罵られるのである。

極悪非道な犯罪が一般的な国民より頻繁に起こることは、人間的に尊敬される政治家が極めてすないことにも原因がある。

自然の美しい環境に育ち、絶景で世界遺産に登録されている素晴らしい環境に取り囲まれている日本国民であるはずなのに、あらゆる社会生活の全般にわたって米軍事帝国植民地主義国家に依存した生活環境に影響された結果なのか、官僚政治家や国民が四季の変化の美しさに精神が浄化されず、そのために人間の自由平等の精神が失われているのであろうか。その結果として、官僚政治権力者たちの沖縄県民に対する、人間の尊厳には一片の誠意も見られず、政治的欠如の風土病が育てられたのであろうか。

二

医学会で高い目標をかかげて医療に取り組む医師や医療関係者の持つ「命だけは平等だ」という信

念は、人間の命の尊さを教えてくれ、弱者である患者たちにとっては最高の神のような存在である、と考えている。だが、政治の世界では「命だけは不平等だ」と考えて政界を揺るがす官僚政治権力者たちが跡を絶たない状況となっている。

沖縄県民は、日本国民として重視していないために、日米軍事帝国植民地基地を県内に押し付けられ、更に日米軍事同盟の深化により「命こそ宝」という掛け替えの無い県民の心を切り離され、「安保と地位協定」の存在として不平等の取り扱い方をされている。憲法に規定されている九九条の精神を力強く厳守しているのは医師だけで、官僚政治権力者たちはその反対の立場で認識されているようだ。前政権の自民党は、日米軍事同盟を重視した政策で無謀な差別主義を政治に反映させていたので、憲法の条文を遵守する精神が欠如していたのである。この不平等な政治形態を引き継ごうとしている現政権の民主党も同じ政治の方針を踏襲しようとしているようだ。

憲法の条文に心血を注いで遵守する精神があれば、沖縄県民の「命こそ宝」が尊重されるが、その反対の行動で例えば、憲法記念日の対立集会があるたびに、その皺寄せとして沖縄に悪影響を与えることになるのだ。

憲法一四条の規定を忠実に守っている医学会の精神を、官僚政治権力者たちも同様に学び、国民や県民の側に寄り添った政治的信念を持たなければならない。だが、日米軍事帝国植民地主義者たちは、表面上「命を守る」と断言しつつも、隷属国家であるため、対等にものが言えないし、また軍事同盟で強化されているため、条約廃棄しない限り、「命を守る、命だけは平等だ」ということは実現不可能である。

すべての政治家たちに期待するのは、「すべては民意を尊重する」という政治信念であり、それが政治家としての理想的な姿勢である。沖縄県民の「民意」となっている普天間基地の県内移設反対の抵抗運動で表明した四月二五日と五月一六日（二〇一〇年）の全県民規模の大会は、県民の「民意の意思」を凝縮しているので、これを無視して強権を発動して、新型の巨大な日米軍事帝国植民地基地の建設は、国内の「軍事帝国侵略植民地」の新しい政治的、軍事的形態に邁進していることを意味している。沖縄県民は、このことを深く真剣に受け止めて、日米軍事帝国植民地政策の支配体制による事件、事故について、常日頃注意深く精神を集中し観察力に身を以て当たり抵抗精神を体得することが重要となる。

三

ソ連時代のスターリンやドイツのヒトラーのように、二〇世紀の二大暴君に肩を並べられることのできる政界の黒幕たちをあげるとすれば、誰であろうか。言うまでもなく、沖縄県民から判断して前政権と現政権と言える。この二つの政権は、県民に苦難の道を踏ませる二一世紀における暴君内閣と言えるであろう。なぜ、沖縄県民はそういう判断をするのか。

官僚政治権力者たちは、県民に対し「差別」の意識を抱いている。自民党政権時代の麻生太郎内閣が差別的発言をしたり、また東京都知事の石原慎太郎の差別発言の繰り返しには「差別は享楽である」という態度となっている。また、阪神大震災の背後には、酷い仕打ちによる差別意識があったことを新聞雑誌で報道されていることでも分かるのである。

沖縄県民に対する意識はどうなっているのか。県民に対する差別感覚は、最高の極度に達した享楽主義を抱いているようだ。県民は「イチャリバチョーデ」（会えば差別はなく皆兄弟だ）という民族的感覚の意識があるので、差別主義の発言には非常に敏感に反応する独特の性格を持っている。この敏感な反応は、過去の薩摩藩の植民地支配から現代に至る歴史的差別主義政策によるもので、歴史的教訓として引き継いできている県民の差別的抵抗運動によって、肌で感じている歴史的苦痛からの叫びである。この現実は、戦後も日米軍事帝国植民地主義者たちの沖縄への政治的、軍事的圧力に対し、復帰前後を通じて大規模な抵抗運動が繰り返されてきたのである。これは、差別主義に対する怒り心頭に発した歴史的抵抗運動のうねりであることを、日米軍事帝国植民地主義者たちは肝に銘じることである。この認識のない国家は、歴史が証明しているように、「必ず遂には滅びる」ことを政治的にも軍事的にも自覚することである。

四

鳩山政権は「命を守る」という旗印を目標に政権発足し、県民は希望の星の輝く未来の明るさが来ると期待したが、県民に寄り添うこともなく米軍事帝国植民地国家の軍人、軍属の家族の生命を守るものとなり、これを支援するような政治的行動となってしまったようだ。このような状況は、前政権の自民党と同じ狢から出た種族政党となっている。なぜこういうことが断言できるのかと言うと、金網の中の軍事植民地基地に住む家族部隊には、「命の安全」が保障されているが、県民は脅えた生活環境の中で命の保障は極度に軽視されているのである。もし有事（戦争）となった場合には、その家族部隊は安全な場所に避難することになっており、一週間以内に本国へ帰国する避難態勢の訓練も定期的に行われている、と言われる。

それに対して沖縄県民はどうすればよいのか。結論として日米軍事帝国植民地基地を完全撤去する以外には県民の命を保障することは不可能である。

戦前の軍国主義国家から戦後は民主主義を導入したが、現在の政治的状況には国民生活に民主主義らしい制度が根付いていてない。特に、沖縄に対する日米軍事帝国植民地主義による政治的、軍事的支配状況をみれば一目瞭然であり、その制度は沖縄県とは全く無縁となっている。民主主義国家から遠く掛け離れた主義をみるならば、今の社会的状況の方向性として、資本主義の発達による好戦的軍事国家主義、国内軍事帝国植民地主義、密約国家主義、右翼的自由民主主義そして差別至上主義と言ったどちらにも当て嵌まる政治の方向がみられるようだ。

沖縄からみた民主主義制度の場合、沖縄の歴史を振り返って歴史の検証をすると明確に理解できるのである。即ち、戦後二七年間米軍事帝国植民地支配下に苦しめられ、日本から見捨てられた「みなしご」となり、国籍不明のまま親元の日本からノータッチに置かれ、昔流に言えば「勘当」された状況から解放されて復帰はしたものの、親元は迷惑そうな冷淡な態度で、現在まで続いているのである。親元は、嫌なものはすべて子供（沖縄）へ押し付ける愛情のない冷淡さで、典型的な日米軍事帝国植民地基地の問題となっている。民主主義の光も影も形も無いのが沖縄の現実となっているのだ。

五

安保条約や地位協定を最重要政策によって、がんじがらめに縛り付けている民主党政権は、沖縄県民が怒りの拳の抵抗運動を展開しているにもかかわらず、沖縄に来て「沖縄に負担をお願いしなければならず、すべて県外というのは現実的に厳しい」と述べて、県民を騙すに手無しの手段で嘘つく政権であり、直ぐに下野するであろう。

沖縄県民は、戦後一貫して民主主義を尊重し、基本的人権で「命を守る」ことに集中してきた。過去の悲惨な地上戦で尊い命を失なった県民の飽くなき生命の尊さを追求し、日米軍事帝国植民地軍隊と基地の撤去のために抵抗運動してきている。

昔の封建社会にもあったように、人身売買して親（日本）が子供（沖縄）を餌にして生活したり、子供を飲食店で働かせて借金の保証人にして生計をたてる親の仕種が、前政権と同様に現政権の民主党の政治的体質になっているようだ。このような政治的体質は、沖縄県が米軍事帝国植民地主義者たちの餌にされて、それをよいことに現政権の官僚政治権力者たちは胡坐をかいて大儲けをして、平気な顔で外交問題を処理している。このような状況は「嘘つきでおまんまが食える民主主義」と唱えている民主党の内閣組織である。高度な資本主義の発達でお金持ちになった日本であるが、政治の世界では後進国並みで、沖縄県民には気を配ることに躊躇する貧しい国家の姿勢となっている。前述したように結論として言いたいのは、日本国土全体が四季の変化による自然環境の美しさからの影響で純真で心ばえのよい心豊かな人間性にあふれたそれぞれの国民に育ち、大人になっても「雀百まで踊り忘れず」といった心のこもった人間になるべきだが、その中でも政治家たちは最も重要であるにもかかわらず、その心は薄弱で国民や沖縄県民を苦しめる。国民の反対にもかかわらず、国民を取り締まる新法案を成立することは、日本の美しい自然に育まれていないということなのだ。美しい自然環境で育つ人間は、感性もよく人間愛に満ちた美しい性格の人間になるので、それを政治にも反映させると安全で確実な平和国家になる。

（2014年4月28日）

人間の復権と解放をめざして揺るぎない抵抗精神で闘う

官僚政治権力者たちによる政治的「いじめ」の論文は、過去の出来事として論究することはないと思っていたが、民主党政権の誕生から崩壊に至るまでの経過を辿ると、毎年のように新聞紙上で報道されるのは、青少年による残酷な「いじめ」が頻繁に発生していることだ。

神奈川県のある小学校で、福島の原発事故の地域から転校してきた生徒に対して「福島へ帰れ、お前は馬鹿だ」……等の報道には、全国民に波紋と驚きの衝撃を与えている。

福島原発事故は、福島県民が惹き起こしたかのように意識しているのか分からないが、その原因を明らかにすれば、東京電力会社の独占企業が自然災害の予備的科学知識がなかったがために、この大惨事となった。

何の罪もない人間に悪質な悪戯の「いじめ」を繰り返している児童の無様な行動は、喩えをあげて説明すると、沖縄県民の名護市辺野古への日米軍事植民地基地建設反対の「民意」を物ともしない政治的弾圧主義の「いじめ」の政策と非常に酷似している。

この悪辣なやり口の汚い行動の性格は、いかなる事情による教育方針がされてきたのか。問題が起こると、教育関係者たちは、この事の真相を調べることに検討するが、時の経過にしたがって自然に消滅する現実が過去から続いていてその対策には効果が現れていない。社会を揺るがす「恐るべき子供たち」にならない教育環境を整える必要に迫られている。

沖縄県民に対する政治的強権主義の政策による県民の「民意」を重視せず、また「建白書」の取り扱いに対して冷淡な調子で物を言うのは、県民に嫌がらせをする純然たる政治圧力の「いじめ」である。

学校現場に限らず社会的環境においても、吹き出してくる悪の芽を永遠にもぎ取って正常な平和的民主主義教育をすることに重点目標を置いて教育することに尽きる。

官僚政治権力者たちによる、沖縄県民の「民意」や「建白書」に対する余りにも冷淡すぎた政治的圧力主義の支配意識は、幼いころに「いじめ」がどんな精神的障害を及ぼすのか、身に沁みて受け止めていない。純真な少年期にその問題となる悪の芽が出ているのだ。幼児教育が正常でないと「恐るべき子供たち」に育っていくことになることを注意深く見守ることである。

二〇一六年一二月二〇日に、最高裁小法廷（鬼丸かおる裁判長）で、判決を下した判決主旨の内容は、執るに足りないと思っているのか、県民には全く納得のいかない異常事態となっている。

世界的に関心が寄せられている日米軍事帝国植民地基地建設にまつわる裁判闘争であるのに、翁長雄志沖縄県知事の法廷の陳述もなく、ただ枕を並べたように高等裁判所の判決を支持しての結論には、腑に落ちない、腑の抜けたような判決となっているのだ。

立法、行政、司法の三権分立の機関は、対等の立場であることが前提となっている制度であるが、今回の判決には憲法の趣旨にも反したような不可解で、独断的司法権力の立場からの胆斗の如し、の判決ではないのか。裁判所も国民から掛け離れて宙に舞う存在の司法機関となった官僚政治権力者たちの側についた判決となってしまった。

この三権分立の機関は、揃いも揃って沖縄県民の「民意」を全く顧みない、物ともしない、鼻であしらう政治判断で、三権分立共共に独裁主義国家にも等しく、法治国家の影を潜める隠れ蓑を冠った、民主主義の名を汚す正体不明の国家体制となってきているようである。

法律家の泰斗として知られる法学者の末弘厳太郎は、法律家や政治に関わる人間は「役人に必要なものは、法律ではなく、良心と常識である」と名言をはいたことに、善く善く耳に留めることによって、健全で明るい社会環境に生きる希望を抱くのである。


（2016年5月15日）

卑称の差別用語を生き返らせてはならない

知識人と言えるのか分からない国民が、沖縄県民を「支那人」とか「土人」と呼んでいることを差別意識による使い方と主張しているが、国内軍事帝国植民地主義の官僚政治権力者たちの中には「差別主義の用語に当たらない」と断言している。「支那人」とは中国に向けて使った厭しい用語となっていて、現在の中国では遥か遠い昔に死語となっている、と認識している。それを今世紀も使う日本人の執念深さは、世界の先進国では珍しい国民性が宿っている。

また「土人」という用語は、国語辞典によると卑称として「原始的な生活をしている土着の人」と定義している。それから「その土地に生まれ住んでいる人」とも定義しているので、世界中の人々にも該当するし、素直に読むならば、「差別用語ではない」と言うことができる。だが、沖縄県民に対しての使い方はそうではないのである。

極右主義の安倍政権傘下の官僚政治権力者たちの間で使っているのは、明らかに「卑称用語」で、見下しているようである。

この卑称な行為のことばと関連している事件をみると、明らかにその正体が理解できる。例えば、二〇一五年度の全国小中高校での「いじめ」の件数は二二万件となっている。その中で小学校が最も多いということは、日本人の心が荒廃しつつあることを証明しているようだ。その「いじめ」で深刻な問題となるのは、小学校へ転校した生徒に向かって「福島から来たことを言わない」と固く口を噤んだままに、中学校へ進学することだ。しかし、そこでも「福島から来た」とも言われいじめを受けるという学校現場の環境に驚きあきれるのである。

生徒だけではなく大人の担任教師も「〇〇キン（菌）」と名前を付けて呼んでからかう状況は、動物園の檻に入れられた動物のような環境となってしまったようだ。中学校では、福島からの転校生に対して「賠償金をもらっているだろう」と言われて同級生に一五〇万円も払わされている。「原発避難いじめ」の正体が報道されることを思うと、その荒廃した学校現場で「いじめ」ている加害者側の生徒は、被害者側の親の心情として「子供はまだ苦しんでいる」と言ったことをどう思うのか。

学校現場だけではなく生活環境の破壊も深刻になっている。福島原発事故から時を経た四年後から自殺者が増えていることを二〇一七年一月のＮＨＫ特番で報道されている。再び繰り返さないためには、その原因となっている全国にある五四基の原発の再稼働をしないことと、新型の原発建設をしないことが求められる。

今回の報道で自殺の原因となった一例は、先祖伝来から引き継いできた豊かな農地の上に積み上げられた黒い袋に入れられた七七〇個の汚染物質だ。それを目の当たりにした農家の人たちの絶望感と言い知れないさびしさを感じている姿を想像して心を砕くのである。

また、震災事故から六年も経過した現在も避難している仮設住宅は「仮の宿」であって、帰郷の目途も立たない避難生活は、絶海の孤島に取り残されたような生活環境となっているようである。

避難地を訪問する世話人たちに対して拒絶反応するのは避難住民の最後の抵抗であるが「それでも

生きようとした」意志をどう受け止めたらよいのか、その救いの手を差しのべるのは大変難しいことではある。

「コミュニティーの欠乏」だけでは解決できない複雑な生活環境にあるため、総力を挙げて避難民の苦悩している廃棄物、仮設住宅、コミュニティーの欠乏の三重の苦しみを取り除くことが先決問題となっている。

なぜ、こうした例を取り上げるのかというと、国内軍事帝国植民地主義の官僚政治権力者たちが、沖縄の世界遺産にも登録される美しい自然環境の東村高江にヘリパット基地を建設し、自然環境に恵まれた名護市辺野古の陸と海を本土の土石で埋め立てて軍事帝国植民地基地を建設しようとしているが、それに抗議する純真な抵抗運動をしている県民に対して、卑称語の「支那人」とか「土人」という下劣語を浴びせるからである。

福島原発事故の地域から避難してきた生徒への「いじめ」と沖縄県民に対する卑称語には、まさに酷似していることである。品性下劣な差別主義の用語を官僚政治権力者たちや純真無垢の心をもった小学校生徒までが使うと、日本国憲法一四条の規定があっても永遠に死語とならないであろう。万難を排して、この憲法の条文を重視し健康的な社会環境を築くことに、全国民のひとりひとりが肝に銘記して努力する以外に「いじめ」「卑称語」は永遠に消滅させることはできないのである。

（２０１７年３月17日）

第五章　沖縄と中国は信頼関係で平和を築く

近隣諸国を敵視してはならない

国際法上や地理的条件そして歴史的背景から、日本固有の領土権を主張するには、具体的に国民及び沖縄県民に争いのない純然たる日本固有の領土であることを示し、中学生以上の国民にも納得させる政治的姿勢がなければならない。また反対に中国政府も主張しているならば、外交上どのように納得させることができるか、その手腕が問われる。

中国が争いのない事実を認めるならば、中国側に中国名の「釣魚島」の名称を抹消させることにより固有の領土権を世界中の人々に認めさせることができる。しかし現在の日本の官僚政治家には外交上の手腕に頼りないものがあるので、政治指導者として影響力のある人物が誕生しない限り、この問題は永遠に解決できないというのが率直な印象である。

県民に最も気掛かりになるのは、領土紛争に発展しないかということで、固唾をのんでその成り行きに神経をとがらせる県民の立場で外交交渉せず、南西諸島に軍隊を配備して緊張を高めることを民主党政権はとるのか。「防衛」という軍事用語と攻撃とは、一心同体となった同類語であるので、一触即発の危険な軍事対決用語である。防衛という用語を重点的に説明すると、どちらも心もとないという不安定な政治的状況にある。というのは、前者は平和的解決への道があって、国民や県民の生命、財産を守るという意識をもたせるためにその用語を頻繁に使用して、県民を宥めようとしている。防衛費の増額や新機種の戦闘機の選定に国民や県民を納得させようとする聖域的軍事用語であることを認識しなければならない。

二〇一〇年度の新防衛大綱案によると、潜水艦の増強（一六隻から二二隻）と戦闘機（FX）の調達など、軍事力増強に歯止がきいておらず、危険な道に進んでいることを全国民は警戒しなければならない。この動きは「自衛隊」ではなく、世界最強の軍事力を保持する軍隊というべき軍事組織に生まれ変わりつつある。

最強の軍事力を装備している自衛隊に対して、官房長官（仙谷由人）が「暴力装置」と表現し問題になったが、軍隊の名称であれば、議論を醸《かも》し出すことはなかったのである。しかし軍隊が「暴力装置」とは、まさにその通りぴったりした軍隊用語で実感のある表現である。

こうした軍隊の姿をもった自衛隊が、中国政府の不快感をかうように緊張を高めつつ攻撃体制を固めると戦争への初歩的段階になっている。

先人たちの研究成果から理解できるように、沖縄は唐時代から貿易で中国とは非常に信頼感に基づいて発展してきている。中国をはじめ沖縄県民に対して差別的犠牲を作り出してきたのは、超保守的政治家たちの国家体制によるものであり、今回、県民の反対にもかかわらず、先島諸島への軍隊配備と更に尖閣諸島の領土権を守るための軍備増強には、県民は満面の怒りを持っている。

中国を刺激し、緊張感を高めるのは、日米両軍事帝国植民地主義者たちである。本土の官僚政治家による差別的享楽主義の精神で支配してきた歴史的真実があるので、彼等の本能によって犠牲の道を再び開かせてはならない。

民主党政権の前原誠司外相が「中国を攻撃し、口にすべきでない極端なこと」と言って中国政府を刺激し、国民や県民に同調しない態度が、中国との友好関係を難しくするきっかけとなっている。

また、漁船衝突事件の発生の際に中国側の態度に対して「極めてヒステリック」と言って、中国との外交上極めて問題になることを公然と口にする民主党政権の閣僚は、中国側の言う「中日は重要な隣国でわれわれは中日関係を非常に重視している」と強調している中国政府の声明に注目して、立ち止まって考えることに意義がある。

中国の日本に対する考え方は「両国は前に進むべき」で、日中関係の改善には実際の行動で示すことを強調しており、更に両国を「こじらせ、弱体化させ、破壊している」ことに我慢できないと純粋無垢の気持ちで注文をつけている。超保守的官僚政治家は、この現実に目を向けて外交問題を検討すべきである。

日本の著名なファッションデザイナーが、北京服装学院から名誉教授の称号を授与されている。調査の結果、日本国民の約七〇％以上が中国に親しみを感じないと言う日本国民に対して、中国からの称号授与には想像もできないが、それだけに中国は寛大であり、彼女のように友好関係になれば、良好で親しみやすい関係になることを信じるのである。

中国のよき理解者である彼女は「国民のひとりひとりが中国を理解」し、軍事対決ではなく、隣国として「仲良くしていく」ことにより、両国の困難な問題を解決できると力説しており、信頼のできる理解者として好感を与えたことが、称号授与に結び付いた理由の一つである。

中国を敵視し武力で解決しようとする軍事抑止力では一歩も前進しないので、国民や沖縄県民のひとりひとりが仲良くしていくには「持てる力を発揮する」意思の強さによって安定した平和問題を築いていくことが必要である。

超保守的官僚政治家をはじめ、これに賛同する国民や県民が、中国に警戒心を抱き、敵対する視線を投げることは、沖縄県民に不幸をもたらすだけである。

（２０１０年６月23日）

尖閣諸島と中国及び沖縄

尖閣諸島の領有権問題は、中国と日本の二カ国との間では解決不可能である。相互に領有権を主張しているため、領土紛争の発展につながり、あげくの果てには戦争による解決方法を考えるであろう。資本主義国家と共産主義国家との間では、水と油の関係で泥沼化しかねない。日本軍事帝国植民地主義者たちが他国を侵略して領土を拡大した事実から再び侵略戦争の歴史を繰り返さないか、県民は不安である。

中国を「あしき隣人」と決めつけ「駟《し》も舌《ぜつ》に及ばず」（ことばは慎まなければならない意）であるのに閣僚が不愉快な思いを発すれば、国民も同感しがちで話し合いは不可能になるであろう。例えば、私たちの日常生活で頻繁に起こる問題として、相続争いに喩《たと》えることができる。そのことは兄弟同士仲が好く、話し合いの説得が僅小であれば譲歩して解決もできるが、仲の悪い相続人同士になると、問題解決が不可能になって最後は裁判所に判断してもらうことになってしまう。領土問題にも共通した類似点がみられる。

尖閣諸島の領有権の問題解決は、最も信頼される国際法上の機関の仲裁で解決できないだろうか。不可能という太鼓判を押すならば共有の領土権にして、漁獲量を制限し、日中の国家同士で監視しての体制作りはできないか、と言うことで解決方法を考えてみることである。

尖閣諸島には、中国と日本そして台湾も領有権を主張しているが、どちらが領土権を持っているのか、国民や沖縄県民には理解されていない。なぜならば、尖閣諸島の位置や場所が分からない国民や県民がいるからである。日本軍事帝国植民地国家は、外交問題の交渉の仕方は後進国並みであるから、この問題については世界の模範となる国々の外交交渉の仕方を学んで冷静な態度で望むべきである。

北方領土権問題といい竹島の領土権問題といい、いずれも外交交渉の利害損得に絡《から》みあっているが、全く展望がない。資本主義体制と共産主義体制間の問題の領土権は、外交上の交渉には理解できない問題が潜んでいるからである。

日本軍事帝国植民地国家は、明治時代から領土問題や資源問題に絡んだ外交交渉では、相手国が交渉に難色を示すと侵略か、さも無ければ戦争で有無を言わせず武力で解決しようとする歴史的事実があるので、外交問題の研究には疎かになり、交渉の難問題を学ばなかった結果、三つの領土権の問題も解決できないのである。

日本軍事帝国植民地国家が、尖閣諸島は「日本固有の領土」であり「領土問題は存在しない」と主張しているが、中国や台湾も同様の主張をしていることに対し、国民や県民はどちらの主張が正当とみるのか。当然に答えは分かりきっている、と言うのであろう。日本固有の領土であれば、いずれの国家も主張しない筈であるのに、なぜ紛争の種を蒔くことをするのか。ここにも日本軍事帝国植民地国家の劣悪な外交上の問題と関係している。

隣接諸国を劣等的に見下げ、差別的見識を持って交渉すれば、全く閉ざされた外交問題となるのは当然である。

国民も県民も平和的に解決すべき問題を望んでいるが、今の民主党政権で解決する事は期待できない。だからと言って再び捲土重来を期して前政権の自民党の復活は根底から否定しての判断である。

民主党政権下での解決不可能と言うことは枝野幹事長の発言を聞くがよい。「あしき隣人」の発言には、今の民主党政権の閣僚の考えを代弁していて、問題が解決不能か否か、という瀬戸際にある時に、枝野氏の発言は重大な危険性を伴った危険な外交思想である。公然と発言するので、党員も同じ考え方を持ち、国民も同調すると中国との関係を修復することは不可能である。

世界のいずれの国家でも、二つの名前を持つ地名はない。日本軍事帝国植民地国家は、尖閣諸島と呼び、中国側は釣魚島と言うように中国固有の領土であって、この島については「話し合う資格もない」という結論である。これに対して日本側はどう対応するかが問題である。

中国の沖縄に対する見解は、沖縄県の歴史について明治政府により、清国から一九世紀末に奪い取った沖縄であり、今沖縄県民の独立要求をしているにもかかわらず、米軍事帝国植民地国家と共に軍事基地を固定化して、人権を無視し強力な軍事支配で独立要求を抑えるという考えを中国側は考えているため、領土問題には二つの国家で解決できるとは思っていないようである。

　また更に民主党政権は、尖閣諸島への領有権を守るために自衛隊の艦船を配備する姿勢を示し、武力で解決しようとするのが最終的な結論である、と予想するのである。「木に縁《よ》りて魚《うお》を求《もと》む」（方法を間違えばどんなことも不可能の意）という中国の戦国時代から政治をする手段としての教訓を伝えていることを思えば、尚更である。そうなると、再び犠牲になるのは沖縄県である。

　領土問題について考える場合に、沖縄県に当てはめてみると、戦前から犠牲になることを「痛みも痒みも」感じないのが県民に対する本土の政治家の認識である。戦後は米軍事帝国植民地主義者たちが強奪した金網に囲まれた基地を「米国の領土である」と主張して県民の基地労働者を差別扱いしている、という報告がある。「米国の領土」と主張しているのに本土の政治家や国民は、これに対して日本固有の領土であることを安保条約や地位協定で雁字搦《がんじがら》めにしているにもかかわらず領土権に異議を述べないのは、県民への差別意識であると同時に国民や県民が軍事基地について全く知識がなく無関心であるため、基地問題を解決不可能にしている。

　だが、尖閣諸島は、共産主義国家の中国が領有権を主張すると、国家をあげて矢継ぎ早に抗議をする日本軍事帝国植民地主義者たちは外交手段が劣悪であるため、中国側が譲歩しようにもその気にならない状況を作り出しているのである。

　安保条約や地位協定では、県内の基地を自由自在に使用許可を提供しているため、領有権を主張していることを深く認識し得ないのが本土の政治家の沖縄県への姿勢である。

日本国民に対して政治家たちは、尖閣諸島を「数々の証拠から固有の領土」と言明しているが「数々の証拠」をあげて国際的に証明しない限り、固有の領土権の理解は抽象的で分かりにくい説明である。

かつて中国の指導者であった鄧小平氏が中国としての見解から「次の世代はわれわれよりもっと知恵」を絞り「皆が受け入れられるいい解決方法がみいだせるであろう」と表明したことは、鄧氏の指導力により今の中国の発展があるので、その表現力は中国人には身に浸みついていることと思われる。だから中国の譲歩しようという姿勢を理解して交渉に臨まなければ前進はない、と言うことである。

超保守的政権の指導者たちは、中国漁船衝突事件で中国側からの強硬姿勢に対して「法治主義や人権に対する考え方をみると、中国との信頼関係を期待することが間違っている」と批判している。これが外交姿勢の劣悪さと言われるのである。中国の譲歩に対して強硬手段に出るのは、共産主義体制と資本主義体制の宿命的対決をとなっているからである。

日本の超保守的政治家たちは、頑迷固陋さでは外交問題の解決には困難さがあり、国民や沖縄県民を不安に陥れる恐ろしさがある。

また更に領土問題で気掛かりになるのは、ロシアと韓国との関係である。尖閣諸島をはじめ北方領土問題や竹島などの領土権については、いずれ一つをも解決のめどがたたない外交問題となっている。

領土問題は、深刻な外交問題ということが国民や県民に今回の尖閣諸島とロシア大統領の北方領土の訪問で理解できる。超保守的政治家たちが言明するように「国際法上領土問題はない」とか「日本固有の領土である」と主張して話し合いに応じないと「物分かりの悪い国である」と決定づけられ、一歩も前進がないのは勿論である。

北方領土の問題をロシアは実効支配と誇示して、ロシア大統領がその領土を訪問しているが、日本の政権担当の責任者が「訪問すれば日ロ関係は重大な支障が生じる」と警告しても、こういう外交意識では外交交渉の問題解決には全く展望がないので、国民を不安に駆り立てるばかりである。

更に、領土問題を複雑化させ、中国政府を憤慨させる原因として、米軍事帝国植民地主義者たちによる「尖閣諸島は安保条約の範囲内」であると表明して、防衛省との間で軍事支配の範囲内と言うことで軍隊を派遣し、領土を固守する話し合いをしている。なぜ日本軍事帝国植民地主義者たちは、独自の外交判断で穏便に交渉することもできず、親分格の米国に話し合いを持ちかけて軍事支配をしようとするのか、不思議な外交問題を持った政治感覚である。

幹事長の枝野氏の発言に「あしき隣人でも隣人は隣人。法治主義が通らない国と言う大前提で付き合わないといけない」という見識は、そう言われる中国政府のとる手段として、匙を投げざるを得ないであろう。政権担当者の与党の幹事長の表明に同調して防衛相も米軍事帝国植民地国家と歩調を合わせて威嚇的行為に及ぶのは、国民及び県民は心底からその軍事行動に激怒するのである。幹事長の発言に対して中国政府に不快感を抱かせるのが「法治主義や人権に対する考え方をみると、中国との信頼関係を期待することが間違っている」と厳しい批判を地方自治体の講演で述べていることだ。なぜ、このように中国を敵視した行為に出るのか。

民主党の元幹事長の小沢一郎氏は、政治資金規正法違反事件で無罪判決を受けているし、かつ同党員資格停止処分も解除すると正式決定もあるというので、党代表選に勝利して政権担当に就くことを望んでいる。なぜならば、中国のよき理解者であり、日中関係を前進させることを小沢氏の過去の行動で理解できるからである。中国と友好関係を結び、国民や沖縄県民の不安を除去する政治家の出現に、県民は大きな期待感を持っているのである。

小沢氏と歩調を揃えるにはどうすればよいか。国民や県民は、政治家たちの中国に対する外交問題の行き詰まりを打開するために、中国と国民及び県民とが信頼感に基づいた交流を活性化させることにより、領土問題をはじめあらゆる平和的交渉に発展するであろう。

地方自治体の長である東京都の石原知事が中国を「ヤクザ国家」と呼んでいることを聞いて、国民は問題の発端が中国側にあると認識してはならない。このような政治家たちの差別享楽主義態度の厭がらせ発言に、国民は与《くみ》することなく中国国民と日本国民及び沖縄県民との関係で友好的になれば、中国嫌いの政治家たちの意識変革をしていくことができる。

小沢氏のような中国のよき理解者の政治家の期待が望まれる二一世紀初頭の時代を迎えている。中国の諺の「志合えば呉越も昆弟たり、志合はざれば骨肉も讐敵たり」となれば、世界中到る所に平和な灯が点されるであろう。

（2010年8月15日）

魚は泣いている尖閣諸島

日本が、尖閣諸島（中国名・釣魚島）を「国有化」したことに対して、中国では国の領土を守るための反日デモが続いた。その原因を発生させたのは中国を悪魔の国と呼び、中国の人民に多大な不愉快を与えている東京都の元知事石原慎太郎である。尖閣諸島を購入すると発言した時点で予想できたが、中国の警戒心が徐々に盛りあがりつつあり、それに追い討ちをかけるように極右傾向にあった前政権の民主党の軍事帝国植民地主義者たちによる「国有化」である。難航が予想される状況をどう平和的に解決していくのかを分析しないのは、中国を軽くみていることの証拠である。

中国全土にわたって反日デモが拡大したことに対して、日本軍事帝国植民地主義者たちは、「国有化」した場合、中国の人民がどのような反日行動を起こすのか、その予想もたてることができず、外交政策の惨めな姿が浮きぼりになっているのである。

過去において日本軍による中国侵略戦争によって、強奪した領土であるという歴史的事実を実証できないだろうか。

一八九四年（明治二七年）の日清戦争では中国大陸を占領することはできなかったが、尖閣諸島は中国から四〇〇キロ離れた位置にある海上の小さな島々なので日本軍には占拠しやすく、支配権に入れていたのであろう。

現政権下での日本軍事帝国官僚政治家たちは「固有の、国際法上の領土権」と主張しているが、沖縄県民にはその主張は理解できないのである。

その一つとして、尖閣諸島を個人の所有権に登記できたのは、どんな経緯により獲得したのか、とという疑問である。中国の報道官による尖閣諸島の国有化への不満に対する中国の反日デモの声を冷静に受け止めてほしいという言葉を、冷静になって考えるべきである。ということは、新型オスプレイ配備反対抗議集会で一〇万人以上の沖縄県民の意思を真面目に認識することを極度に嫌がる日本軍事帝国官僚植民地政治家たちには、中国人民の純真な声を聞く耳を持っていないのである。

その見解として、反日デモは時間の経過と共に沈静化するから、じっと我慢しておけばよい、という感覚は日本人特有の音無しのかまえということである。同様に沖縄県民の新型オスプレイ配備反対の猛烈な抗議にも同じ感覚でとらえるのが、日本軍事帝国官僚政治家たちの政治的な狙いである。中国の人民には、この現実の姿は通用しないのではないだろうか。

中国が、経済力や軍事力の先端技術で進んできたために、尖閣諸島を「固有の領土権」として主張することになったという風評が巷に流れている。中国の国力では、日本軍事帝国官僚政治家たちに対抗できない状況にあり、沖縄県民と同様に苛められ、罵られてもじっと我慢をしてきた中国の人民の苦難の歴史があることを、沖縄県民もよく理解しているので、反日デモにも同情するのである。

極右政治家の安倍晋三が、「日本固有の領土」であり、「有効に支配」しているので「領有権の問題は存在していない」と主張して中学校の教科書の社会・地理の分野で報道したり、更に高校の地理歴史の日本史で「国際法上、正当な根拠に基づき正式に領土に編入した」と記載する、と明言している。「固有の領土」の表記は、どんな経過によるのか、また「国際法上」は、いつの時代にどこの国際機関で構成員にはどこの国々で審議されたのか、国民や県民には具体的な事実を理解することはできないのである。

尖閣諸島の領有権を契機に戦争勃発の可能性は十分にあることを恐れている沖縄県民の感想である。過去の領土問題で戦争になった歴史的事実に枚挙に遑が無いからである。

現在の日中関係をめぐっての領有権の問題が発生したときに、極右の安倍晋三首相は、日中関係には一九一四年（大正三年）の第一次世界大戦で対決する前の英独関係に例えて説明している。

このことについて海外のメディアから第一次世界大戦と「類似性」があると報道したことに対して、「第一次大戦のようなことにしてはならない」と言って胡麻を擂るのが極右政治家の姿勢である。そう言っているが、嘲笑うようにその事態に備えて、沖縄県の先島諸島に軍隊（自衛隊）を配備増強し、尖閣諸島を死守しながら中国への侵略戦争への睨みをきかせ、沖縄県民に極度の恐怖と不安を与えてきているのである。

中国の漁船が、尖閣諸島の領海内に侵入しても、日本の軍事帝国植民地主義者たちの巡視船から警告受けた場合には、国際法上、固有の領土と全世界の人々が認知しない限り、退船に応じる必要はないのではないだろうか。その場合には、細心の注意を払って刺戟しないように心掛けなければならない。

日本の植民地軍隊が中国大陸へ侵攻し、中国の人民を徹底的に弾圧して苦しめ、我が物顔に軍事力を駆使して人民を虐殺したこの残虐行為は、当時としては人類の歴史上あってはならないことであり、脇目もふらず野蛮行為を繰り返したことは、好戦的野蛮国家の歴史をつくり出してきた二〇世紀最大の犯罪国家であった、と言うことができる。

一八九四年の日清戦争から一九三七年の日中戦争までの長い侵略戦争について、日本の極右政治家たちは、歴史の真実を表面に出したくない、というのが本音である。戦後の政治家たちは、過去の戦争の誤ちを深刻に反省すればよいが、戦後六九年も経ってもその反省をせず「民主主義の国である」という名目だけにとどまり「自衛隊」を「国防軍」と位置づけ、戦前の「軍事帝国主義」を完全に抹消できず、再び過去の歴史に逆戻りをしようとしているのである。この事実は、沖縄県に対する国内軍事帝国官僚植民地政策が如実に物語っているのである。

中国や韓国が、歴史認識の反省を促していることを率直に認めるならば、友好関係に結びつくのに、日本軍事帝国植民地主義の政治家たちには全くこの気配はないのである。中国への侵略戦争を反省することなく中学校、高校の教科書で、尖閣諸島の領有権を正当化しようとしていることは、将来への展望に欠けることが多いので、まずは中国側から率先して会談の場を設けることを要望し、平和的に解決していくことを、沖縄県民の多くが期待しているということである。

（2014年2月25日）

紛争の種を蒔いた張本人

東京都の元知事石原慎太郎は、なぜ尖閣諸島（中国名、釣魚島）を購入するという強硬姿勢をとったのか、また本土のヤマトーから最も近い韓国との領土問題で敵対している竹島（韓国名、独島）をなぜ同時に表面に出さないのか、という疑問が残っている。

中国に対して彼は、根からの中国嫌いであり、中国の正式の国名を使わず「支那」と呼んで軽蔑している。過去、幾多の暴言と軽蔑の発言をしている経緯から、韓国の独島より尖閣諸島に目標を定め、紛争のトラブルを覚悟の上で計算をして遥かに東京から二五〇〇キロも離れた沖縄県まで手を付けたが、理解できる反面、不思議でもあるのである。

また、彼は尖閣諸島の地権者が東京都出身の人であるということで、交渉の過程で優位性を誇示できるとして、そこに目を付けたのである。しかし、沖縄県民として理解できないのは、八重山から約一七〇キロも離れている尖閣諸島を個人的な名義で、その所有権を獲得した歴史的事実の経過はどうであったのか、それから中国から奪った無人島であるということを国民として理解していたかどうか、疑問とするところである。

もし、海底火山で島が突如として浮かびあがった場合、その所有権は、国際法上国家に帰属するということであるが、尖閣諸島の所有権の経緯は紛れも無く中国の領土であることは疑問を要しないのではないだろうか。

国民や県民が、個人としてその固有の領土権を主張するためには、わかりやすい歴史上の説明をしなければならないが、それが明確ではないのである。その証明を渋るのが日本軍事帝国植民地主義者たちで、表面上「国際法上固有の領土である」という抽象的な説明で片づけるから理解ができないのである。

一八七四年に初めて台湾を征伐し、一八九五年には台湾を統治して約五〇年間植民地とし、同時に尖閣諸島も編入したことの歴史的経過を、国民や県民に厚顔無恥でも言えないのである。だから歴史的に曖昧模糊の表現になってしまうのである。

中国や台湾も「固有の領土である」と主張するし、日本軍事帝国植民地主義者たちも同じく主張している。そうであれば、所有権絶対の原則に基づいて排他的であるにもかかわらず、その領土についてはどちらの権利が正当であるのか、国際的な法律があれば、三者間で国際法に基づいて法廷で堂々と陳述し決着をつける方法もあるかも知れない。しかし、超右翼的政治家たちにとって日中関係は、国益、経済関係では重要だが尖閣諸島の問題には一歩も譲れないという強硬発言をしている限りで、日中間の平和的に話し合いをもつのは非常に困難となるであろう。

中国が、国際法上決着をつける羽目になっても、本来台湾も中国の領土であるから過去の歴史的事実の経過とか、中国の憲法前文に基づいて証明すれば、凱歌は中国側にあがるのは明確である。

日本は中国に対して「一方的挑発行為」と言っているが、なぜこのような状況になったのか。石原慎太郎元知事が、先導役を果して極右傾向の前政権の民主党が固有化にしたのがその原因であるから、現政権の軍事帝国植民地主義者たちもまた自国の原因を反省せずに、中国へ非難の鉾先を向けて批判することは外交上よい結果を得られないであろう。

藪をつついて蛇を出す政治行為をして問題解決を複雑化している石原慎太郎元知事をはじめ、日本軍事帝国官僚植民地主義者たちは、一方後退して中国の主張する「棚上げ」に顕著に耳を傾け、冷静に問題の進展をはかるべき立場にあるのではないだろうか。

更に問題を複雑化させたことを説明すると、中国へ挑戦状をたたきつけた、沖縄県民として非常に不愉快で不安な出来事があったのである。それは、ヤマトーの地方議員が尖閣諸島に上陸し、中国との関係を未来永劫解決することができない状況を作り出したことである。このような行動が問題を複雑にする原因となり、八割以上の沖縄県民が危惧を抱いている。

中国では大規模な反日デモが発生している最中にもかかわらず、またしてもつづけざまに、ヤマトーの無神経な二人の人間が上陸してしまったのである。このような連中は、紛争を拗ねらせ、問題解決の糸口を見出せない行動は慎むべきであるのに、その行動を後押しをしているのが極右政治家たちである。

中国は「中国固有の領土を日本が奪った」と主張して一歩も譲らない姿勢であるのに、あえて領土問題について日本軍事帝国官僚植民地主義者たちは、「もっと毅然たる態度で望む」と言明している。その具体的内容は何か、またどんな態度なのか、沖縄県民の不安は極限状況に置かれているのである。近隣諸国と仲が悪いため、軍事増強し、戦争への道をも辞さないという覚悟で軍事費を増額して、尖閣諸島の海域を守ろうとする意図が毅然たる態度であるということを意味しているのである。

捲土重来で政権を握った極右主義の自民党政治家たちは、中国は話し合いのできる国家ではない、という政治的認識しか持っていないので、最後には「伝家の宝刀」の軍事力で解決しようとする傾向がある。過去の侵略植民地戦争の教訓を生かすことができず、現在まで残酷で窮まりない傷跡を引き継いでいる現実があるのである。

それに対しての中国は、寸進尺退の対策で対応していかなければならない。

（2014年3月25日）

中国、韓国の外交政策に学ぶ

中国の習近平国家主席が、初の外遊先として、ロシア、南アフリカ、タンザニア、コンゴ共和国を訪問した。特に印象に残ったのが、プーチン大統領が「ロシアと中国の関係は、世界政治で最も重要である」ということを率直に述べられたことである。

更に決定的に印象づけられたのが朴槿恵韓国大統領が、中国の習近平国家主席と就任早々に会談したことである。今世紀の初頭において画期的な出来事であり国際的、政治的にも意義が大きいということである。

朴槿恵大統領が、近隣諸国の中で最も近い距離にある中国を訪問し、中国の最高指導者と真剣にアジア情勢を平和的にどのように進めていくべきか、と会談したことは有意義であったと寛大に評価しなければならない。

ロシア大統領と同じく生涯忘れることのできない会談の中に、朴大統領の習近平国家主席に対する率直な感想として、「老朋友」という感情のこもった言葉で表現していることは、まさに「朋有り遠方より来たる」という故事成語が現代に生かされたこのメッセージで、いかに近隣諸国の中で中国との友好関係を構築していくか、という心温まる表情に感銘している、ということである。両国の人たちが、過去の歴史的事実を、心の奥底に血となり肉となって浸み込ませているため、こういう顕著な功績に価する重みのある表現となっているのであろう、と思われるのである。

この底流に韓国の平和的、政治的教育の影響であることを証明しているのであろうか。

中国とはこのことを素直に受け入れる間柄だから、習近平国家主席は感情のこもった喜びの態度に出たのであろう、と認識している。このことから察して、習国家主席が、偉大な指導者で、人格的にも優れた人柄であることが手にとるように伝わってくるのである。

それに対する日本の国情はどうであろうか。つくづく考えさせられる問題である。過去の歴史的事実を真摯に受け止めることができず、その反省もない政治的外交政策は、再び過去の歴史を踏みにじっている。特に中国に対して挑発的な外交政策をとろうとしていることに怒りが込み上げてくるのである。

中国と韓国の両国が、この会談を契機に緊密な連携をとり、極右主義の政治家、安倍晋三政権を国際的に孤立させていく会談にもなっているので、何よりも重要であり、価値的にも千鈞の重みがある、と言えるのである。

極右侵略主義の方向にある安倍政権を支持するＮＨＫの新会長籾井勝人の「慰安婦」の問題発言や、同じＮＨＫの委員である百田尚樹の「南京大虐殺」についての無知な発言は、現政権を支持する御用学者とその仲間の人間である。歴史認識に欠けた知識人というよりは贋の知識人のような人物が、政治に関する中心的機関にいるのであるから、中国や韓国から誠意のない話し合いには応じられないと言われるのは、外交上大きなマイナスになっているということである。

極右主義の安倍政権をはじめ、前政権の民主党の組織体が、過去六九年間も沖縄県を軍事帝国官僚植民地支配し、親分格の米軍と共に安保条約と地位協定に齧り付いて、沖縄県民を奴隷的人間として取り扱っているのである。

この表現は、大袈裟ではない、ということである。こうした政権担当者であるから、近隣諸国とは過去の歴史精算ができず、就任早々の会談の目処も立たない政治になっているのである。

現実に沖縄県民が、日米両軍事帝国植民地主義者たちにより軍事帝国植民地基地に脅かされて生活を強いられており、沖縄県民の生命と財産をどう守っていくのか、県民から切実な要望や抗議を訴えても、蛙の面に水をかけられた態度をとり、沖縄の軍事帝国植民地政策にがむしゃらにとりついているため、県民の要望には冷淡で、解決しようとする意識は全くないのである。

極右主義の安倍晋三首相は、外国の首脳に向かって「積極的平和主義」の姿勢で政権を運営すると表明しているようであるが、しかし、このことは沖縄県民にはみじんも適用する意識はなく、沖縄に軍事帝国官僚植民地政策を積極的に推進しているので、日本国民の一員としてみていない差別的な政治があるのである。

こうした政策を強力にすすめる理由は、中国を睨んでいることを沖縄県民は敏感に意識しているのである。

朴槿恵韓国大統領から「日本の指導部のせいで、信頼関係は築けない」とか「日本の歴史認識に変化がなければ首脳会談は望めない」と針をさされるようなことを言われるような外交政策は絶対にあってはならないのである。

ロシアのプーチン大統領のことばを大切にし、中国と韓国との首脳会談に期待を寄せ、世界の政治の変革に希望を抱くのと同時に、これからの未来に向かってロシアと中国との関係を緊密にし、更に領土問題で拗ねている韓国とも結束して、日本を包囲できる政治的手段と方法を築くことである。

日本の軍事帝国官僚植民地主義者たちの、対米追随による宿痾を断ち切るべく中国とロシアとの団結力によって成功に導く可能性に期待しているところである。


（2014年4月29日）

中国を一党独裁主義国家という前に

日本の極右政治家たちの、沖縄県内に新軍事帝国植民地基地を建設する強硬姿勢に対し、県民は「構造化された差別」と受け止めているため、その新植民地基地を拒否する県民の大規模の反対抗議には「沖縄の民意を無視してもよい」と考えている。その認識には表面上、迂闊には言わない差別意識をもつ極右政治家たちだが「差別」という言葉を使用したくないという意識が政治の流れの中に、過去の侵略戦争から巣くっているようである。

差別主義の社会を作らないということの考え方は、民主主義や国民主権そして平和主義をうたった日本国憲法の三大原則であるが、差別は排除すべきであるという意識から離反して、沖縄県民の意思を重視しない極右政治家のとる政治的態度には、現政権の安倍晋三首相の政治姿勢に「一党独裁的政党」のあり方がある。

中国をはじめ社会主義国家に対して「一党独裁政治」といって、国民や沖縄県民に宣伝するが、日本の極右政治家が憲法の三原則を積極的に遵守しない政治姿勢であることは「一党独裁」的な要素として沖縄県に七四％以上の日米両軍事帝国植民地基地が存在していることで理解できるのである。

沖縄県民には、極右政治家たちの一挙手がまともによく見えるし、憲法三原則の認識が日常生活の中で身近に感じられるので、憲法の理念を政治の中で実現してほしい、ということが沖縄県民の切実な要望である。

世界の国々が注目している日本国憲法は、押しつけられたものであり、現在の社会情勢には適していないし、古いということで改悪に拍車をかけているが、そのために近隣諸国に対して再び過去の歴史的過ちを犯するような政治の方向性を示している。その動向は、沖縄県民にとって暗い影がみえてきている、という深い危惧を抱かせているのである。

沖縄県の八〇％以上の県民が、新型の軍事帝国植民地基地建設に反対しているが、その基地問題に対して、進歩的で、県民の反対意思に協力し、賛同している米国の有名な映画監督や学者、哲学者たちの間では「米側は、強行すれば沖縄の敵意に囲まれる移設に反対である」という声明文も発表されているが、極右主義の安倍晋三首相は、その考え方とは全く反対である、というこの政治姿勢には独裁的な考え方の一端をのぞかせているのではないか。

沖縄県民が日米両軍事帝国植民地基地の撤去と新型植民地基地建設に対しての抵抗運動を進めてい

るにもかかわらず、県民の民意を吸収して対米交渉することもなく、両国間の政治家だけの悪魔的秘密主義に基づいて交渉し、問題解決していこうとする外交姿勢には、民主主義の精神は全く失われていて、高度な資本主義政策を沖縄県で実行しているのである。

二〇一〇年五月二八日に新型の軍事帝国植民地基地建設を決定したことについて、県民には「我慢して引受けてくれ」という一方的な主張を言い続けていることに対し、県民が「見直し」をせまっても日本の極右政治家たちは、再び「見直し」の議論を元に戻すことは考えない悪質な政治形態がある。このような軍事帝国植民地主義者たちの影にかくれた姿なき政治形態を、沖縄県民に押しつけているのである。まさに日米軍事帝国植民地主義帝国官僚植民地政策による悪態極まりない現実が沖縄県にあるのである。

この現実の政治状況は、紛れも無く資本主義国家体制による独裁政治というべきであり、中国政府に向かって一党独裁国家と言う権利は全くない、というべきである。

表面的には国内外に向かって法治国家とか民主主義国家と宣伝していて、捲土重来により政権担当した直後には「積極的平和」ということを言ってアピールしていた。果してその声明通りの国家といえるのか、沖縄県民の間では疑問を持たざるを得ないのである。極右主義の政治家、安倍晋三首相の国会答弁には、沖縄県民を極度に不安に落し入れる政治政策が露骨になってきているからである。

中国や北朝鮮を意識して「一党独裁国家」といって警戒を強めているが、そのことをいう前に日本国内で沖縄県民に対して、新軍事帝国植民地基地建設反対の「民意」を軽視する国内軍事帝国官僚植民地主義の政治体制は、独裁的政治形態であることを、県民は明確に理解してきているのである。

沖縄県民には民主主義に反した政治体制をとっているが、敵視する中国に対して「独裁国家」と公言する前に、沖縄の現在の政治的行使はどういう判断してくれるのか。沖縄県を軍事帝国植民地として実効支配するためには、中国を敵視し悪者扱いして、県民に悪い印象を与えておかないと、軍事帝国植民地政策上、都合が悪いのである。

その証拠として、沖縄県民を犠牲にしてでも、中国の軍事力を押え込むために、その政策を強力に進めようと躍起になっているからである。県民は、猛反対の意思表示を六九年間も継続しているのに、現在では中国の軍事力を警戒して日米両軍事帝国植民地基地を建設しようと、高圧的になってきているのは独裁的な政治形態そのものである。

中国や韓国を侵略し、植民地にした無慈悲で悲惨な運命を背負った過去の歴史的事実があるが、現在の世界状勢では国際的にも植民地支配することは望めないので、新たに巨大な軍事帝国植民基地の建設を日本国内の沖縄県に強権的に実行しようとしているのである。

戦後六九年の年月が経過している現在も、対米従属の宿痾から脱皮できず、冷酷で巨大な軍事力による政策により、民主主義の恩恵のない独裁的な政治が沖縄県で実行されていると言っても差し支えないのである。

（2014年5月15日）

緊張を高める先島諸島への軍事配備

日本軍事帝国植民地主義者たちの発言は、政権交代した民主党政権においても同じ方向性の政治形態しか持ち得ていない政治的風化がある。例えば、民主党の野田佳彦首相は、北朝鮮の「ミサイルの発射は地域と国際社会の平和と安定を損なう重大な挑発行為だ」と言明している。

その発言に拍車をかけるように、超極右の自民党政権になって、先島諸島に現代兵器の最先端の武器を配備することこそ、中国を威嚇している挑発行為である。野田首相の発言は、的を外れた推測である。

沖縄県に巨大な日米両軍事帝国植民地基地を置いて対抗意識を持っているのに対して、いざ中国や北朝鮮が軍事に関する動向があると、危険な軍事行動で緊急体制をとり、沖縄県民の生活を脅かしているのである。

日米韓の軍事訓練も中国や北朝鮮を脅かす最大の挑発行為であり、その訓練になると沖縄県民は緊張感を高めるため、日常的にいつも不安を与えられている。日米両軍事帝国植民地主義者たちは、そんなことは微塵も考えないのである。表向きは北朝鮮といっているが、本音は中国に目を向けたPAC3の沖縄配備への狙いがありありとうかがわれる、ということである。

また、沖縄県民として憤りを感じていることのひとつに、保守的な沖縄県知事が、PAC3の配備は中国に対して軍事上「優れた防衛技術」という考え方の立場をとり、平和を求める沖縄県民には全く納得することのできない好戦的な態度をとる政治家もいるのである。「軍事上の技術」という軍事用語は、中国を意識したことの表れであり、沖縄県民には馴染まない用語となっていて、その使い方には沖縄県として悲劇が潜んだ危険な動向と認識しているのである。

軍事技術の効力をみるには、日本本土で実験的効果を施策するより沖縄県民が軍事上の塵捨て場としてみているので、「破片が落ちてこないのは分かっている」にもかかわらず、ＰＡＣ３の配備が順調に進められるように強権的な行動をとるのである。更にその体制をとりながら軍事上の配備が拡大されていくことによって、中国に無用の刺戟を与えることも潔しとしないのである。

日米両軍事帝国植民地主義者たちは、先島諸島の首長もまた保守的自治体をいいことに、ＰＡＣ３配備に心の安らぎを見出しているようである。

沖縄県民の最大の要望のひとつとして、天災・人災国家として世界的にも稀な災害国になっているので、侵略戦争準備のための莫大な軍事費を国家予算に計上して中国を脅かす軍事帝国植民地政策よりは、国民の人命、財産を守るための国家予算にすることによって、平和国家の象徴として尊重されるであろう。

自衛隊に戦前の軍事行動を行使させようとする傾向には、明らかに過去の侵略戦争の悲劇を反省しない亡霊政治家たちの実態が見えてくる、ということである。「防衛庁」から「防衛省」に名称が改められてくると、時間の経過につれて軍事増強され「あれよあれよ」という間に、巨大な軍事帝国植民地国家になってきている。

中国の軍事費の増額に対して、神経を苛立たせて、国民にその根拠を具体的に説明することもなく発表することは滑稽そのものであり、これに神経を消耗するよりは、天災・人災の予防対策に国家予算を使って安全な平和国家を建設すべきである。現在の日本の政治家の方向は、平和国家とは逆の方向にあり、中国の軍事増強を一方的に宣伝して、軍事用語を使って全面的に国民や沖縄県民の支持を得ようとしている。

沖縄県民の平和を切望してやまない先島諸島に軍隊配備の目的として「実際に北朝鮮の弾道ミサイルや破片を打ち落とすというより石垣島を中心とした南西諸島への長距離機動訓練の目的」というのが第一であり、先島の住民の反応をみて「軍事的意味はない」が「展開の訓練を先島進出に向けた地ならしが目的である」と明言している。

真の目的は、尖閣諸島に中国軍が侵入した場合にそなえての配備であることの真相を隠して沖縄県民に安堵感を与えることにしているのである。満を持す態勢を整えていることに警戒を怠ってはならない状況になっている。その目的を前面に出すと、中国を刺戟することを考えてこういう声明を発表する図太さがあるのである。ここ数年は穏やかだった海域に領有権を守るために、中国に挑戦状を突きつけるＰＡＣ３や軍事帝国植民地部隊の配備は絶対阻止しなければならず、沖縄県民の苦難の歴史が繰り返えされようとしているのである。

極右政治家の安倍晋三政権が、過去の亡霊を引き摺って暴走状態になっており、有事が発生した場合、軍事優先主義を主張する態度に対して、烈火の如く市議会から抗議されても、「抗議も放置しておけ」の気持ちを持っているので、沖縄県民が一丸となって徹底的に抗議しても動じないのが、日米両軍事帝国植民地主義者たちの実態である。

過去の朝鮮半島から侵略植民地戦争が起こって、中国の東北地方から侵略して悲惨な目に遭わせたことを反省することができず今世紀は、南方の沖縄県の先島諸島を軍事拠点にして、中国への侵略戦争を狙っている結果が先島諸島への軍事増強になっているのである。

沖縄県民の八〇％の人たちが、日米軍事帝国植民地基地に反対抗議の強力な意思を持って抵抗しているが、その軍事帝国植民地基地は居坐って消滅せず、六九年間の年月が経過しているのである。

沖縄県民は、強烈な不屈の精神を失うことなく、巨大な軍事帝国植民地基地の崩壊にもっていく抵抗精神が今後ますます必要になってくることは明らかである。

将来の展望として、巨大な悪魔の基地が完全に撤去され消滅すれば、中国とは心の通じ合った間柄になることは明白である。こうした関係の時代が来ることに大きな希望を抱き、かつ中国の国情について知識を高めることが重要課題である。


（２０１４年６月23日）

ユニークな社会主義国家、中国

中国憲法の前文に「中国は、世界で最も古い歴史を持った国である」と表記され、強い優越性を誇示した前文の象徴となっている。その正式国名の中の「中華」に「中華思想」が永遠に長河の流れの如く生きづいていることに誇りを抱いている中国の人たちの息遣いが感じられる。

「中華思想」は、中国文明を築いた歴史に文化的優越意識を持って引き継がれており、沖縄県も琉球王国時代に中国からすばらしい日常の生活様式を学び現代にも生かされているのである。

日米両軍事帝国植民地主義者たちが中国への侵略を目論んでいることに厳重警戒しながら「中華思想」による中国の誇り高き「地大物博」を生かして、撃退する体制づくりに一三億の民族が一致団結しておかなければならないであろう。

長い歴史の流れの中で培ったこの思想は、過去に幾多の苦難を乗り越えてきており、諸外国の侵略をも寄りつけない強靭な鋼をもった思想が根底にあるからこそ、現在の中国の社会がある、と理解しているのである。この思想を理解することが可能であれば、現在の中国を「支那」とか「支那人」と呼んで軽視する日本人は反省するかも知れない。

しかし、日本国民の中にはこのような呼び方に、歴史的な意味の由来を理解している人はすくないようである。外国人によって江戸時代末期から太平洋戦争の終結まで使っていると言っているが、事情が事情だけに再び浮上している。中国には戦後の歴史の中で、辞典にも記されていない、と言われている。確かに「支那とは、死にかかった人間の意味である」と、中国では強い非難をされているのであるから、日本人のいかなる人でも人格尊重の立場から使うべきではない。

どういう契機で呼ばれているのか、その原因を調べるとそれは以下のようである。

尖閣諸島（中国名、釣魚島）の問題や中国国内で、日本企業への破壊行為をすると、まっていましたと言わんばかりに中国人を馬鹿にした行動が、マスコミで報道されたり、更に追い討ちをかけるように出版物による非難合戦である。

私の小学校時代には、軍国教育で教師たちが、児童生徒に向かって「支那、支那人」と呼んでいて、そこには鬼の住む国であるから徹底的にやっつけなければならない、と教えられたものである。今思えば、軍国教育の恐ろしさを思い知らされているので、近隣諸国について正しい教育認識をさせる時代である。

しかし、現在も近隣諸国に優越意識を持っているため、日本の軍事帝国植民地主義者たちは、中国を意識して沖縄本島の東西南北の隅隅で毎日のように空、海、陸の日米軍事帝国植民地部隊の軍事侵略演習をしていて、沖縄県民に甚大な騒音をもたらしているにもかかわらず、それに対し、寸毫の異議も述べない。中国が領海侵犯すると、神経を苛立たせてテレビやラジオ等で報道を繰り返しているのは、戦争挑発の行動を意味しているので先行き不安を持ち続けている沖縄県民である。その演習の様子が、過去の中国への侵略帝国戦争の時と類似しており、その徴候がみられるからである。

中国には、嘗められたくないという過去からの強い意識である。

中国もまた、領有権を厳守するために釣魚島に監視船を派遣していることを批判的にとらえ、マスコミは大々的、一方的に報道して、中国への敵視報道を正当化しようと躍起になっているのである。中国もこれらの正当性のない一方的な報道に対して敏感にとらえ、慎重の上にも慎重を期して対応すべき局面を迎えていることを認識すべきである。

猫に鰹節存在の安倍晋三首相や支持する母体は、過去の歴史的事実を徹底的に検証し、人類史上類いまれな残虐行為を繰り返してきた罪の償いとして、尖閣諸島の問題は、中国にその主導権を譲るか、または棚上げにするか、或いは共存共有か、いずれかの方法で平和的に話し合い解決すれば、日中関係は、良き隣人同士になることは当然であろう。

尖閣諸島（中国名、釣魚島）の領有権を主張して、いざ中国が問題の原因を起こすことがあれば、日本の極右政治家たちは領土権奪還を理由に、一触即発のきっかけで戦争を引き起こすことにならないか神経を尖らせて、今まさに不安を感じとっているのが沖縄県民である。

先島諸島に軍事的侵略兵器を配備するために、五年計画で（全軍事費、五兆円計上）莫大な軍事兵器を使うことを言明している。

更に、二〇一三年六月には、中国が尖閣諸島に上陸した場合の防御と奪還にそなえて、日米両軍事帝国植民地部隊が、新型の悪魔機と言われるオスプレイを使って、親分の米国西海岸で激しい訓練を実施している。約三〇年前から中国を睨んで、ハワイ諸島の海域で軍事訓練を繰り返し行っている。

中国は、釣魚島の領有権を巡り、その防御のために「領空識別圏」を設置して抑止力を高度にしておく必要に迫られてくることであろう。

最近の新聞報道によると、中国が高度な科学技術を使って宇宙に人工探査機を着陸させたが、それに対して、日本の極右政治家たちが驚くのも当然である。中国が先端技術を使うことによって、日本国民の中国に対する偏見を打破するに違いないのである。

中国の憲法前文に謳われているように、非常に強い優越感のこもった前文を現在に生かすためには、資本主義体制の行き詰まりを展望しながら、すばらしい「中華思想」で中国文明を築いた歴史的、文化的優越意識をもって現代の科学技術に更に力を注ぎ、世界の中心的指導国家になることに期待を寄せざるを得ないのである。

中国という国名にふさわしく、世界の中央を意味していることを思えば、二一世紀は偉大な指導者、習近平国家主席を中心にして国際的指導力を遺憾なく発揮すべき時代にならなければ、世界の平和は築かれないのではないだろうか。

現在の日本の政界には、保革を問わず、過去から現在に至るまで、信頼され尊敬に値する政治家はいない、というのが率直な感想である。戦後の政治の方向として、国の内外を問わず沖縄県民を不安に陥れるような政治的紛争に一生懸命であり、そのため良き政治的指導者がおらず、非常な不安を抱いての生活を強いられているのがその理由である。

しかし、沖縄県には戦後、米軍の軍事帝国植民地政策に対して、真向から対峙し「不屈の精神」で沖縄県民を指導した政治家がいることは言うまでもないのである。

領有権問題や防空識別圏設定の問題等で、両国の困難な道程を解決できるのは、中国の習近平国家主席を先頭に中国の政治指導者たちしかおらず、彼らの努力によって、沖縄県民に希望の光を与えることができるであろう。

南アフリカの民族から、絶大な信頼感を寄せられた、今は亡き元大統領、マンデラ氏が「何事も達成するまでは不可能に見えるものである」と言ったが、それに取り組むことができるのは世界の中心的政治指導者、習近平国家主席の指導力に頼る以外にはない、と言うことである。

（2014年7月15日）

韓国の独立運動家安重根に学ぶ

韓国の英雄で独立運動家のアンジュングン（安重根）記念館を暗殺現場である中国黒竜江省のハルビン駅に設立することに対して、日本では初代韓国総監伊藤博文を暗殺したとして、犯罪者と決めつけ、その設立に抗議をしているのである。

一九一〇年当時の韓国は、朝鮮併合の前に強力な植民地政策を押し進めるために伊藤博文を韓国総監として赴かせたのである。韓国から要請があって総監になったのではなく、中国大陸への侵略の足がかりとして、先ず最初に韓国を植民地化にしなければならない、という日本帝国植民地主義者たちの方針として、政界の実力者であり、かつ先駆者として伊藤博文を指名したのである。

その動向を迎え撃った勇敢な独立運動家アンジュングン（安重根）によって暗殺されたのである。一九〇九年一〇月二六日の事件である。その事件については、過去も現在も知っている日本の国民はすくないのである。

当時の韓国は、日本帝国植民地主義者たちによる侵略に対して国家をあげて不安と恐怖におののいていたが、抵抗運動するにも韓国の人たちは人間の尊厳を重んじる性格であったので、植民地化に対する抗議行動への強力な組織力は持っていなかったようである。

伊藤博文を総監にして朝鮮半島を侵略し、植民地化を強力にすすめたが、過去の歴史の中では既に一五九二年に豊臣秀吉の朝鮮出兵によって侵略され、つづいて加藤清正の侵略が続いている。

大日本帝国憲法を一八八九年に制定して、侵略植民地戦争のできる社会的基盤を築きあげ、ついには一九〇四年の日露戦争をひき起こし、大国に勝った結果として国民的勝利の自惚れが最高潮に達した一九一〇年に韓国併合して、三五年間に亘って無慈悲にも支配した時代背景を持っている。この歴史的事実の時代背景について、日本国民の学ぶ知識は疎いのが実情である。

中国や韓国の人たちが要求している歴史認識を心の底から反省しえず、お詫びと同時に完全なる補償を果そうとしないからこそ、両国の人たちの怒りの渦が巻き起こっていることを理解しなければならない。

韓国の独立運動家安重根の記念館設立は、過去の歴史事実を後世に伝える事業として道理に叶っており、早急に世界の「記憶遺産」に登録すべきである。この登録によって中国と韓国には歴史的問題を争う記念館の設立として、大きな歴史的遺産になるだろう。

中国や韓国にとっては歴史的に意義があるのに、なぜ日本軍事帝国官僚植民地主義者たちは安重根を犯罪者として烙印を押すのか理解できないのである。

過去の日米軍事帝国の間で戦争が起こり、沖縄の地上戦では甚大な被害をもたらし、その結果、戦後六九年間も軍事帝国植民地基地に苦しめられている現実がある。中国や韓国そして東南アジアにも野蛮な戦争をしてきた第一級戦争犯罪者を祀っている靖国神社では、内閣組織をあげての参拝に対して、中国や韓国から猛然な抗議をされても冷淡な態度でそれを無視し、批判には外交上の図太さがあってか、反省の色もみせないのに、韓国の独立運動家安重根の記念館設立には「犯罪者」「テロリスト」

の扱いをするのは、全く理解できない。

それについては、植民地帝国として君臨した時代から解放され、一九四五年に平和国家として独立した現在、日本人の韓国人に対する差別意識があるから韓国で英雄とされている安重根に憎悪感を抱いているのである、と思われる。

以上のことから判断して、学校の教育現場では過去の近隣諸国への野蛮な侵略行為による悲惨さを、教科書の中に採用し、近隣諸国について日本国民に正しい歴史的認識をさせることができれば、過去の事実を反省した徴候もみられるであろう。

しかし、戦前の植民地帝国のしたことは、侵略行為ではなく、聖戦による植民地であった、という国民もいるため、中国や韓国から信頼されるよきパートナーの国家として認識されないのである。

これからの若き世代間では真心を込めて、近隣諸国の人たちと接し、お互いのもつ国民的感情を尊重して実行していく方向に持っていくことによって「憎中嫌韓」の感情も消滅していくだろう。

（2014年8月15日）

伊藤博文と安重根の人物像について

現政権の極右主義傾向の安倍晋三首相は、中国や韓国から侵略戦争への歴史的事実の反省を促されて半世紀以上も経過しているが、一向にその事実を認めようとせず、反省の色も全くない厭で危険な政治家であることに不安を感じている。

その原因として、侵略戦争について「侵略の定義は、国際的にも学問的にも定まっていない」という発想に基づいているのである。

広辞苑による侵略戦争とは、他国に軍隊を投入してその国の土地を奪い侵略主義国家の領土にする、という定義に基づいてみると、朝鮮半島への侵略行為の歴史的経過をたどれば、一目瞭然である、ということがわかる。本格的に侵略したのは今から五百年前の豊臣秀吉に始まり、加藤清正の侵略を経て一九〇九年の伊藤博文の暗殺の翌年に、朝鮮半島を併合して植民地にしている。この歴史的事実は、まぎれもない侵略の繰り返しであり、植民地に甚大な被害を与えていることを忘れてはならないのではないのか。

この歴史的な事実を教科書で決定づけると、中学生以上の人間であれば、理解も容易であるのにその定義を曖昧にしているのが現政権担当の政治家たちである。

日本は、歴史上終戦直後（一九四五年）まで、外国から侵略されることもなく地上戦もないし、また沖縄県を除いて植民地支配の歴史もないから、中国や韓国から歴史認識を問われても鈍感である。侵略した国家は、正当性を主張して妥当性を見出せないが、その反対に侵略されて甚大な被害を被り、植民地支配によって人権無視をされた中国や韓国には、生涯忘れることのできない歴史的苦痛を引き摺ることになるのである。一生傷ついた民族に癒しの環境を提供できるとすれば、過去の歴史的事実を反省し、補償すべきことはし、完璧にその責任を果たすことによって、両国の人たちに責任を問われない時代になるのである。

過去における植民地帝国時代を徹底的に反省しなければならない政治家たちは、中国や韓国の言い分を認識して再びこの問題が繰り返されないように、襟を正して外交政策をとり、国家間で共通認識をもって世界平和に貢献すべきである。

このような時代背景を認識した場合、アンジュングン（安重根）に対する人物評価は、中国や韓国からは英雄崇拝されているのに、極右主義の安倍晋三首相をはじめ各官僚たちによると「死刑判決を受けたテロリスト」であり「犯罪者」にしている根拠となっているのが、伊藤博文の政治的功績を称えているところにあるのである。

この理由として考えられるのは、伊藤博文の銅像が国会議事堂中央玄関を入った先にある中央広場の一角に立てられていることである。このような人物の政治家を暗殺したということになると、アンジュングン（安重根）を「テロリスト」と呼ぶのは当然と考えているようである。更に、伊藤博文は、大日本帝国憲法を制定し、最初に帝国議会を開設して初代内閣総理大臣となっていることから尊敬されているのであろう。これら一連の功績を称えて、日本の紙幣にも登場しているのである。

しかし、中国や韓国から判断すれば、伊藤博文が日本帝国植民地政策を重点に、初代韓国総監になって韓国を併合し、植民地帝国に拍車をかけそれによって韓国への差別政策で三五年に亘る長い苦難の道を歩むことを余儀無くされ、二一世紀の現在になっても未解決の問題が残されている状況下にある、と言える。それは「慰安婦」の問題や「歴史認識」の問題を引き摺っていることで分かるのである。

この歴史的苦難の時代を引き摺っていることは、一九〇九年一〇月二六日に遡ってみると、中国の東北部のハルビンで、アンジュングン（安重根）による暗殺事件が発生したことである。伊藤博文が韓国総監になって、植民地政策による重大な危機に直面することを深く懸念した安重根の行動は、中国や韓国の人たちからすれば、独立運動家として英雄視されるのは当然であろう。

支配者と被支配者の立場を秤に掛けると、被支配者側には不幸な運命をかせられるのであるから、支配者側が「犯罪者」とか「テロリスト」とか烙印を押すのは、あまりにも残酷な判断と言える。日本国民は、この歴史的事件の真相の理解には疎いと言えないだろうか。積極的に勉強すべきである。

中国も韓国と同じ立場にあったため、韓国から「周辺諸国への無慈悲な侵略と略奪を行った日本はテロ国家」と批難され「恥を知らねばならない」と言われることを真摯に受けとめて反省しなければならない。この明言に対して「国際的にも学問的にも」どう判定するのか、極右主義傾向の安倍政権は納得のいく説明を、中国や韓国にできるのか、否かと言うことを日本国民は知りたいのである。

結論的に言うと、沖縄県が国内唯一の軍事帝国植民地基地政策により、その植民地基地から発生するかなりの数にのぼる事件と事故に悩まされている。それに対して、沖縄県民は幾多の困難を乗り越えるために、絶えることのない抵抗行動を続けているが、韓国の安重根の英雄的行動とは類似性があるので、安重根を「犯罪者」とか「テロリスト」と言うべきではなく、韓国の人たちから「義士」と呼ばれ尊敬されていることを顕著に受けとめて判断することが望ましい、と言える。

（２０１４年８月16日）

沖縄には独裁的政治形態がある

日本の軍事帝国植民地主義の政策を押し進めている政治家たちは異口同音に中国は「一党独裁主義国家」と太鼓判を押して悪者扱いをして、沖縄県民に宣伝しようとしている。

一党独裁であっても主義主張が異なっているからと言って、干渉することこそ、我が儘で言い放題ではないだろうか。また「人権蹂躙」と言っているが、日米軍事侵略戦争のための訓練による事故や事件で痛め付けられている沖縄県民こそ「人権蹂躙」の痛ましい現実があるのである。日本国内において唯一沖縄県が悪魔の基地の政策により支配されており、独裁的な軍事帝国植民地がある故に憲法で保障されている平等権は失われている、と言うべきである。

日米両軍事帝国植民地主義者たちによる独裁的支配下で苦悩している社会環境を比較し模索してみると、中国は問題視すべき国家ではない、ということを主張しなければならない感情が沖縄県にはある、と言うことである。

民主主義の国家であり、資本主義の国家の頂点にあっても、いろいろな思想を持った人たちの集団から成立しているのであるから、それぞれの生き方を尊重することを憲法が保障している。しかし、新軍事帝国植民地基地の建設に反対する沖縄県民を「売国奴」と呼び捨てるヤマトーンチュ（本土の日本人）がいて、それに同調する超極右政治家の行動には、民主主義の根本精神は全くない、というのが沖縄の現実である。

中国の国家は「人権尊重」がない、と言って悪徳国家と判断するのはその国の実情を知らないからであり、そういう認識であれば自から進んで徹底的に勉強すべきである。

日本国内においても、軍事帝国官僚植民地主義の政治家をはじめ大多数のヤマトーンチュたちは、沖縄県民の塗炭の苦しみをまったく知らないし、知識の利権にならない、という食わず嫌いの人間もいるのである。

例えば、鳩山由紀夫元首相のように、沖縄の軍事植民地基地の問題を学んでも、中国に対する抑止力があるから「すべてを県外というのは現実的に難しい」という結末になり、沖縄県民の反対意思については歯牙にもかけない、ということでも理解できる。

沖縄問題について勉強するということは、沖縄には悪魔部隊の「海兵隊」は必要でない、ということを理解することであり、それを認識すれば、「学べば学ぶほど」の価値がある、という知識人となる。中国についての勉強も同じである。

現政権の自民党や前政権の民主党の極右政治家たちが「学べば学ぶほど」よい近隣諸国であると認識すればよいが、反対に抑止力に変わって「中国はわからない国家」と言ってしまうと、国民も同調する傾向になり、中国の人たちに対して讐敵となってしまうのである。

過去の侵略戦争を徹底的に反省して、世界の中で一番目に中国を理解し、信頼関係を結ぶ立場でなければならない。近隣諸国から信頼を寄せられるためには、過去の植民地帝国の潜在的支配意識を完全に排除することである。

二〇一〇年に報道された記事によると、中国通信社の東京支局特派員による発言には、中国全体の民族を代弁しているということを感じたものである。特派員は過去の歴史から「日本が中国を侵略したが、その逆はない」と言っていることと、現在は日本の企業が中国へ進出し、経済的にも良い関係にあるため「今後も中国が日本を侵略するようなことはないだろう」と中国の立場を説明している。特派員の発言は道理にかなっている、と言えないだろうか。日本国民は、近隣諸国と共に平和を求める意欲があれば、この認識を自覚しなければならないであろう。

中国に対して、敵意をいだき危険な国家と認識している人々には、中国の上級特派員が説明しても納得しないのが現実の日本国民の考え方のようである。

戦前（一九四五年以前）には、軍事帝国植民地政策により苦痛を与えたうえに「朝鮮人」とか「支那人」と罵声を浴びせたり、また沖縄戦では「慰安婦」として、強制連行したことに対する軍事帝国植民地国家が、過去の歴史的事実を反省して「脱欧入亜」の政策に目を向ければ、近隣諸国とは「志合はざれば骨肉も讎敵たり」から変じて「志合えば、胡越も昆弟たり」の諺の通り今世紀では生き返ってくるであろう。

超保守的軍事帝国植民地主義の傾向にあった民主党は、政権交代の時機（二〇〇九年）には、はっきりと「脱欧入亜」の政治課題としていたから、国民に公表したことを確実に実行すべきであったが、その反対の政治行動に舵を取ったがために政権支持率にも大きく影響することになったのも事実である。

いずれの政党が政権を担当するにしても「脱欧入亜」の外交政策を実行すれば、日本国民の中国に対する不快感の高い数字も低くなり、中国に対する優越感も漸次減少していくことになる。

このように、現実を凝視して、歴史的転換になるように政治の方向性を示せば、近隣諸国との関係も友好になり、それを基にあらゆる分野で人的交流も活発になって、平和的共存の道に向かうことによって、沖縄の軍事帝国植民地政策への恐怖もなくなることは論をまたないであろう。

特に経済大国に発展しつつある中国との関係がよくなれば、東アジア全域が安定した平和国家になり重大な選択にも結びつくことにもなる。

更に、沖縄県が戦争の標的にされないためには、軍事帝国植民地基地を完全に撤去することが課題であり、その結果として、毎日のように発生している事件や事故が、沖縄の二大新聞の記事に記載されないようになり、平和な「美ら島」沖縄ということになるのである。


（2014年9月10日）

中国の人工島の造成と辺野古の新基地

南シナ海にサンゴ礁を埋め立てている中国の人工島を、「環境破壊」になると米軍事植民地主義の太平洋司令官が非難したことに対し、沖縄の辺野古の海と陸を埋め立てて耐用年数二〇〇年以上の巨大な軍事植民地基地を建設することをどう考えているのか、と言うことである。

一九四五年の沖縄地上戦が終結して七〇年も経過しているが米軍事植民地軍隊による事件・事故は、巨大な軍事要塞基地が存在する限り、途絶えることのない環境生活である。

更に新基地建設となると、二〇〇年間も苦難の歴史を歩むことになると予想している。

中国の人工島の造成を批判する前に、辺野古の陸と海を埋めることは、著しい環境破壊となり、同時に人権無視の政治政策を、日米軍事植民地主義の政治家たちは、どう考えているか注目されている。

沖縄での軍事植民地基地による事件・事故が発生した場合、決まり文句で米軍事植民地主義の司令官の、沖縄県民に対する軽蔑した発言が報道されている。

例えば、米兵三人による暴行事件では、司令官が発言した「犯行に使用した車を借りる金があれば、女を買えたのに、三人は馬鹿だ」（一九九五年一一月）。また、米兵による強制猥褻事件では、元キャンプハンセン司令官の「海兵隊の犯罪率が特別に高いとは思わない。云々……」と言う発言に対して、沖縄県議会が海兵隊の削減決議に関連して抗議をするが、在沖四軍調査官もまた「彼らはみんなばかで腰抜けだ」（二〇〇一年一月）。彼らとは、反対の意思表示をしなかった県知事（当時の仲井真弘多）と金武町長を指している。こういう地位のある人たちにも軽蔑していることから推測して、県民に対しても最低の民族とみているのである。

親米派の保守的政治家であったがために、物言わぬ動物になっていることを見抜かれていたのであろう。基地があるためにこんな暴言を吐き出すのである。辺野古に軍事要塞基地が建設されると人口過疎地であっても、沖縄県の全地域が日米軍事植民地政策による支配権の範囲内になっているため、これから二〇〇年間も基地存在に脅かされることに県民は警告を発している。

辺野古の新基地について、現在の沖縄米領事官が「非常に小さな問題だ」という低能力認識の発言をしたり、また前任のケビン・メア領事官は沖縄県民に「二枚舌を使う沖縄人」「ゴーヤも作れない沖縄人」という発言に侮辱主義者として悪評を買っている。

沖縄に駐留している要人やその家族そして国内軍事植民地政府に対抗して、多くの県民が「世界遺産」に登録する最適な自然環境を守りたいと思っているので、陸と海に県外から土石を運んで埋め立てようとする無神経な政治行動は、絶対に許可してはならない。県民の怒りが最高潮に盛りあがっているので、毎日辺野古では県民の抵抗運動が続いている。

沖縄県民の「民意」を冷淡視して、米軍司令官に向かって、安倍晋三首相は「断固としてやりとげる」と誓っている。これはまさに人類の敵であり、民主主義国家の政治形態では全く考えられないのである。県民の「民意」を反故にして強行突破する軍事植民地政策には将来の沖縄の未来像に計り知れない大きな傷を残すことになることを意識している。

こうした美しい自然環境を破壊しつくす日米軍事植民地国家の親分である米太平洋司令官が、中国の南シナ海の人工島の造成を「虚偽の領有権」であると主張し、「太平洋で最も重要なサンゴ礁で脆弱な生態系を永久に破壊する行為」であると非難している。頭隠して尻隠さずの見解である。

中国を敵視する日米関係者は、沖縄県を「塵捨て場」と考えているため、犠牲を与えても平気で、塵ほどの誠意もない政治的発言が矢継ぎ早に飛び出すのである。

辺野古の巨大な軍事植民地基地の構造は当初の段階では予想だにせず二本の滑走路の長さが一八〇〇ｍとなっている。中国の人工島の造成に対して、この埋め立ての面積は「環境に深刻な影響を与える」とし「脆弱な環境を保護することは世界の責任」と批判しているにもかかわらず、辺野古についてはこの認識はない。

この巨大要塞基地を沖縄県に建設するということを承諾させる前段階では「密約」に基づいた嘘八百を並べて県民には知らせず隠しごとを徹底した会談内容があまりにも多い、と言うことである。

一九年の歳月が経過して、ぶれるにぶれた前知事の仲井真弘多氏が二〇一四年、県内に建設を承認し、これに対して現職の翁長雄志知事が県内建設反対の民意を反映して圧倒的勝利により当選したのであるが、しつこい圧力に屈して前知事が承認した当初の「密約」が浮き彫りになってきている。新型の軍事要塞基地に関連した施設には、計画を隠して住宅建設が計画されており、併せて新型F35ステルス戦闘機の配備や大型軍艦が接岸できる桟橋等の建設なども、にわかに浮上した計画ではなく、前知事の承認取付けで直隠しにかくしていた、と言うことになっている。

近い将来には、自衛隊のオスプレイ配備の予定も持ち上がっている。前知事の承認とりつけまでは、秘密主義を守って、県民には全く知られていない。これらの計画は、密約主義を徹底的に隠して、沖縄県に知らせず、猫を被る日米軍事植民地主義者たちの欺瞞に満ちた国家間の醜態をまざまざと見せつけているのである。民主主義の国家と名言する資本主義の国家の実態ということになるであろう。

辺野古に巨大要塞基地を建設して、有事が発生した場合を想定して、一八〇〇mの二本の滑走路を更に延長し、軍港の拡大にも拍車がかかってくることを予想している。そうなれば、辺野古の陸と海の自然破壊は、計り知れない将来像が見えてくるのである。

米太平洋軍の司令官が、中国の人工島の造成による滑走路の長さから推測して「軍事的性格であることは明白だ」と明言しているが、辺野古も同様に永久に軍事目的のために使用することを目的にしている。司令官の言う通り中国の人工島と辺野古が全く同一線上にある場合、中国側が「虚偽の領有権」を作り出していることはなく、サンゴ礁の破壊とか脆弱な生態系の破壊とか言って非難する権利は全くないと言ってよい。

米国の平和教育国際研究所の創設所長が「地球、人類が生き残るために必要な環境保護」と、辺野古の巨大要塞基地の建設阻止に取り組むことを誓ったことに、日米軍事植民地主義の政治家たちは耳を傾けて、真険に考えることを県民は望んでいるのである。

日米軍事植民地政策による過去の歴史的事実から判断できるように、沖縄県の場合は国内軍事植民地政策が強化され、更に同盟協力をすすめるために、拱手傍観の立場で眺めている米軍事植民地国家の二か国による政策により将来の沖縄には、夢と希望をもたらせてくれることは望めない。

沖縄県民の願いは、鉄心石腸の指導力を持った翁長雄志知事と共に辺野古建設基地反対と既存の広大な軍事植民地基地の完全撤去である。

本年度は、不幸にして全国民の反対運動を冷淡に取り扱われて「戦争のできる法律」（安保法、集団的自衛権など）が成立している。暴虎馮河の日米軍事植民地政策による餌食から解放されるには、沖縄県民として一刻も猶予できない「独立国家」を実現させることが必要で、近隣諸国と共に平和に暮らすことができるのだ、ということを認識してきている。

日米軍事植民地国家の政策には、平和と民主主義の理念が蔑ろにされているため、全国民と沖縄県民が連携してこの危機感から脱するには、翁長雄志知事を後押しして実現させなければならない、と自覚しているところである。

（2015年12月5日）

中国と沖縄には信頼感がある

日本軍事帝国植民地主義の政治家とそれと同調する大多数のヤマトンチュは、中国への信頼感は持っていない。しかしその傾向に対して沖縄県民は、唐時代から中国との交流があり、現在も風俗習慣が日常生活の中に溶け込んで引き継がれている結果、親中派が多いと言える。

中国が日本に対して不快感を与えるような行動を日本国内で起こし報道されると、嫌中感情が最高潮に達し、それに押されて御用学者や中国を厭な面から研究しているジャーナリストたちが、鉾先を中国に向けて嫌中感情を強く刺激する本を出版するのである。

このような出版物の共通点は「嫌中憎韓」の内容になっているため、国民にはよく売れているという。売れている理由として「人民日報」によって中国を愛し、「朝鮮日報」では韓国を礼賛すると言う朝日新聞の罪にある、と述べている、ということである。

そこで例えば、その本の数冊の題名でわかるように、中国への嫌悪に溢れた本の題名と作者を掲げると以下の通りである。

「なぜ中国から離れると日本はうまくいくのか」（石平著、石原慎太郎推薦）「迫りくる日中冷戦の時代――日本は大義の旗を掲げよ」（中西輝政著）「日中再逆転――習近平「超軽量政権で中国バブルは二〇一四年完全に崩壊する」（近藤大介著）、「日本人の恩を忘れた中国人・韓国人の心の闇」（呉善光、黄文雄、石平共著）、「中国はなぜ尖閣を取りに来るのか」（藤岡信勝、加藤英明共著）、「語られざる中国の結末」（宮家邦彦著）等々である。

以上は、中国について書かれたこれらの本の題名から想像すると、いずれの本も嫌悪のこもった眼差を向けた本の一部分であるが、大多数の日本国民に対する反中感情の支持者を意識しての出版物に対して、親中派の感情をこめた出版物は少ない。

特に最近の情報としては、尖閣諸島や防空識別圏が設置されたため、以上掲げた出版物も多くなると同時に、中国への好感は急激に減少傾向を示す状況になっていくのである。

また「支那」という呼び方も時間の経過と共に消え果てることもなく、意識として日本国民の歴史の中に溶け込んでいるのか、マスコミも連日連夜中国の海洋監視船の領海侵犯に触れて、沖縄県民や国民に一方的に事実を誇張して報道するため、中国に対する誤解を与え憎しみを募らせている原因にもなっているのである。

八重山の漁業組合によると、過去において中国漁船と沖縄の漁船の間では、操業上政治的問題になるような衝突は全くない、ということをコメントしている。領有権問題を発生させ、政治的紛争の種を蒔いたのは紛れも無く日本の軍事帝国植民地主義の政治家たちによるものであり、その問題の発生と同時に、国民や沖縄県民に対して、中国脅威論を報道するため、厭がらせの感情を抱かせる悪い癖がマスコミ報道関係者にはあるようである。

両国の人たちの間での悪い感情を徐々に解消するためにはどんな方法があるのか、そのことの報道はすくなく、また、中国を一方的に批判する本のみを取りあげることをせず、中国側の言い分もよく聞いて国民や沖縄県民に正しく判断させ、平和的に外交解決していく方法や手段を報道することによって、中国は厭な国家だとか、怖い国家だとかいう感情も薄れていくであろう。

近隣諸国と信頼感に満ちた外交手段で問題解決をすることによって、沖縄県民の生活不安をなくす方法である。現在日中関係が悪化し、緊張感を高めている状況の中で、沖縄県民の中国に対する意識はどうなっているのであろうか。状況は穏やかであった頃と比較すると極めて厳しい目で中国を意識している人が徐々に増加しているのは事実である。

沖縄県の場合、ヤマトーンチュの考え方とは著しい差異があるが、現在の沖縄県民の中にも中国に対して好感をもち得ない人がいるのは、日本軍事帝国官僚植民地主義の政治家たちが、先島諸島への軍隊配備をすることにより緊張を高めて中国に敵対意識を持たせていることが原因になっているのである。

極右政治家たちのすることなすことの挙動には、沖縄県民の感覚として任せきりにすることはできないという非常な危険性を意識している、と言うことができる。このような日本軍事帝国官僚植民地主義の政治家たちの言動に注意深く観察しなければならない現実が、沖縄県には存在しているのである。

すこしでも観察が鈍ると、政治の方向性として沖縄県民の意識や判断力から離れて、益々極右化していくことは言う迄もない政治状況になってきているのである。こうした動きに無関心であると、中国に対する理解や信頼感が遠ざかっていくことに注意を払わなければならないであろう。

沖縄県民は、日米両軍事帝国植民地政策に悩まされないために、政治や法律の世界から目を逸らさず、無関心であってはならない、という認識を持っており、現実から目を逸らすと、取り返しがつかない結果を招くことを、過去の歴史から学ぶことができる、ということである。

現在の政治の方向性には、極右傾向化に邁進することに政治の目標がみられるので、沖縄県民こそ「木偶の坊」から目覚めなければならない極限状況に追い詰められている現実になっている。日本の軍事帝国官僚植民地主義の政治家たちは、沖縄県民が政治や法律に無関心であり、軍事帝国植民地政策を万事都合よく進められると考えているため、細心の注意を払わなければならない。

沖縄県の政治状況の緊張を高めている原因は、中国や北朝鮮への憎悪に満ち溢れた感情が日本人の心奥に染み込んでいるためで、それを解消するには並大抵の努力ではできないが、すこしでも敵対行為をなくすためには、批判的な面から判断することではなく、中国をはじめ近隣諸国を理解するに適した出版物にも触れることにより、異なった政治・文化等を尊重して親交を結ぶ飛躍の契機を摑むことになると、安定した平和なアジア地域になるであろうことは言をまたない。

（２０１５年12月29日）

朝鮮半島の植民地支配を反省し友好関係を築こう
――危ない橋を渡ると沖縄がひどい目に逢う――

北朝鮮の金正日書記長が死去した直後に、日本のマスコミは連日連夜、北朝鮮の将来について解説を唱えながら報道している。その内容は批判的であり、北朝鮮の展望に失望するような報道である。総書記死去後の日本との関係改善をどうすべきか、という報道の内容ではない。

北朝鮮によると「日朝関係の展望をさらに暗いものにしてしまった」と報道している。その報道前に、日本のマスコミ関係者たちは、友好関係の道標を国民に理解できる解説が望ましかった、と言える。

日本では、北朝鮮は独裁国家であるから理解することは望めないというのが、一般的国民感情となっている。非難に集中すればするほど、ますます志気があがってしまい、全国民が早急に解決を望んでいる拉致問題は「北朝鮮にはもはや存在しない」ということになって、解決の願望も失ってしまうであろう。それに加えて核廃絶問題の解決には堂堂巡りの議論になってしまうであろう。

日本の官僚政治権力者たちをはじめ国民も賛同して批判を浴びせると、北朝鮮への敵対意識が心の奥底に染み付いてしまい、「卑劣な行為だ」として認識することになると、両国の関係改善は閉ざされてしまうし、沖縄にも悪影響を及ぼす可能性は十分ある。

超保守的官僚政治権力者たちが、北朝鮮に対して「柔軟な外交姿勢」をみせると、国民から支持率が急速に低下することに恐れをなして、北朝鮮には好意的判断を慎み慎重な行動になってしまうのである。

また、官僚政治権力者たちが、北朝鮮に対する外交姿勢が冷淡であるために、日本の軍隊である自衛隊が米韓との軍事演習に合同参加するのは不自然とは思わないことから、朝鮮半島の緊張が続くのは当然の成り行きになるのだ。

朝鮮半島で緊張が高まると、沖縄県の米軍事帝国植民地基地の悪魔の部隊の動きが活発になるため、県民は生きた心地もしない状況に置かれてしまう。

朝鮮半島の動きに敏感に反応する沖縄県民として、緊張を高めることのない外交交渉で平穏無事に国際環境を整えていく外交手段を望んでいる。

特に北朝鮮との関係では、将来への不安な時代に終止符を打ち、これからどういう方向転換で敵対しない外交問題に発展させていくのか、と一抹の不安を取り除くマスコミの報道になることに大きな期待をしていたが失望せざるを得ない内容の見解である。

日本の超保守的で、超タカ派の大臣の経験者たちの中の更に極右官僚政治権力者がいて、北朝鮮に対して睨みを利かせて敵対関係を持ち続けると、総書記（二代目）死去後も変化のない外交政策を執ることになるであろう。

北朝鮮の第三代目の後継者の時代になった現在は、アジア諸国の安定した平和国家に向かうためには、穏便派で社会主義国家体制に柔軟な政治指導者の政権が日本国家に誕生して、近隣諸国のよき政治指導者として尊敬され、外交問題に相互理解できる道筋を立てていくことのできる急を要する傀儡政権ではない、平和政権の誕生に期待している。

（２０１６年６月13日）

朝鮮半島の緊張感を高める危険性
――先島諸島にも軍事植民地基地が押し寄せる――

一

朝鮮半島の北朝鮮と韓国の関係が一触即発の危機の緊張をつくり出しているのは、米韓の軍事演習である。同じ睨をきかせている日本の軍事帝国植民地主義国家の軍隊（自衛隊）の存在も脅威となっているのは勿論である。

北朝鮮が砲撃をして民間人を殺傷する軍事行為は、いかなる理由があっても、徹底的に批判すべきである。また潜水艦からの攻撃もいまだ時間も経っていないのに、砲撃をするのは戦争への触発行為であるから国際的批判を浴びせられるのは当然である。戦争は悪魔の手段による最悪の犯罪行為であるから、一国間のみの問題ではなく、人類滅亡へ向かっていくことを政治指導者は自覚すべきである。

しかし、なぜ北朝鮮によるこの二つの軍事的行為が頻繁に起こるのか。触発される韓国側にも原因はないのか。米軍事帝国植民地主義の国家を背景に、韓国の軍事体制のあり方は相手側に脅威を与えていないか、ということである。

一九五〇年代に朝鮮半島で既に戦争体験をしていて、その悲劇を繰り返してはならないのに、朝鮮半島を戦争の墓場にしようとするのか。その原因も国民が明確に認識をしないままに、過去の悲劇を繰り返したのが戦争の歴史となっている。

圧倒的軍事力を持つ米軍事帝国植民地主義者たちが、軍事力を誇示して、朝鮮半島で共同軍事作戦を決行すると、相手側からすれば、例えると自分の住む近くの広場で、暴力団の集会があった場合にその附近の住民はどういう気持ちになるか。朝鮮半島の軍事訓練とは比較にならないが、危険な状況下になれば類似点はないにしても、恐怖感の悪夢におそわれるのは言わずと知れている。

米軍事帝国植民地主義体制の国家は、「世界の警察官」と称して、世界の小国家の紛争の隅隅まで睨みをきかせていて、いざ紛争となると、当然と言わん許りに軍事行動に踏み切るおそれがあるので、世界の人々に不安を駆り立てるのである。特に沖縄県民には、そうした状況になった場合、深刻になってくるのだ。言う迄もないことであるが、朝鮮半島は勿論のこと、世界の各地の紛争に睨みを利かせるその発進基地が米軍事帝国植民地基地のある沖縄となっているからだ。

世界情勢や基地に関して無関心になると、長いものに巻かれる恐れがあるので、「平和と安全」のための軍事植民地基地の存在になっている、という常套手段の用語に敏感に反応することができなくなるのが最も気懸かりである。

米韓の軍事共同演習が中国を刺激し、かつ北朝鮮も自国の危険性を感じての行動をしたならば、充分にその真意を聞いて対策をとり、紛争に発展する原因を捥ぎ取らなければならない。極東アジア地域に緊張を高めているのは一体どこの国家なのか。民主党の元防衛相の北沢俊美が言明した「わが国の安全保障環境は緊迫度が深まっている」という認識は、中国を刺激する挑発的な内容となっている。さらに自衛隊員に「部隊訓練を一層充実させ、一人一人が努力してほしい」という訓示は、戦争前夜の兆しであり、中国への侵攻作戦的な発言を意味しているようで、自衛隊の本質を語っているように感じる。現実認識には、前政権も同じ穴の貉であることには大差はない。

官僚政治権力者は、沖縄県民に対して中国や北朝鮮の独裁体制を煽りたてたり、東北大地震に大量の自衛隊を動員して救助活動にあてたりして、信頼感を鼓舞して軍事力を高める政治のあり方に疑問を持ちつつその動向に注目することである。

このように、自衛隊の活躍に期待感をもたせることによって、近隣諸国に対する緊張と危険性の宣撫工作をしながら沖縄県に軍隊増強を促して日米軍事帝国植民地基地を沖縄県に移設しようと神経を尖らしている。

その動向の阻止には、粘り強い抵抗精神が必要となる。名護市辺野古の新型の軍事帝国植民地基地建設に八割以上の県民が反対の意思表示をしていることを思うと、諦めない抵抗精神が意識として行き着いていているのである。

二

北朝鮮のミサイル発射実験に対して、これを撃ち落とす可能性があるのか分からないが、官僚政治権力者の植民地主義による沖縄へ配備予定のＰＡＣ３がスムーズにいくことに満足をしているようだ。独自の軍事訓練の土台固めとして、次にどんな軍事行動をするのか、沖縄県民は極度の緊張感と不安を抱いているのである。

こうした軍事訓練をよいことに、次回の段階として米軍事帝国植民地主義者たちによるＰＡＣ３の展開訓練に踏み切ることを、復帰四〇周年を迎えるにあたって、その報道をしている。狐は疑い深いたとえの狐疑逡巡の構えをする親分格（米国）の訓練は、子分格（日本）の前に軍事訓練をすると、沖縄から猛烈な抵抗運動を受けるため、子分格から先にまわして、堂々と大規模な戦争挑発の訓練に睨みを利かせている。

日米軍事帝国植民地主義者たちは、日常的に「抑止力」という軍事植民地用語を使って、県民の抵抗運動を和らげようとする戦略的な意図がある。

資本主義国家体制は、敵対意識で挑発行為をする悪魔的国家体制があり、それに対する沖縄県民は軍事訓練の真の姿を見抜くことを常日頃から身を以って注意深く動きを見ていないと、資本主義的軍事国家の動向を見抜けない危険な状況に陥れられることに警戒することである。

日米軍事帝国植民地軍隊を受け入れることによって経済的効果があるという考え方から脱却して、それに変わるどんな平和的経済産業の効果があるのか。この二つの選択のうちどちらを取るのか。「お金こそわが命」では、貴い人命を評価できない、一時的現象である、と認識することである。

そして日米軍事帝国植民地基地を県内移設すれば、危険な異物であるから、それを撤去するための抵抗運動になると、莫大な費用と労力が必要となる。撤去するには長い闘争精神が必要であることを沖縄の闘争の歴史から学ぶことができる。それを考えた場合、名護市辺野古への新型の軍事植民地要塞基地建設を総力戦で阻止し断念まで追い込まなければならない。

敵対する共産主義国家に軍事訓練の兆候があると、日米韓の三国家は、いち早く軍事挑発行動の態勢をとる。その行動は、新型の軍事要塞基地を拠点に自衛隊の共同作戦によって行われるため極度の危険性が沖縄県民の不安と恐怖心である。

軍事攻撃を的確にするために、安保条約を優先させて民間施設を強制的に使用できるようにするという危険性に対して、民間空港の使用に抗議決議を全会一致で可決した石垣議会と共に全県民が使用させてはならないことを渾身の力をこめて行動し支援することである。米軍海軍ヘリと小型輸送機が使用時間を変更し、民間空港側に「変更され運航に影響はない」と議会側を通して報告をされても、いざ有事が発生すると使用禁止を無視して、強制的に圧力を掛けてくることになる。軍事戦略上、我慢しろということになるのだ。その時には、どんな強力な抵抗をしても渇に臨みて井を穿つで、安保条約を盾に取って無条件に使用されることになって取り返しがつかない。

沖縄県民が、精神的に油断すると、更に拍車を掛けて次の手段が準備されるので、このじわりじわりと攻め立てて軍事力を高め、配備しようとするのが、日米軍事帝国植民地主義者たちの巧みなネズミ作戦だ。

保守主義の自治体は、縦割り行政の政治が日本の本質的体系であるため、沖縄県民が拒否反応をしてもその自治体の首長は、頭が上がらず絶えず上を向いて「物質的支配」される傾向になるようだ。北朝鮮のミサイル発射実験に対して、防衛省が沖縄本島と先島諸島にＰＡＣ３を配備するだけで県民の人命を守れるのか。戦争になれば、近代の核兵器を使用することが戦争に勝つ手段と方法であるから県民を守る保障はない。

こうした日米軍事帝国植民地政策に目論見をもって軍事支配しようと企んでいるため、自然豊かな美ら島の沖縄が最も大きな犠牲を払わされる。そのことを考えた場合、目指す目標とは何か、ということを模索することが、将来を背負う子や孫のために幸福をもたらすのだ。

沖縄の未来を築く子や孫の世代に幸福をもたらすには、今生きている人たちの努力で、日米軍事帝国植民地の軍事要塞基地を完全撤去し、消滅させることが必要で、平和で安全なよい社会環境を整える責任と義務があることを自覚する必要がある。

（２０１７年３月10日）

尖閣諸島の歴史的経過をたどる

――歴史的にどう判断すべき領土問題となるか――

中国が尖閣諸島は台湾固有の領土である、と主張しているのは、中国憲法の前文に「台湾は中華人民共和国の神聖な領土である」と謳われており、一八七四年に日本の植民地軍隊の侵略から始まって一八九五年から植民地にした歴史上の経過から判断して、尖閣諸島は日本が奪い取った領土である、と考えられるからである。

中国は、四〇〇〇年の歴史的文明をもった偉大な国家であるから、尖閣諸島の支配権が及んだのは六〇〇〇年前から続いていることの正当性を主張している。六〇〇〇年の時間の流れの中で、日本をはじめ諸外国の列強国によって苦難の歴史を歩んできたのは中国や朝鮮半島ということである。

尖閣諸島の年代を歴史学者の見解を参考にして、その足跡をたどると以下のように証明できる。

一五九二年から五年間にわたって豊臣秀吉軍による文禄の役、慶長の役で朝鮮半島へ出兵し、その後加藤清正が侵攻したが敗退したため、東北の満州から中国大陸へ侵略の足固めに朝鮮半島を侵略する狙いをつけていた。

一六〇九年、薩摩藩の植民地軍隊により、沖縄を奪い取って日本に取り込まれて、植民地支配が始まる。あれから四〇〇年も経過しているが、日米戦争により再び中国を睨んだ巨大な日米軍事帝国植民地主義の支配が続いている。薩摩侵略以前は、中国と親交が深く琉球王国として繁盛を極めていた。薩摩藩の侵略者たちは、先島諸島や尖閣諸島を含めて侵攻することはできなかったが、琉球王国を制圧した延長線上に、現在では歴史的にも尖閣諸島を「日本固有の領土」（中国名釣魚島）と主張するようになっている。

北方領土は、ロシアが実効支配し、竹島（韓国名、独島）は韓国が実効支配している。尖閣諸島は、日本が支配しているが、ロシアや韓国による支配をしているため、強硬手段は困難であるにしても、尖閣諸島の実効支配を効果的にするには、あらゆる手段を駆使してでも「固有の領土」を守らなければならない状況にある、と認識している。

一八七四年、日本の軍事植民地軍隊は次の目標を定め、南方から侵略するために初の台湾征伐に向かっている。尖閣諸島まで視野に入れても侵略行為であったのかは明らかではない。

一八七五年には、朝鮮半島の北の江華島占拠事件を契機に中国を睨んだ事件が発生する。

鎖国時代から解放されて、一八八五年に明治政府が誕生し、外国文化に触れることによって、日本の社会や政治形態が急速に変化してきた。資源の乏しい国土の日本が、最初に目を向けたのは中国であったので、資源獲得に躍起になっていたのである。

外国と言えば、中国や朝鮮半島であったので、そこを目指して侵略することを第一の目標にしていた。これが露骨になったのは一八九四年の日清戦争で、本格的に中国を侵略することに拍車を掛けている。

日清戦争の結果、一八九五年に日本に割譲された台湾を統治し、五〇年間にわたって植民地政策による支配をしている。一八七四年の台湾征伐から二〇年後の台湾を植民地支配している。その結果、中国との侵略戦争で、尖閣諸島（中国名釣魚島）も占拠している状況から、強奪された尖閣諸島の名称は、中国を威嚇した戦闘的軍事意識を与えている。

一八八九年には大日本帝国憲法が制定されて、外国侵略のための思想統制に必要な関連法案を成立している。その制定後の一九〇四年に日露戦争が発生して超大国に勝利した結果、樺太（ロシア名サハリン）の領土を割譲して勢い付き、その勢いから中国大陸へ資源獲得のために国家総力体制であたることになったのである。

こうした歴史的事実の流れを理解すると「日本固有の領土」が尖閣諸島である、と証明するのは不明確となってしまうのだ。

二一世紀になって、尖閣諸島がマスコミに浮上して、はじめて沖縄県民は事の重大性の真実を知ることができたのである。この歴史的事実の経緯を鮮明に知っている国民や県民は非常に少ない、と言える。

領土問題を日中間で真剣に話し合い了解を得て決定されたならば、中国海洋監視船による領海侵犯は報道されないであろうが、日米軍事安保条約が締結された当初から、日本の官僚政治権力者たちは親分格の米軍事帝国植民地主義者たちに後押しされ、その勢いで虎の威を借る狐のような行動で中国に歯向かっているようである。

尖閣諸島は､他の領土問題と異なって歴史的にも複雑な問題を抱え込んでおり､無人島ではあるが､紛争の原因になる島となっている。例えば、文部科学省が、教科書で尖閣諸島は「日本固有の領土」で、有効に支配しているので、領土問題は存在しないと記載しており、国民や県民に納得した記述になっているのか、といった問題がある。また同様に、韓国との間で問題となっている竹島（韓国名、独島）も、固有の領土であるのに韓国によって不法に占拠されていると記述して外交問題に汚名を残す雰囲気になっている。

特に領土問題については、日米同盟が深化しつつある二〇一〇年頃から、中国を敵対するようになって、日本国民も挙って官僚政治権力者たちの意見に賛同し、中国に対してますます警戒心を持ってきている。再び超保守的極右主義の安倍政権が誕生しているため、過去には他の閣僚たちの中国訪問もあったが、資本主義と共産主義との国家間の対立が領土問題を巡って、暗い雰囲気になっている間は、首脳会談はありえない、とコメントした中国首脳の判断は正しい、と思われる。

京都大学教授で著名な歴史学者の井上清の著書「新版尖閣諸島」によると、「尖閣が『日本領土』との歴史文書は、著者の知る限り、世界中皆無である」と述べている。また「米国もアジア諸国も『日本領土』と認めていない」ともその著書で論じている。

その著書に賛同の意を表している元外務省主任分析官で作家の佐藤優氏も「日本政府が『固有の領土』だと胸を張って主張できない」と明言しているのだ。

更に、原田禹雄氏は井上清説批判をまとめた本で「日中どちらにも属さぬ島」と論じている。

このように尖閣諸島が問題になるならば、両国の「共有財産」にするのがよい。平和的に解決していくことによって、近隣諸国と「共存共栄」へと進んでいき、嫌中、兼日感情もなくなって、両国の緊張が和らぐのは一も二も無いのである。

（２０１７年４月28日）

第六章

沖縄の民意を踏み絵にする反民主主義に抵抗する

変革への道「オール沖縄会議」に夢を託して

沖縄の自民党の中で、指導的立場にある翁長雄志氏のような政治家は、保守的指導者として非常に好感の持てる強靭な精神力を持っており、信念のある指導者として評価している。

ヤマトーの政治権力者からの圧力に抗し、一連の沖縄問題に対しても、土壇場に追い込まれた状況を理解して物怖じしない堂堂とした発言ができ、保守的指導者というよりは、沖縄の運命を案ずることにぶれない偉大な政治的姿勢を示している。

例えば、翁長氏の「基地により飯を食う時代ではない」という信念に基づいた発言は、日米軍事植民地基地の撤去と辺野古への新軍事植民地基地建設への反対を唱えたものである。那覇市議の与野党を問わず後押しされての反対表明の政治的態度は、戦後六九年の政治家の中では稀有な存在になっている。

更に注目すべき名言として「政府に対抗できるのは沖縄だけ」と言っている。全国四七都道府県の知事が言ったのではなく、一地方自治体の長の物怖じしない行動には、沖縄から日本の政治の右傾化を引き留める重要な政治的名言となっている。この名言は「朝の来ない夜はない、止まない雨はない」と、勇気と希望を与えてくれるのだ。

翁長氏のオスプレイ配備の反対も、保革を問わず県民の命と財産を守るために、岩をも崩すような行動力で、沖縄の保守的革新的指導者たちは模範とすべきである。

更に政治家として注目すべき主張として、カジノ観光に対する見解と原発建設反対を表明していることだ。ジャーナリストとして活躍している女性と精神科医師の現地調査報告によると、カジノは観光資源としての財源となるが、この地域の住民にとっては悲惨極まりない生活環境の破壊になっているという。環境悪化によって人口減少がみられ人身の破壊が極めて高いということである。カジノ観光を誘致している韓国とマカオの共通点は、観光客がカジノの虜になってすべてを失なって行き場のない悲惨な窮地に追い込まれてしまうということだ。「一六勝負」のカジノ産業を沖縄が誘致することは、平和産業が行き詰まることを予想させるのだ。

翁長氏は「カジノは沖縄観光の在り方が根底から崩れていく」ことを念頭に置き、反対の意思表示をして立候補する期待感の持てる最良の政治的思想家である。また優しい環境づくりのためには「カジノは将来に禍根を残す」と懸念し、これまでの総合的観点からカジノ観光に対する弊害が報告されていることを思えば、翁長氏の政治的公約は正鵠を得た政治理念を持っていることがわかるのだ。

次に翁長氏の政治的公約として、県民を改めて自覚させ目覚めさせたのは、原発建設反対についてだ。福島原発事故以前には、沖縄県の発電所内でも原発建設について話題にのぼっていたが、当時の討議では事故の恐怖についての関心は県民の中にはなかった。チェルノブイリ原発とスリーマイル島原発の事故は沖縄から遠い外国の事故であるので、県民も原発建設に対する恐怖心を深刻に理解し把握していなかったと言える。

翁長氏は沖縄県民の社会環境のあり方に問題点を絞った政治公約として、原発建設の反対を掲げ、県民を目覚めさせたことは極めて重要である。

過去と現在の知事選で原発建設反対を前面的に公約したのは翁長氏以外にはおらず、政治思想史の一頁に刻まれることだろう。

この二つをとりあげた理由は、仲井真弘多氏は積極的に政治上の話題にしようとする傾向にあって、沖縄県に原発を導入することに前向きな姿勢だったが、これに対抗する翁長氏は、後向きに敢然と立ち向かい軍事植民地政策による新基地建設反対に合わせて原発反対を公的に掲げた。将来子や孫の世代になると、沖縄の未来像に不安と恐怖が襲いかかることを見通し、今回の選挙公約に政策として掲げたことが功を奏したといえる。政治家としての手腕に満ちた政治思想家として期待している。

翁長氏の新知事誕生後は、県民が一丸となって後押し、公約実現に向けて協力体制の意思を行動で示さなければならない。全県民は、公約実現のために「勝利は最も根気のある者にもたらされる」と、自覚を噛み締め翁長氏の新知事誕生を迎えたい。

（２０１４年10月26日）

桃李もの言わざれど下自から蹊を成す

――翁長雄志新知事への親書――

二〇一四年一一月の県知事選で、政策公約の最大争点となっている「建白書」には、ヤマトーの政治家たちは「知事選は焦点にならない、過去の話だ」と言い、翁長新知事を保革が同じ視点で推薦するのは過去に例のない選挙であった。翁長新知事があくまでも「民意」に基づいて県内移設絶対反対の情熱を燃やしている政治的信念には、明らかに選挙戦の重大な焦点であり、県民もそういう気持ちで支持したのだ。

また、悪い印象として仲井真弘多氏が、入院中車椅子を使って対談に向かっている状況の中で、優柔不断な態度につけこまれて県内建設を強引に承諾されたと思われる雰囲気の報道を聞くと県民としては納得できず、再び「屈辱の日」を与えられた思いだ。

四一市町村長の熱意あふれる討議で作成され献上した「建白書」は「過去の問題」ではなく、極限状況に追い込まれた意思を表示したものであり、それに基づいての今回の選挙の最大争点であったことを保守系支持者たちは、仲井真弘多氏の県内建設は承認済みであり、工事も着工しているから「過去の問題」としていることに対し、県民としては翁長新知事と共に岩をも切り崩す団結心で断念に追い込まねばならない。沖縄の運命を決定づける県民の八〇％以上が翁長新知事の誕生に向けて「建白書」実現のために立候補をした理由にしていたので、未来永劫にわたり子や孫の幸福のために「天下の憂いに先立ちて憂い、天下の楽しみに後れて楽しむ」という心得で沖縄の運命を案じてのことになっていることを、ヤマトーの政治家たちや県内保守的陣営に同調している人間たちもよく理解すべきである。

また「建白書」の異議を軽視し、まともに考えないのは、喩えると戦前の離縁状の「三行半」とか放蕩息子に対する「勘当」と似た人間性を喪失した地獄の烙印のようなものだ。

ヤマトーの国内軍事植民地主義者たちが、二〇〇年以上耐用できる巨大な新型軍事植民地基地建設を辺野古に執着しているのは新型基地のあり方に必ず変化することができるので、強引に建設しておけば、将来「日本軍」に変わって基地を使用することを軍事政策上もっているから辺野古に前神経を使って「唯一の解決策」とうそぶくのだ。更に杞憂するのは「国有化」になると、日本軍事訓練は激しくなり、「負担軽減」は絵に描いた餅となる。南米キューバのグワンタナモ軍事基地のような沖縄にしてはならない。

保守的存在で最高の指導者としての地位にあった翁長新知事は脱党の状態で立候補し当選したことは、革新的な立場の県民や無党派層の人たちからも絶大な信頼を受けているということであり、過去六九年間の選挙戦にはなく画期的な選挙であったので、沖縄の歴史に永久に忘れられない政治の神様と決定づけられる。

政治家として、県民の声を軽視する「縁なき衆生は度し難し」となったり、「自家薬籠中の人」であった仲井真弘多氏には県民の将来の平和的幸福な社会を夢見ることはできない。また「米軍基地は経済発展の最大の阻害要因」という認識をしていなかったかも知れない。

仲井真氏は、敗北した理由を認識することができないのか「公約の違反はしていない」と強硬姿勢であるが、県民は全く納得しない。公約を投げ捨てることは選挙の鉄則である「清き一票」ではなく「汚れた一票」ということだろう。

公約違反をしたならば、法律では厳しい責任を追及される債務不履行となり、解除権や損害賠償の請求になるが、政治の世界ではそうならないのは不思議であり、それがために若者を始め多くの選挙権を持つ人たちに不信感が持たれ、投票もしないということになってしまうことに責任を持つべきである。

これまでの選挙のあり方は、保革の政治的対立であったので功罪相半ばする、難問題を解決することは望めなかったが、翁長新知事の「沖縄のアイデンティティー」で政治的目標をもって政治をするならば、沖縄の未来には前途洋洋たるものがあるということが、心奥から感じとることができる。

最後になるが、翁長新知事が選挙戦前後にとった行動は、沖縄の歴史に偉大な足跡を残した記念すべき感動的な行動になっていることとして、印象づけている。

その一つには、選挙告示の当日、南部戦跡の「魂魄の塔」と辺野古新軍事植民地基地反対抗議の現地訪問には、県民のひとりひとりが涙の溢れるほど感激した、ということだ。

その二つには「当選証書」授与の当日には、再び辺野古の現地に赴き「建白書」実現のために「オール沖縄」の力で阻止しようという力強いメッセージを送られたことは、沖縄の現実を踏まえて未来への明るさをもたらす冬来たりなば春遠からじ、の如く一連の星の輝きになっている。

以上の行動に、翁長新知事には全県民が「桃李もの言わざれど下自ら蹊を成す」契機となっており、保革の壁を乗り越えて平和で幸福に満ちた元気一杯の沖縄県に向かっていく希望の光が見えてきていることを感じている。

夜明けが一番暗い現実をみつめて、翁長新知事と一蓮托生の精神で「建白書」実現に向かって行動しなければならない。

新知事をはじめご家族の皆様もご健康には気をつけられてがんばっていただきたい。恐惶謹言

（2014年11月18日）

鉄心石腸の政治家　翁長雄志知事と共に

――勝利は粘り強く戦い続けることである――

昨年の一〇月（二〇一四年）、防衛相・中谷元が、佐賀県に対してオスプレイ配備を「見直し」するということを表明したが、佐賀県の知事と少数の県民の反対抗議に押されて断念している。

しかし、沖縄県の場合は抗議規模には雲泥の差があるのに、県民の反対の意思を物ともせず辺野古

基地の着工にかかるのは、異常な政治判断となっている。その差別主義はどこにあるのだろうか。

長い歴史の差別意識がヤマトーの政治家に根強い雑草のように流れているからである。

一九年前に「密約」を取りかわして普天間基地の危険性除去のために、新型の巨大な軍事植民地基地を辺野古の陸と海を埋め立てて建設することに、日米軍事植民地国家は同意したのだ。

沖縄県民は、その巨大な基地の規模と構造を全く知らされていなかった。

絶対に新基地建設を断念させるためには、二〇一四年の三大選挙で勝利し、その頂点に立って「オール沖縄」をスローガンに県民の絶大な信頼と尊敬で当選した翁長雄志知事と共に、辺野古新基地建設反対の旗を掲げることだ。

翁長知事の顕著な政治的理論は、世界の著名な人たちを賛同させ、世界にその名を知らしめており、暴虎馮河になった権力者たちもたじろぎ敵対心をつのらせている。不倶戴天の政治権力者たちが国内に跋扈しているのだ。

翁長知事の、民意を尊重して断念させるまで諦めず一歩も譲歩しない粘り強く戦い続ける鉄心石腸の政治理論に対して、権力者たちは警戒を強めている。

翁長知事は、県民と共に命運をかけて辺野古新基地建設の断念まで必ずなしとげると明言しており、その精神に感動する全国民の協力体制が広がってきていることは「辺野古基金」の支援で証明されている。

沖縄県に対する政治圧力の対応には勇敢な翁長知事を後押しする県民の協力精神があるのだ。

権力者たちには、あるときは狐に化けて相手を騙してあざけり笑う醜い政治意識があり、またあるときは、ライオンになって弱い者を威圧する傲慢不遜な政治感覚をもった国内軍事植民地主義者たちの政治姿勢もあるのだ。

上辺を飾って「民主主義国家だ、法治国家である」と言って、県民を宥め賺しながら懐には鋭い剣をかくしもってちらつかせたり、あるいは「日米同盟」を深化すると言って主体的な外交政策に弱い隷属国家になり下ったり、宿痾の運命を辿った国内軍事植民地主義者たちになっている。

沖縄県の国内軍事植民地政策に拍車をかけるように、昨年の両者の会談から再び強硬な態度で圧力をかけられている。

翁長知事が、県民の民意の声を反映させた進展に向けての誠実な話し合いにのぞんでも、防衛相・中谷元は旧態依然として「辺野古移設への理解と協力が大前提だ」と言っている。何と物分りのない臆病者の言い方であろうか。

前政権の民主党時代の防衛相や現政権の防衛相の地位にある者の沖縄県に対する政治的認識は、非常に残酷極まりなく、県民の人命を「地球よりも尊貴である」などと思う気持ちは毛頭ないだろう。

防衛相・中谷元が、会談の中で「集落上空を飛ばない」「弾薬搭載エリアや係船機能はあるが機能強化ではない」また「基地面積が現在の飛行場と比べ三分の一になる」と説明しているが沖縄県民は、この会談の中味をどう理解するだろうか。中谷元氏がいう「理解と協力」の政治的発言を深刻に受け止めることである。

沖縄県民は、棘のある会談内容を鵜呑にしてはならない。

日米軍事植民地主義者たちが設定している辺野古の新基地の構想は、一般の県民には軍事機密で知らせることはないが、予想外の新型の軍事基地であることを理解できれば、騙されることはない。県民は、危惧を抱かせる防衛相・中谷元の「理解と協力」に賛同すると、一〇〇年、二〇〇年に亘って国有地になり、建設されると年月の経過につれて機能強化され、更に巨大化していく可能性がある。

翁長知事の「辺野古反対の民意が圧倒的だ」という目標を定めた政治信念を、県民も等しく支持していることに、権力者たちは理解すべきである。

前知事を繰り返し説得して承認させた経緯はあるが、翁長知事は同じレベルで説得しても、その効果は全くないであろう。

鉄心石腸の翁長知事と共に粘り強く戦い続ける県民の政治闘争は「理解と協力」を得ることは永遠に不可能であるので、原点に立ち戻って断念することが、民主主義国家の政治形態であり、誇りある法治国家になるということだ。

（２０１６年４月２日）

平和主義者と軍国主義者
——翁長雄志知事の声明文を武器にして——

翁長雄志知事と中谷元・防衛相の五月（二〇一五年）対談の経過とそれぞれの声明文を読むと、翁長知事の談話内容には、過去七〇年の沖縄が屈辱した歴史の経過を一目瞭然と理解でき、平和を求めてやまない感情がこもっている。

翁長知事のまとめた声明文は、保守革新を問わず全県民が羨望の的を得た談話になっている。全県民は、翁長知事の声明文を噛み締め、それに基づいて全国民に話しかけ、かつ全世界に向けて沖縄の現状を訴える必要がある。

全県民が翁長知事の声明文を血となり肉となって身につけることによって、自信と誇りを持って沖縄を理解させることができる。

沖縄における日米両軍事帝国植民地基地の現実に、今の若い戦後生まれの世代層が無関心になっていることに対して、翁長知事の談話の内容には、この七〇年間の過酷な試練に耐えた歩みを客観的に分析してまとめられた内容は完璧に富んでいる。中高校生のための「平和学習」にも最適な資料となるであろう。

ヤマトーの保守的政治家たちも翁長雄志知事の声明文を熟読して、全県民が反対している辺野古新軍事帝国植民地基地建設を断念する気持ちになることを望みたいのだが……。それでも旧態依然として、基地負担軽減には「唯一の解決策」とする固定観念を切り崩さなければならない。

朝日新聞社主催のシンポジウム（二〇一五年七月）で、辺野古路線を強行する国家を批判した元外務省官僚の作家の佐藤優氏が「国家がまずくなっている時」だから、政治的政策の観点から「唯一の策」というときは「必ず二番三番の選択肢がある」と明言しているが、県民としてその数字を明確に意識する必要がある。「唯一」にこだわっているのは翁長雄志知事が言う「日本政治の堕落」であり、これからの日本も、過去に再び後もどりして過ちを犯すことになることを警戒しなければならない。

日米軍事帝国植民地主義者たちが「唯一の策」に取り付く理由は、この巨大な要塞基地を建設することによって、地球が存在する限り、永久に軍事帝国植民地基地を堅持したいためであって、この「唯一の策」にこだわっていることを意識すべきである。

翁長雄志知事の声明文には七〇年間の歴史の苦難が刻みこまれていることに対して、中谷元・防衛相の声明文には、沖縄を犠牲にしてでも軍備増強のことしか念頭にない内容となっている。

例えば、その内容の全文の八割が中国の脅威に対抗して、先島諸島に自衛隊を配備して戦争への対応策をとる重要な要塞基地にしておかなければならない、という内容である。これはまさに軍事侵略国家を目標にした内心からの発露である。

沖縄県民とヤマトーの人たちとの差異は、中国に対する違和感によると言える。

沖縄県民に中国の脅威に対抗するためには先島諸島の防衛強化が重要であることを、ヤマトーの保守的政治家たちは繰り返し悪宣伝をするからそれに釣られて県民が洗脳されてしまっているのが原因で、中国への脅威と嫌悪感を抱かせているのである。

こうしたいきさつから、対談の中での、中谷氏の声明がいかに沖縄県を犠牲にしてでも中国を押さえ込むことができるかという内容であるかがわかり、それは沖縄県民に、辺野古への新型の軍事帝国植民地基地建設が「唯一の解決策」であることを認識させるために、親分格の米国軍事帝国植民地主義者たちが後押ししているからである。

日本国民として沖縄県民の人権尊重を守るか、それとも宿痾の従属精神で親分に目を向けるのか、民主主義の真の根本精神が問われているのが沖縄県に潜んでいる政治的課題となっている。

沖縄県民を日米軍事帝国植民地政策によって強力に押し進めていくためには、県民の生命の尊さなどひとかけらもなく、脳に藁の詰まった政策では希望はもていない。しかしだから仕方がないと諦めると、取り返しがつかない不幸な結果を招くことを認識しなければならない。

このことを意識させたのが翁長雄志知事と中谷防衛相との対談から三ヵ月経った八月に、国民の感覚から分離した恐怖発言が飛び出したからである。

例えば、参議院での「安全保障関連法案」の審議中に野党議員の質問に対して、他国軍の後方支援に「核兵器の運搬も法文上は排除していない」と言っている。この法案が可決されると防衛相が運搬は可能であると断言するのは時間の問題であろう。

他国軍と言えば、具体的には親分の米国であることは言うまでもないが、全国民をはじめ沖縄県民は、戦争への道をまっしぐらに進んでいることに注目する必要に迫られている。

国会で審議中のこの戦争に加担する法案は沖縄県との関連性が非常に高く、常につきまとっていることを忘れてはならない。

これらの審議解消のためには、翁長雄志知事の声明文を武器に学習し、戦争による死の灰を被らないように、常に「独立国家への道」を意識することが重要な緊急課題となってきている。

（２０１６年４月28日）

法律の魂を蘇らせる翁長雄志知事

裁判所の判決状況をつぶさに取材している有名なジャーナリストは、日本の裁判所への不信感を表明している。

沖縄の軍事植民地基地に関する裁判になると、裁判には馴染まない印象を受ける。二〇一四年に実施した三大選挙で、新基地反対の「民意」は絶対的多数の意思表示をしているので、前知事の「瑕疵ある承認」に対する翁長知事の「取消し」は正当な理由であり、裁判所は基本的判断を曲げてはならない。

裁判官は、時の権力者によって指名や任命をされる職業なので、自分の地位を守るために恩着せがましい態度で、思想・信条の立場から偏向判断をしないか、県民は非常事態の態勢で警戒している。国家権力と対立する地方自治体の勇敢な翁長知事の法廷闘争で、裁判所は、裁判の言い分を聞かないからという理由で、片寄った判断をしないか、という懸念を持っている県民の立場を真剣に考えるべきである。

翁長知事がなぜ反対の意思を強力に押し進めているのか、知事の本質的理論は、沖縄の歴史的経過と既存の基地について、それに巨大な要塞基地となる辺野古新軍事植民地基地の反対意思は、二〇一五年に発行された翁長知事の著書「戦う民意」と朝日新聞出版編の「沖縄と本土」の二冊の本を徹底的に繰り返し熟読すれば、その深意を理解することができる。国家権力者の「瑕疵ある意思の主張」がいかに不可能なことであるかを反省し、辺野古問題を解決する鍵があることを認識することだろう。

権力者や裁判官をはじめ辺野古基地建設の賛成派の県民は、この二冊の本を読み、沖縄の現実を魂のこもった法律で見つめていけば、間違った知識で問題を解決することはできない、ということを学ぶことができる。

翁長知事の緻密で繊細な法律理論は、著名な若手憲法学者の木村草太氏が強調していることと同じように、国家権力者や裁判官は、法律家の果たすべき職務として「原理原則、理念を実現するためには、技術的にどうすればいいか」という主張を厳粛に受け止めることだ。

法律を専門職とする裁判官と同じように、政治家にも当然墨守しなければならない共通点があるのに、政権担当の主要ポストの位置にある政治家の「法的安定性は関係ない」という発言は、法の精神である魂が蝉の抜け殻となって現れている。この発言と同様に、沖縄県に対する対抗措置として行政不服審査法に基づいて「私人」の立場に姿をかくして対応するさまは、異常な政治状況であり、法律を歪めても権力側の思うままに政治行動をしようとする者には「法律問題を処理する場合、法律家としての目が決定的に重要だ」と言われているのに、この状況は全くない。

翁長知事の言う「政治の堕落」そのものである。

裁判官や政治家の条件として厳守しなければならないのは、法律を適用させて健全な社会を築くことであり、法律を勉強した、正常で健全な目を必要としていることを忘れてはならない。その目的として「健全で正常な目」を持つことが法律家を養成することを目標としている学問である、と言われているからだ。また、その目は「人間としての魂のこもった生き生きした目」を養うことにある、と言われる。

権力者は、人一倍に努力して沢山の法律を学び、国民に対して魂のこもった法律の条文を適用して、国民が安心して暮らしていける社会環境に整えるべきだが、権力者は日本国民が金科玉条とする平和憲法を歪めて解釈したり、行政担当の学者たちが指摘するように、牽強付会に行政不服審査法に基づく「私人」の立場で法律を駆使しようとしているのは、法律の正しい使い道として予想だにしていない。法律の目と魂を抜き取り、権力を思うままに駆使するのは独裁国家への道の第一歩を踏み出しているのだ。

一八七五年、薩摩藩の植民地軍隊が大軍を率いて琉球に侵攻して琉球王国が稼いだ宝物を、洗い浚い奪い取って持ち帰った最初の琉球処分から四〇〇年が経過した現在、今度は国内軍事植民地の軍隊（機動隊）が、辺野古へ派遣されている。

現代の国内軍事植民地主義者たちは「和解勧告」を受けた三日後、舌の根の乾かぬうちに「是正」提出している。これは民主主義国家には有り得べからざる異常な政治的状況である。

納得のいく前提条件として、翁長知事と話し合いを持つのが行政上の立場から理解することができるが、咄嗟に「是正」を提出するのは、法律に無知な人間のやり方か或いは藁にも縋る思いで様々な方法を考えた挙げ句、こういう行動に移した、と思われる。

ここにも法律の魂の抜け殻となった政治行動がある。

翁長知事は、法律の根拠に基づいて「堕落した政治」の方向性を正すために、辺野古新基地建設「承認」に瑕疵のあることを指摘して「取消」をしているのだ。法律の正当な根拠がなければ、「取消」に踏み切ることは当然ない。

沖縄県と国家の法律に基づいた対峙には、「行政追随」とか「国策追認」の処分にならないように「民意」を尊重して国民や県民側に添って納得のいく裁判の判断を期待していることを忘れてはならない。

沖縄県民は、翁長知事と共に、法律の魂の抜け落ちた頭脳で判断する裁判にならないように、強い関心を持って裁判所の頭脳明晰な判断に期待している。県民は、裁判を通して正しい民主主義国家の方向性を、読み応えのある翁長知事の著書「戦う民意」を糧に命運をかけて、翁長知事と共に「オール沖縄」の立場で支援する覚悟をしている。

法律の魂を心の奥に深く銘記して、法律の在り方を「法律の目的は平和であり、これに達する手段は闘争である」と名言を残したドイツの法哲学者イエーリングの神髄を噛み締めている。

（２０１６年５月10日）

確固不抜の政治家　翁長雄志知事　――ノーベル平和賞授与への道――

二〇一〇年の頃から前知事の仲井真氏の態度は、曖昧模糊として計りがたい行動が目立ち始めていた。県民の辺野古建設に反対している八〇％以上の民意を裏切って、県内移設を「容認」したことに対して頭から湯気を立てて怒っていることを認識する必要があった。

しかし、会談後のコメントを聞くと、将来の沖縄の方向には「鬼が出るか、蛇が出るか」に、県民のひとりひとりが予想をはるかに超えた道を歩む時代になっていくことに強い危惧の念を抱いたのだ。ヤマトーンチュには予想を立てることは不可能であっても、沖縄県民には手に取るように不安の予想をする面に、その違いがある。「一寸先は闇」であることの状況を深刻に認識することができるのだ。

巨大な軍事要塞植民基地建設に対し、県民の根強い反対があるにもかかわらず、強権的に辺野古建設にこだわる要因の一つに「人口密集地域ではないので危険性の軽減になる」という見識は、沖縄の優れた自然環境について全く無知である、と言うことだ。現政権の環境大臣が辺野古の海や陸を視察した際の「何もないのではないか」という感想は、県民の反対抗議を和らげようとする見解で陰険である、と言うことだ。

昔は、良港な海として南部との重要な経済的根拠地として、豊かな環境だった。現在は過疎地となっているが、しかし、現に住民が住んでいる地域へのオスプレイ配備によって騒音や事故に極めて危険な状況に置かれる現実があり、それを認識することのできない脆弱な体質がヤマトーの政治家の心理である。

前知事の仲井真氏は、県民から公約通り実行するという信頼から政治家になったが、その自覚を完全に喪失したのか、県民の民意を反故にして県内移設に転換し、承認のあり方には、我儘な行動に走ってしまった愚かな考え方の政治家になった、と言える。政治家としての自覚が欠如し、信頼のひとかけらもない憐れな退任になったのが、二〇一四年一二月九日の退陣式だ。

二〇一三年一二月二一日には、県内移設を承認した後に前政権の民主党から再び捲土重来の勢いで政権を握った第二次内閣の超右翼的保守派の安倍晋三首相が、県民の要望を審議した結果、前知事の仲井真氏に「驚くべき立派な内容」と伝えたことから、仲井真氏は「よい正月が迎えられる」という自画自賛の感情を表した。

また、承認をとりつけ勝ち誇ったように菅義偉官房長官が駆け付けて抱き合っている二大新聞の動画を見て怒り以外のことばがない。二人が額を合わせて握手している様子には、県民の代表者であったのか、という姿は影も形も見受けられない。

この承認の結果がその後の沖縄の現状に甚大な痼を残す切っ掛けになってしまったのだ。

沖縄県民に憤りを与えた事件として、承認をした後は鬼の首をもぎ取ったように喜び、怒濤の勢いで押し寄せてくる権力者に対して、正正堂堂と難局に立ち向う確固不抜の翁長知事に感動し、共に協力して沖縄の未来に輝きをもたらさなければならない、という気持ちが強力になってきている。

承認の旗印を掲げる「海保職員」の異常な行動は、国内軍事植民地主義者を代弁した野蛮な行動として、次から次へと新聞報道されている。それによると、反対運動の先頭に立って行動しているカヌー隊の県民の首に手を当て、威嚇している海上保安庁の行為は、麻薬鎮静剤を服用して人間性を喪失していなければできることではない。二一世紀に登場する新しい海賊の姿を予感させている。

この二大新聞の動画を見て、県民はどういう反応を示すのであろうか、この状況は民主主義国家から遠く掛け離れた構図になっている。

中国との関係がうまくいかないと、沖縄県へ軍事的、政治的植民地政策による圧力をかけ「海の物とも山の物ともつかない」方向転換をするが、県民には予想不可能ではない。不幸な運命に向かないように「食うか食われるか」の気持ちで、毎日厳しい視線で意識しなければならない。このような状況を意識して、翁長知事と共に背水の陣の思いで対応しなければならない現実になっている。

沖縄の前途に希望の光をあてようとしている翁長知事の「オール沖縄」に立って政治的信念を貫くことに、県民のひとりひとりが自覚し責任感を持って後押しすれば、将来にわたり県民に幸運をもたらすことは言うまでもない。

将来に光をあてる現実問題として、二〇一〇年一〇月に南米のチリで起こった救出作戦の成功を、翁長知事に置き換えて考えることができる。

この事故が世界中の人達に感動を与えたのは、優秀なリーダーがリーダーシップを発揮し仲間を激励し、各自の役割分担を決めて統率を取ったことだ。その間発見まで一七日間の時間が経過していたのである。

その国の政治家たちと全国民の努力で三三人全員を救出したことを思うと、沖縄県民には今世紀最大の関心事だ。

沖縄県民の圧倒的な辺野古新基地建設反対の民意を無視して日米軍事植民地主義者たちが手を結び、弱い沖縄県民に対して強力な軍事植民地政策を行使するのは、リーダーシップを喪失した安倍晋三首相ということなのだ。

チリ鉱山の全員救出作戦に全世界の人々が固唾を呑んで見守っていたことを思い巡らすと、県民から絶大な信頼と指導力を評価されて県民をリードして将来に明るい展望を抱かせてくれる翁長知事の存在感が、現在の沖縄の政治的状況となっている。

翁長知事について、もう一つ印象に残っている世界的に話題となっている記事がある。二〇一五年九月一五日付の米経済誌「フォーブズ」に投稿された電子版で「日本で最も勇敢な男」と見出しの付いた記事である。

翁長知事が「日本政府と対立する形で辺野古の新基地建設に反対している」こととゲート前の県民の抗議行動も同時に大きく紹介されている。県民として誇りにしなければならない政治的指導力の評価である。

ノーベル平和賞の授賞に値する沖縄県の政治家の名前が挙がったことがある。復帰闘争で活躍した那覇市長の瀬長亀次郎と、代理署名拒否で国家権力と戦った太田昌秀元知事と言った政治家たちだが、いずれも話題になっていない。

しかし、現在は保革を乗り越えて、辺野古新基地建設に「あらゆる手法で建設を阻止する決意を持ち続け、埋め立て承認取消しを表明した」のは、偉大な政治家として評価されている。また、世界的な指導者たちから注目されて政治的指導力を発揮した行動力に感銘していることは、ノーベル平和賞に匹敵する評価になっている。と同時に、日本国民と県民からも絶大な支持を受け「オール沖縄」の旗印を掲げて戦う翁長知事こそ、今世紀初頭において最高で偉大な政治指導者であり、英雄であると言え、ノーベル平和賞を与えるべき「日本で最も勇敢」な政治家といえる。

（2016年6月23日）

第七章　虹の国独立民主国家を模索する

民主主義国家という名の米兵の犯罪から解放へ

——未来を創造する沖縄の若者たちへ——

沖縄で発生する米軍事帝国植民地主義の悪魔の海兵隊による事件や事故の場合、沖縄から事件の真相を追及することは不可能であり、国内軍事帝国植民地主義の日本へ報告されて、間接的にその実態を把握する状況となっている。沖縄県民が損害を被った場合、直接的に抗議することが日本国憲法の趣旨に適した人権尊重の正しいあり方である。

沖縄県内の悪魔の海兵隊による事件や事故は、民主主義制度の適用には至っていない。その制度の欠点として、上記のような経路を辿っての交渉の仕方には、最低の民主主義制度に成り下がっている。米軍事帝国植民地政策による支配体制の視点で判断するため、そういうことになってしまうのである。いかなる事件や事故でも「軍事」の付く用語が使用されると、どんな民主的機関も疎かに取り扱われ、軍事用語の優先的独占的な使い方であると言える。

安保条約や地位協定のような不公平な規定は、民主主義とは無縁で不条理に満ちた人類史上、類のない欠陥をもった制度であり、かつ封建的な奴隷制度の足跡が残る日米軍事帝国植民地国家の仕組みになっている。この両国は「沖縄人を日本人と見るな」と、戦後の歴史の流れで認識している。戦後の歴史の中で、県民のひとりひとりが、最高の理想の自由、平等、平和を目指して出発したものの、沖縄のみは度外視されて、二一世紀の現在に至っても人間らしい人間の生き方を無視されている。

日本国憲法の下に、人間らしい生き方を求めて復帰運動に努力して勝ち取ったのであるが、前政権の自民党が平和憲法を順守すべき条文を軽視してきたために、今の日本の平和の影が薄くなりつつ、米軍事帝国植民地主義の支配者たちに隷属的となり、国民及び沖縄に目に立つこともなく、米軍事帝国植民地国家に睨まれることに神経を使っているのが、日本の軍事帝国植民地国家の外交政策の実態となっている。

独立性のない隷属国家の状態が続いている間は、近隣諸国へ目を配ることもできず、国家としての主体性や個性もない隷属主義国家に成り下がってしまっている。こうした国家体制になっているため、経済的には大国になったが、人権尊重する政治的形態には後進的であるため、沖縄に直接的に跳ね返っているのだ。経済的には落ち着きつつあるが、精神的には政治的圧力による高飛車に出られて悲劇的な社会環境になっている。

前政権の自民党から現政権の民主党に至るまで「外交問題」を対等に主張するのは、上辺を飾って実現不可能になっている。主導権を取れず、米軍事帝国植民地主義国家の命令で対等の立場に立って外交交渉のできない民主党政権は、政権交代の当初から暗示されていたのである。

一九七二年五月一五日の復帰前の二七年間、米軍事帝国植民地政策によって苛酷なまでに支配されていたその間の国内軍事帝国植民地主義の民主党は、政治的に何の発言もせず、ただ無関心と傍観的立場の政治姿勢である。その状態を例えると、子供（沖縄）を見捨て勘当したようなもので、官僚政治権力者たちは、物言わぬ花のような臆病者の政治傍観であった。復帰後の沖縄は、二七年間も孤児状況で放置されていたので、愛情も薄れてしまい、政権交代後は人間性を取り戻すこともなく、後遺症が今も続いている。

そこで沖縄県民は、第四の「沖縄処分」までの政治的圧力主義の差別支配に対して、四月二五日と五月一六日（二〇一〇年）を不平等の抵抗運動として連続して行動している。「自由と平等」を求める沖縄の真の姿を国内軍事帝国植民地主義者たちは認識すべきである。沖縄が「自由と平等」を求めるのは、日米の軍事帝国植民地政策による基地被害による苦痛からの解放闘争による人間としての生き方によるものである。沖縄が求める「平等」には、日米軍事帝国植民地国家の植民地基地が沖縄に集中している不条理な「安保条約」と「地位協定」を消滅させて、日本国民として平等の権利を保障させることとであり、それが実現不可能であれば「虹の国独立への道」を模索することを念頭に置くことは不要論でもなく、非現実的でもない。

政治的差別主義政策の長い歴史の重みから訣別し、独立への重い試練と展望を試みることも一理ある、と言えないか。それは野望で現実的でないと批判するのは当然であっても、望まなければ未来永劫にわたって、政治的差別支配で我慢し、耐え忍ぶことになるであろう。

軍事植民地主義による政治的政策として、絶えず沖縄を認識している官僚政治権力者たちは、戦争準備に向かって戦争法案が次から次へと成立させていく傾向がありありと現れることが実感できるため、沖縄が最も危険な状況に置かれることは、明白となっている。

沖縄県民が「独立」と一言でも発すると、官僚政治権力者と同調する国民は、吃驚仰天するどころか、反対に「差別」意識が全国の隅隅まで吹き捲っていくであろう。それだけではなく沖縄を全国的劣等国民とみるであろう。官僚政治権力者たちは、沖縄の日米軍事帝国植民地基地の存在に目を付けるのであって、もし「基地完全撤去」になると、沖縄への魅力を失なうと同時に「差別主義」が強烈になっていくことがはっきりと分かっている。

沖縄県民は、子供から大人まで非常に依頼心が強く、軍事植民地基地経済に経済の捌け口を求めるのではなく、東南アジアや中国との貿易の道を探求してみることも、沖縄の未来を暗示することができるであろう。

若者たちが、近隣諸国に親しみをこめたまなざしで接し、希望の開拓を求めて知識や技術の得意な技に磨きをかけてレベルをあげて努力すれば、世界に誇る沖縄となるのは、言うに及ばない。沖縄県民には、過去の歴史から判断できるように、独特の文化を造り、世界的にも誇れる宝を持っているため、無限の力があることを証明できるのだ。夢と希望を持ち続けて努力すれば、必ず目標も定まりそれに向かって、実行することになり、不可能は存在しない。

世界に誇れるように沖縄の若者たちが自覚し、現実の日米軍事帝国植民地主義の政治的圧力を見詰めて世界に目を据えて行動に移すことによって、沖縄の真の姿が見えてくる。こうした社会的生活環境にすることが「美ら島」沖縄の本来の姿で、未来の新しい国を創ることに役立てることができるのである。

（２０１０年４月28日）

抑止力は時代錯誤の贈り物である
――独立と解放を求める沖縄――

「抑止力」という軍事用語は、県民には何の役にも立たないが、日米軍事帝国植民地主義者たちには都合のよい軍事的政治用語となっている。またこの用語は、政治的中心の永田町から発する遠く離れた沖縄を「捨て石」と認識している。大多数の国会議員は沖縄の実情を勉強しようとしないつわものたちであり、それに加えて国民の意識の低下も、この用語に甘んじている、と言える。

米国軍事帝国植民地基地の移設を引き受けないと沖縄県以外の自治体が拒絶しているのに、なぜ日本の各地に軍事基地を置くのか。戦勝国としての「軍事的勝利品（島）」の沖縄を強制接収し、日本国民を服従させたいと思っているので、安保条約と地位協定を軸にして「日本全土基地方式」でその勝利を確保している、と言うことになっている。

戦前の軍国主義時代の日本は、一五年間の長い戦争の歴史で、勝利し戦果をあげたその見返りに「勝利品」として領土を占有し、植民地化して独裁的恐怖政治を強行に推し進めてきた歴史的事実がある。米国との戦争では敗者となってしまったため、沖縄が米軍の「勝利品」の島として永久に軍事帝国植民地化することになったが、官僚政治権力者たちは、それを黙認して隷従国家となってしまい沖縄の軍事植民地政策については、腰抜けの国家となっている。

この腰抜けの国家と断言するならば、米軍事帝国植民地主義者たちは、世界最強の軍事力を持ち、かつ宇宙戦争も勝利できるくらいの戦力を持ち、さらに沖縄近海には自衛隊を従えて陸海空軍で固めた最先端の近代兵器を保持しているにもかかわらず、何故に沖縄を軍事力で固めて固定化して「抑止力」だからと主張して、県外か国外には全く目を付けず沖縄に駄目押しをするのか、理解することはできない。このことが沖縄県民の抵抗運動を潰して新型の軍事植民地要塞基地を何が何でも建設しようとする強権的圧力政治の下心である。

官僚政治権力者たちは「日本は民主主義国家であり、法治国家である」と盛んに宣伝するが、その政治的本質には民主主義国家に程遠い制度となっていないか。何故ならば、戦前の歴史的事実を徹底的に反省し、沖縄県民の「民意」を重視して民主主義の名に恥じない寄り添う心があれば、民主主義制度が根付き法治国家という太鼓判を押すことができるのである。

安保条約と地位協定を重視し、日本国憲法を遵守せず疎かにする国家には民主主義制度が根付くことは難しく、好戦的、侵略的国家を重視する以外には考えない政治的方針には、県民として非常に不安となっている。

中国の軍事力増強と北朝鮮の核兵器保有に対して「抑止力」という軍事用語で沖縄県民をごまかそうとすることに極度の政治的不信感があるのだ。日米軍事帝国植民地基地がなければ、近隣諸国から攻撃の目標になることは全くない。これは断言できる沖縄県民の確固不動の精神である。

伝統的な沖縄県民の性格は「命どう宝」といい「イチヤリバチョーデ」(見知らぬ人でも逢えば皆兄弟)という精神が宿っているので、近隣諸国の人々を憎むことはないと言ってよい。「抑止力」という軍事用語は、馴染みがうすく、官僚政治権力者たちが使う常套句となっている。

沖縄の未来像として考えたいのは、日米軍事帝国植民地基地を完全に撤去し消滅させて、日米好戦的軍事同盟から解放されて「虹の国独立国家」として出発する民族独立運動への意識転換も必要ではないだろうか、ということである。未来永久軍事植民地経済を清算し、モナコ王国のように観光資源による平和産業を基盤にした楽園生活に希望をいだけないだろうか。また、戦争か平和かその選択を求めて、沖縄の未来の長い歴史の進展を考えてみる気持ちの余裕はないだろうか。それとも現実を謳歌することができれば満足である、と考えるのか。このような幻想的な未来像ではなく、日米軍事帝国植民地主義による国家体制の政治的、軍事的圧力について一度立ち止まって、考えることも無意味ではない。

本来の沖縄が目指すのは楽園の美ら島であり、軍事植民地からの被害に苦悩せず、脅かされない安全確実な社会環境にすることが沖縄の未来の展望となっている。

（2011年5月15日）

二国家間の法律の足枷に脅える沖縄
——不思議の国のアリスの沖縄の現状——

頻繁に発生している悪魔部隊の海兵隊による凶悪犯罪は、軍紀がゆるんだ米軍事帝国植民地支配によるのか「軍紀粛清」という麻痺した軍事用語が犯罪発生後に使われる異常な雰囲気になるのか、それが今の沖縄の現実となっている。このような生命や財産を脅やかす悪魔の海兵隊による極悪な犯罪は、「日米地位協定」によって犯罪者を逮捕し、日本国の法律に基づいて裁判に掛けられないためにこのような事件が発生しているようだ。

沖縄県民の生命と米軍の生命を比較して雲泥の差があるのは、差別主義国家体制の本質的不平等の「地位協定」によるもので、県民の生命は戦後から現在に至るまであまりにも軽く鼻であしらわれてきている。米軍事帝国植民地政策による支配者意識が軍事上、認識しているからであろう。また、国内軍事官僚の政治権力者たちも、差別主義体制により真剣になって問題解決をしようとしないため、戦後はまだまだ終わっていない現実の沖縄である。

沖縄県民の早急に解決を望む不発弾の処理と、戦没者遺骨収集が終わっておらず、二つの戦後処理が残っている現実。更に復帰前の「非核三原則」に基づく核兵器の完全撤去がされず、いまだ核貯蔵の疑問を残している現実。また、県民の要求する基地撤去と辺野古新基地建設反対の外に、基地の存在による諸々の事件事故は、復帰前後を問わず不備だらけの「日米地位協定」の改正を求めても一顧だにしない現実。これらの状況に、益々戦後はまだ終わっていないと県民は認識している。

沖縄県民の足枷となっている「地位協定」と「安保条約」は、世界の歴史の上からも不平等条約の最たるもので、人道的にも許すことのできない典型的な内容となっていることは、沖縄県民が等しく持っている感情である。

悪魔部隊の軍人や軍属とその家族による重大な事件や事故が起きても、日本の警察による逮捕も現行犯でない限り、消極的な行動であり、かつ裁判に掛けられることは稀な事件だけである。このように米軍事帝国植民地主義の状況は絶海の孤島の沖縄の純然たる事実となっているのだ。人間の生きる価値を軽率に判断して、過去から現在に至るまでこうした状況が続いて虐げられている根拠となっているのが、この二つの足枷の差別的条約である。沖縄県民のひとりひとりが、この条文の内容を読むことによって、どういう抵抗精神を身につけて抵抗運動に参加したらよいのか、郷土愛に導かれた自覚も生まれてくることは言うまでもない。二つの条文の内容を理解すれば、その判断力に基づいて抵抗精神を身につけて行動する切っ掛けをつくることができるが、しかし現実はそんなに甘くはないのは理解しているが……。

沖縄県民をはじめ全国民も「地位協定」や「安保条約」による軍事差別主義によるその差別的軍事用語についての規定内容を知ろうとしないし、また、無関心の様相があるので、ましてや米軍人、軍属の加害者には沖縄を認識する知識を身につけることはないであろう。

沖縄県で極悪な犯罪を犯しても「軍法会議」に掛けられない、厳罰主義に晒されることも低く、そのため加害者になっても処罰されないか、あるいは軽い罪に問われるぐらいであるからか、その安堵感が極悪非道な犯罪を引き起こすのであろう、と思われる。

米軍人軍属は、沖縄県内で重大な事件や事故を起こしても、日本の法律の適用は稀であるようだが、これに対して沖縄県民による米軍事帝国植民地基地に関する犯罪になると、国内の法律と米軍の「軍法会議」で裁かれる可能性があり、重い刑罰を科せられることになるのだ。

悪魔の海兵隊による県民に対する死亡及び傷害事件の重大事件で公私を問わず「軍法会議」に掛け

られないのは、県民の命を軽視しているからであろうか。もし死亡及び傷害事件が金網の中で発生した場合、県民以外の事件や事故についての報道は、控え目な報道になってしまうようである。それとは逆に、沖縄県民が米軍人、軍属に対して、死亡及び傷害事件を起こした場合には、有無を言わせず「軍法会議」で裁くのは勿論言うまでもないことである。これは米軍事帝国植民地主義によって支配されている沖縄の悲劇を象徴している。一人の命は地球より重いという人命の尊さを微塵も考えない証拠と言えないだろうか。

沖縄県には、もう一つ不思議な現実があるようだ。公務中の悪魔の海兵隊の酒気運転は、「地位協定とは認めない」と見直しをする、と言明している。

酒気運転中の事故と辺野古への軍事要塞基地建設とを比較して、「公務中」を見直したということで沖縄側の「理解と協力」を得ようとしているようである。この協定は、沖縄にとって、その実施された当初から問題にしていたし、県内移設建設の承認に漕ぎ着けたいという気持ちが強いために、このように「公務中」を見直している。

地球上に生きている人間であれば、その国の法律に基づいて平等な地位にあるべきであるが、資本主義大国では自国民以外の民族は、平等としてみないという傾向が政治的体制になっている。だから、沖縄で重大な犯罪を犯しても、軍法会議にはかけられず、全て懲戒処分のみで片付けられてしまうという法の下の不平等が、この沖縄で公然と行われている雰囲気が見られる。

例えば、米軍の植民地軍隊による公務中に発生した犯罪で被害者の県民が死亡または四週間以上の重症を負った事件や事故が、二〇〇八年から二〇一一年の三年間で二七件も発生しているが、その処分の仕方をみると軍法会議はゼロ、懲戒処分もゼロ、確認中が一件であると報道している。

民主主義を唱える資本主義国家体制は、沖縄県で発生する悪魔部隊による事件や事故には適用されない。人間の価値など寸毫も考えないからこのような始末になってしまうのである。

日本国憲法一四条には、日本国民はすべて「法の下の平等」と規定した重要な条文がある。沖縄県で、悪魔部隊の軍人、軍属やその家族による死亡及び傷害事件、事故が発生した場合には、国内軍事帝国植民主義の官僚政治権力者たちは、親分格の米軍事帝国植民地国家に対して、沖縄県民の視点に立って再び起こってはならないと親身になって、悪循環の根元を断ち切る積極的な行動による異議申立てをしない。事件や事故が起こるごとに「遺憾だ」と紋切り形での単調な抗議では、二度三度と続く可能性が十分に判断されるのである。沖縄県民の命の尊さなど虫けら同然の奴等だと判断しているのか、県民の大規模な抗議大会には消極的な反応をするが、そうでなければ沈黙に終わってしまうのが官僚政治権力者たちの実状となっている。日本の政治は末期症状の道へ進みつつあるようだ。

日米軍事帝国植民地政策による軍事支配から解放されるための唯一の道は、安全で確実な平和への道を模索することであり、それが沖縄の現実の問題となってきている。

（２０１１年10月15日）

日米軍事帝国植民地主義の虐待から解放を目指して

――独立国家への夢を追い希望をいだく――

沖縄本島中南部の米軍事帝国植民地基地の五施設返還の時期を一〇年以上の長い年月が経過してから取り決めたが、完全返還までには世界の政治状勢がどのように変動するのか、その状況判断は非常に困難となっている。

五施設の返還が実行されると、軍事植民地基地の「負担軽減」になるのか、県民の判断は八〇パーセント以上が否定的立場である。何故ならば、名護市辺野古へ新型の巨大な軍事要塞基地が悲運にも建設されると、五施設の何十倍、何百倍とも知れない軍事機能が発揮されることになり、そうなるとこれからの将来、二〇〇年以上も日米軍事帝国植民地政策による支配に耐えることになる。普天間基地を県内移設にすれば「負担軽減」という軍事植民地用語には、真綿で首を締める政策であることを認識しなければならない。

日米軍事帝国植民地主義者たちの返還合意の真の目的は、軍事機密の中に直隠しに隠しているため、沖縄県民は現実的にはまさに俎板の鯉に立たされているのだ。普天間基地の移設先とされる名護市辺野古地域のみに限らず沖縄全域が日米軍事帝国植民地訓練になっているので、二〇〇年以上の耐久性のある新型の軍事植民地要塞基地の存在に脅かされて生活しなければならない。

世界各地域に、八〇〇以上の米軍事基地があるが、沖縄の場合は世界の米軍基地の中でも最も心地好い楽園的な米軍事帝国植民地基地となっており、更に我が世の春を謳歌するために強力で巨大な新型要塞基地建設を目指している。五施設の返還と新型の巨大要塞基地について本土のマスコミ関係者が連続的に沖縄の人権侵害に対する危険性を報道すれば、全国民も沖縄の痛みを全身の痛みと理解する感覚も高まってくるであろう。

本土のマスコミが積極的な報道による「がんばれ沖縄、負けるな沖縄」のスローガンを、全国的規模で公共的な乗り物や施設に掲示することになると、この文言が沖縄県民の塗炭の苦しみとして肌で感じることができるかも知れない。戦後から現在までの沖縄県民の塗炭の苦しみを精一杯訴えても無頓着な本土人には期待できないことを復帰前後からの流れの中で理解しているが、すくなくとも沖縄の現実の一端でも知らせることができればよい。

だが、本土のマスコミは、沖縄の日米軍事帝国植民地基地の報道には、非常に消極的で、その報道に感情を持たせない政治的環境にその原因がある。その理由として考えられるのは、沖縄の四一市町村長の代表者が「建白書」を持参して東京のど真中で大衆にアピールする抗議行動を行ったが、その列に向かって「売国奴」とか「沖縄を甘やかすな」と罵声を浴びせて堂々と我が物顔に歩き回って叫ぶ「右翼団体」の行動に恐怖感を抱いているからである。マスコミ報道機関も右翼暴力思想の団体には、非常に恐怖心を持っている。これらに恐れを抱くとマスコミへの圧力が凄まじい勢いで襲い掛かってくることを意識しなければならない。

米国へ隷従する官僚政治権力者たちは、沖縄県民の「民意」に寄り添って解決しようとする誠意は塵ほどもないので、沖縄県民としては直接的に、米軍事帝国植民地主義者たちへ継続的に抗議行動をすることも効果的にもなるであろう。米軍事帝国植民地が影武者となって、隷従国家の背後で操り人形のように支配しているので、抵抗運動のあり方も状況をよく見極めてする必要がある。

米国退役軍人が、名護市辺野古で正当で正義感に溢れた抗議集団に対し声援を送っている行動をみると、沖縄県民のひとりひとりが自覚して現地に赴き抵抗運動に参加することによって、勝利を目前にすることは言をまたない。

沖縄は、怒り心頭に発しているにもかかわらず、日米軍事帝国植民地主義者たちは名護市辺野古に新型の要塞基地を建設して、未来永劫にわたって軍事帝国植民地政策による支配を企んでいるので、「建白書」提出（二〇一三年一月）の抗議行動を不発に終わらせてはならない。沖縄は、政治的にも軍事植民地主義の支配体制には、堪忍袋の緒が切れていることを深く認識していて、日米軍事帝国植民地政策の支配による政治的圧力主義から解放を求めて「虹の国独立への道」を模索する政治的社会環境に進みつつある。

かつて過去の植民地支配に苦悩した韓国やその他諸外国の歴史的真実の記録を認識できれば、独立への道も夢ではないであろう。そこで沖縄も一度立ち止まってこれからの沖縄について考えなければならない。日米軍事帝国植民地政策によって数世紀の永きにわたって苦難の道に進むことを予測した場合、県民の切実な願いとしての人権回復を取り戻し、自由と平和を保障される明るく希望の光に輝く美ら島の沖縄は、政治的威圧から解放され、独立を目指すことが理想である。

非現実的な考え方を現実化する意識に精魂をかたむけることになる。

（2012年4月28日）

辺野古の陸も海も沖縄の宝物である

――豊穣の海を守るのは沖縄の義務――

一

名護市辺野古への新型の軍事要塞植民地基地建設に計上された建設費用として、三一九億円を予算化している。この建設に使用される埋め立てのための土石採取地は、県内をはじめ全国各地に跨っている。今世紀において国際的な関心事の一つとして、世界的に注目されている辺野古の豊かな自然環境を破壊尽くしてまで日米軍事帝国植民地基地を建設しなければならないのか、ということである。

土石採掘される各自治体の地域は、いずれも想像以上の環境破壊による被害状況で計り知れない結果をもたらすことを予想している。現在世界的な異常気象が問題視されているが、この辺野古の埋め立てによってじわりじわり地球環境の変化が確実に進行することをどう考えているのか。まずはじめに異常な現象が予想されるのは、土石を埋め立てる辺野古の陸と海となっている。何故ならば、全国各地から土石を運んでくる中で、福島原発事故で放射能を浴びた土石の処理場が行き詰まっているので、辺野古に持ち込まれる恐れが浮かび上がっているからである。

日米軍事帝国植民地政策による支配意識が濃厚になっているので、沖縄県民には「見ざる言わざる聞かざる」の機密主義の悪魔的政治政策もからんで実行される可能性を注視し、警戒心を持って対策をたてておくことである。不幸の死に神にとりつかれた官僚政治権力者たちを信頼すると沖縄県民の未来はどうなるのか。その一例として、本土の六都道府県から派遣されている特殊機動隊（五〇〇人以上）による排除の行動は、民主主義国家とは全く掛け離れた野蛮的行動となっている。そのことは本島北部の東村高江で、ヘリパット基地建設に猛烈な抵抗運動している県民を排除するにあたって、ポケットを探り、靴下までもぎ取る行動は、現代版の山賊であり、海賊の姿そのものである。

二

悲運にも名護市辺野古に日米軍事帝国植民地基地建設のために、全国各地から土石が運ばれてきた場合、最も恐れるのは例えば、台湾の先住民が住んでいる地域に、台湾国内の「核のゴミ」を持ち込まれることと同じであり、沖縄県民に対する政治的圧力政策と共通点がある、ということである。

官僚政治権力者たちは、沖縄を軍事植民地基地の廃棄物を処理する廃棄工場と考えているのか、沖縄から一五六〇ｋｍも離れた福島の原発事故の放射能を浴びた土石が、辺野古へ持ち込まれることの恐怖心を持っているのだ。

日米軍事帝国植民地基地にしている以上、人命の尊さなど考えることは毛頭ないのだ。官僚政治権力者たちが沖縄の現実をどう認識をしているのかというと「安保条約は沖縄のためにある」（二〇一三年一〇月）と言って、全く沖縄を愚民扱いにした真綿に針を包んだ言動から判断すると、原発の廃棄ゴミが持ち込まれる恐れがないと断言できないのだ。官僚政治権力者たちは、何を仕出来すのかその正体は無気味であるので、沖縄県民は一層の注意力と警戒心が必要となっている。

沖縄タイムス社の緊急調査（二〇一二年）によると、全国自治体の九割が福島原発事故の放射能汚染ゴミの受け入れはゼロと回答しているが、残り一割の自治体は回答できない、と言っている。沖縄県は、「建白書」で四一市町村長が抗議行動をしても、官僚政治権力者たちには沖縄の怒りなど歯牙にもかけないので、汚染ゴミも埋め立てに密かに運ばれることを予想し、事前に対策の糸口を見出しておくことが重要課題となってくる。

沖縄の自然豊かな環境を破壊し、沖縄県民の「民意」をも無視するこの二つの国家の正体は無気味である。県民の怒りと抵抗運動を押し殺して新型の軍事帝国植民地基地にこだわるのは、既製の基地では戦略上、物足りなく来たる戦争に勝利の夢を託することができないため、強力で巨大な軍事植民地要塞基地建設には糸目を付けない莫大な予算をかけても戦略的に大きな価値がある、と考えている。

安倍晋三のような極右政治家は「できることはすべてやる」と断言しているから、何を企んでいるのか、底知れぬ恐怖政治が来るのを待ち構えている持って回った言い方である。その一つが、沖縄本島北部の東村高江のヘリ基地建設に自衛隊の大型ヘリコプターが建設資材を運搬しているのだ。過去に例のない米軍事植民地主義者たちへ隷従した協力精神であり、また自衛隊法にも違反した行為が沖縄では、法治国家という名の下に堂々と行われているのである。

沖縄に対する軍事的、政治的圧力が、日米軍事帝国植民地政策に関する細部にわたっており、法律違反による人権無視や法律上の麻痺状態が続いており、政治的政策には末期症状を呈している。

捲土重来を期して再び超保守的極右政治権力の座についた安倍政権には人間が生まれながらに持っている権利を奪うことはできない日本国憲法一三条の条文を犯してまで強権政治を行使して、国家の借金を解消するにはどうすべきかを第一に考えることをせず、お金に物を言わせる莫大な予算を組んで名護市辺野古を異質の土石で埋め立てようとしている。

沖縄県民が人間としての自然の権利を軽視されながら日米軍事帝国植民地主義者たちの間に挟まれて生活していることを思うとき、県民の感情には堪忍袋の緒が切れた状況にあるのだ。遠い将来まで見通した考えを持たないと必ず目前に困ることが起こるという「遠慮なければ近憂あり」と言われているように、軍事的、政治的圧力政策で、県民の意思を踏み潰して生き血を吸う権力者たちから解放されるには、独立への道を模索する時代環境に差し掛かっている、と言えるのである。

三

沖縄の将来像を理解させる問題として、県民は政治的無関心が高くなっているため、投票率も低く、かつ日米軍事帝国植民地主義による軍事的、政治的政策にも実態を知らない原因により無関心になっていることが挙げられる。自分が住み慣れている自治体について、理解と知識がなく無関心になっていることに対して、どういう方法と手段によって意識改革するのか、それが沖縄問題を解決する先決課題となっている。

沖縄の軍事的、政治的問題は、日本の未来の動向に示唆を与える重要な自治体にもなっているので、政治的無関心であると益々右傾化していくことになり、日米軍事帝国植民地政策による圧力政治で押し潰されることを意識しなければならない。その状況を認識し自覚することができれば、政治的関心も高まることは言うに及ばず、また投票への意欲や関心も高まることは無論である。

今世紀の若者たちは、一九六〇年代の安保闘争で先頭に立って国家権力と闘った激しい行動力は停滞して影を潜めて静観しているが、しかし現在の政治状況も一九六〇年代とは異質な社会的現象と大差はなく、先輩たちの培った抵抗精神を教訓にすべき時代を認識して、将来の人権侵害の不安解消に抵抗し行動することが重要となっている。

四

日米軍事帝国植民地主義体制から解放されるためには、地球を揺り動かすほどの粘り強い抵抗運動を通して、現状に真剣に取り組まないと独立への道は前進しないことになる。この軍事植民地基地の存在と新型の巨大な軍事植民地要塞基地建設が大きな被害と不幸をもたらすことを考えた場合、武器のない安全で武力行使に脅かされず、人間として平和に生きる道には、虹の国独立への夢を託し前進する以外にない。

今世紀になって高度に発達した資本主義国家は、利根川を下る石ころのように、斜陽を辿ることは決定的道理であり、人類の歴史的、政治的、社会現象となっているのである。その現象は歴史的に証明されている。その史実として理解できるのが先ずはじめに、日本の歴史では源氏と平家の滅亡があり、外国ではナポレオンが強権政治により破滅し、最後は絶海の孤島の流刑地で死亡している。更に時代をさかのぼって隆盛を極めたローマ帝国の滅亡がある。

二十世紀になって、強大な社会主義国家旧ソ連の崩壊に続いて、独裁国家のエジプトとイラン、リビアと続き、いずれも民主主義の勝利による壊滅的国家と続いている。

二一世紀終末までには、軍事帝国植民地主義による資本主義体制国家の崩壊へ向かっていくことが歴史的事実の流れである。

日米軍事帝国植民地主義国家の運命も、時の権力と戦う沖縄県民の抵抗運動によって、地球規模の反戦基地闘争が盛り上がることによって、その資本主義体制の根を断ち切って沈下していくことは人為的、国家的社会現象としての史実である。日米軍事帝国植民地基地の完全撤去を目指し、それと共に虹の国への道も開けていくのは明白な史実となって、沖縄の未来の歴史は動いていくであろう。

承久・仁治の間に成立(一二一九〜一二四三)した軍記物語で、散文体の叙事詩の一種である平家物語の冒頭の「祇園精舎の鐘の声、諸行無常の響あり。沙羅双樹の花の色、盛者必衰のことはりをあらはす。おごれる人も久しからず、只春の夜の夢のごとし。たけき者も遂に滅びぬ。ひとへに風の前の塵に同じ」に感嘆するのみである。

(2016年9月28日)

刀の傷はなおせるが言葉の傷はなおせない、と言うが
――独立国家を目指すスコットランドに学ぶ――

弱肉強食の保守的官僚政治権者で自民党幹事長石原伸晃氏が障害者施設を訪問したときの感想を記者団から問われて「あんな人たちにも生きる意味はあるのか」また更に続けて「意識のない人に管を入れて生かしている」その部屋を見て「エイリアンだ。人間の寄生しているエイリアンが人間を食べて生きているみたいだ」ということを発言している。

また同じタイプの官僚政治権力者が、原発廃止のデモをするデモ隊の抗議行動に対して「集団的ヒステリー」と批判している。こうした一連の発言に国民はどういう反応して行動に移すのか重要な問題となっている。しかし国民の中には、その感想に賛同する者もいるであろうが、異議を申し立てられて抗議されると、謝罪すればこれで許容される、と思うだけでは、また別の官僚政治権力者にも同様の人物が現われることを予想しなければならない。

国民から信頼される政治家たちは、刀の傷はなおせるが言葉の傷はなおせない、という格言を身に入れて行動すべきである。

福島原発事故による悲惨な生活環境に喘いでいる双葉町の町長が野田佳彦首相に訴えた印象的な質

問に「私たちを日本国民と思っていますか」また「法の下の平等ですか、憲法で守られていますか」と真に迫る発言に沖縄県民も同感して同様の質問をするのは勿論のことである。しかし同じ国民と意識するのは疑問であるが、官僚政治権力者たちの心の中にはこれ以上に冷淡な非情さが潜んでいるようだ。これは国内軍事帝国植民主義による支配意識があるからである。

東北地方の自治体の主張の抗議に全国民が歩調を揃えて賛同して、踏み込んだ行動ができれば、沖縄に対しても人為的災害の発言を契機に耳を傾けることになって「絆」の精神も功を奏することは当然である。

次次と放言を撒き散らす官僚政治権力者の続出に已むを得ないと思ってはならない。こうした発言の体質のある政治家にあまり抵抗感を持たない国民がいると、官僚政治権力者自身も反省することはなく、国民から批判されると謝罪すれば良しとすることではなく、生涯にわたって再び政界に戻ることができなくなるような強固な決意で対応すべきである。

こうした放言や嫌がらせを言う官僚政治権力者たちに限って、沖縄県民が猛烈な抵抗意識で抗議した場合に「日本国民に属しているが、よそ者である」と見做すのである。沖縄県民が声を張り裂ける思いで抗議声明を発表したり、また全県民の意思表示をしている「建白書」で訴えても耳を傾けることもない国内軍事帝国植民地主義者たちは、沖縄を「呪われた沖縄」と見ている。この軍事帝国植民地支配による政治的重圧を跳ね返す強靭な抵抗精神を結集して行動すれば、いかなる岩も撥ね除けることができる。

沖縄県民に対する日米軍事帝国植民地主義による政治体制の本質を理解しないと、泣き寝入りして諦めてしまうことになり、本土で嫌な軍事基地に関係する問題には決まって沖縄へ持ち運んでくることを日常的に警戒しなければならない。本土に駐留していた海兵隊は基地反対の抗議活動の活発さに耐え切れず、本土から沖縄へ完全移動した。その結果として、現在の沖縄が全国比七四パーセントの過重負担の日米軍事帝国植民地基地となっていることで証明できるのである。

巷の噂さによると、本土と沖縄を比較すると沖縄の方が知識・能力・判断力・思考力が劣っていると言われるが、しかしその優劣の基準は不明であるにしても、日米軍事帝国植民地基地の実態を把握し、それに対する抵抗精神で運動すれば、愚民政策による苦痛も和らげるし、かつ知識と行動力が身について敏感に反応することができて、県民の将来に明るい希望の鐘が鳴り響くであろう。

国内軍事帝国植民地主義の支配者たちは、沖縄県民を「大事な国民である」と明言するならば、なぜ名護市辺野古の陸と海に外来の土石を埋め立てて最強の巨大軍事要塞基地を沖縄県民の強力な「民意」に逆らってまで強権的圧力で建設をすすめるのか。真綿に針を包んだ高圧的な政治手段は、独裁的軍事植民地国家への道に進んでいくことを象徴している。

巨額な建設費用をかけて、三〇〇年の耐用年数の軍事帝国植民地基地が完成した場合「政治の罪の深さは計り知れない」と明言した東北地方の自治体首長のことばを考えると、不幸を呼ぶ死神の腐敗した政治家から逃れる最善の方法には「虹の国独立国家」を目標に県民投票で決定することである。

いまイギリスからの独立を目指すスコットランドの国民の熱意を身近かな問題として注目している沖縄県民の動きに関心が持たれている。スコットランドは、投票の結果、独立国への樹立はできなかったが、県民も眠れる獅子のように、独立への関心が漸次高まっていることが現実になっている。

虹の国独立小国家への道をめざす

――時の官僚政治権力者からの解放――

（２０１６年12月8日）

一

中国や韓国の首脳による日本への要望によると、次のような声明文となっている。韓国側から「日本の政治は右傾化へ進んでいる」と言い、中国側は「日本は軍国主義を清算できていない」と表明している。

軍国主義を清算できず超保守政権が右傾化していくと、最も気掛かりで危険な状況に置かれるのが日本全国の自治体の中で、沖縄県であることは明確である。中国と韓国が表明しているように、このことは沖縄へ更に一歩踏み込んで軍事帝国植民地政策を強力に押し進めていくことを認識している。県民は、じわりじわりと攻め立ててくる恐怖独裁政治の波にのまれてはならない。

民主党政権時代の右翼的政治思想の傾向にあった野田佳彦首相は「ＴＰＰアジア会議」で「日本は平和国家である」と明言しているが、毎日のように沖縄の周辺地域では、日米軍事帝国植民地の軍隊が、中国や北朝鮮を軽蔑し、軍事侵略戦争への準備訓練をしているのが現実だ。平和が脅かされている沖縄のことなど念頭にはなく平和国家という認識を沖縄から一、五六〇ｋｍも離れた中央集権の永田町に住んでいる者たちには理解できる筈はないし、理解しようとする意欲も全くないのだ。

中国や韓国が指摘する「軍国主義を清算できず」について、国内的に沖縄には、日米軍事帝国植民地支配の政策が進行していることを思えば、更に右傾化がどこまで進むのか、沖縄県民には不安でたまらない。そこから解放されるための唯一の道は、「虹の国独立小国家」への体制づくりであり、それが一番良い結果をもたらし、前途に大きな希望を抱かせることを想像してみようではないか。

沖縄県民から信頼を失なった前政権の民主党の不始末から再び政権を託された自民党は、軍国主義を清算するどころか「特定安全保障法」と「集団的自衛権」を矢継ぎ早に成立させて、戦争が容易にできる状況にした。こうした超右傾化の現実で再び戦場になりかねない沖縄を、日米軍事帝国植民地国家によって決着をつけようとして毎日毎日軍事侵略のための訓練をしていることが、県民の一大関心事である。じわりじわりとその方向にあることを身近かに感じることは、神経の敏感さが必要になる。

超右傾化の政治に歯止めをかける変革のエネルギーは、沖縄県民のいかなる困難にも弛まない精神力と諦めない抵抗精神とが必要である。その精神的努力が絶望であるならば、もはや「独立への道」に目を開くことによってその抵抗精神がなくてもよいのだ。

沖縄に日米軍事帝国植民地基地が居座っていることと、名護市の辺野古に新型の要塞植民地基地を建設することは、平和という希望の星を見るのは表面上のことであり、全国比七四％の基地の存在には寸善尺魔の沖縄の社会環境となっているので再び戦場の捨て石にされる状況となっている。この寸善尺魔の軍事帝国植民地支配から抜け出し、平和な美ら島になることが平和的条件となる。

二

沖縄県民が恐れをなすのは、官僚政治権力者たちによって、じわりじわり外堀りの憲法九六条を改悪されることであり、侵略戦争に踏みきる切っ掛けになり、焦点になる憲法九条の改悪もスムーズになっていくと予想するのだ。それを強力にすすめようと執念を燃やしているのが超保守的極右主義の安倍晋三首相だ。

侵略戦争への基盤をつくったのが安倍政権国家であれば、次の政権担当者が近隣諸国に憎悪感を強くもち、改悪した憲法と法律に基づいて侵略戦争の実践に踏み切るのは、超保守的官僚政治権力者の誰なのか、その動向と将来の日本の進路に不安と恐怖を直接に感じているのが沖縄県民の率直な感情となっている。

憲法九六条と九条を改悪するとどうなるのか、その答えは難しいことではない。硬性憲法から軟性憲法になって、官僚政治権力者たちの都合主義によって無理に主張を押し通す横紙破りの政治体制になって、憲法改悪をいつでも実行できるようになってしまう可能性がある。こうなると、右傾化へ進み軍国主義を清算できないという悪評を買うのだ。

更に軟性憲法になった場合には、自衛隊を増員して国防軍へ改名し、近隣諸国を威圧するＦ35戦闘機を購入して戦争前夜から戦争勃発にまっしぐらに突き進んでいくのではないか、沖縄県民には官僚政治権力者たちの目指す権力至上主義の政治体制が感じられるのである。

幸せを願って止まない沖縄県民の感覚と戦争準備の軍事訓練とは全く異質であるから、表面上県民の生命や財産を守ると言ってはいるが、日米軍事帝国植民地主義者たちは、我が儘放題の支配意識が強いことが過去から現在まで流れているので、沖縄県民を愚弄して許せないと抗議しても鶏の鳴き声だと楽しんでいるのである。

沖縄県民は、もう「基地で飯を食べる時代ではない」ということを理解して運命の歴史の扉を開かなければならない時代になっている、と考えるようになっている。平和主義と民主主義に基づいた国民主権の保障のない危機的状況から脱するには「虹の国独立小国家」への道を模索する意識転換の意思の選択も視野に入れた時代に向かっている、ということである。

三

戦前の日本植民地帝国主義時代は、中国への侵略コースとして過去の幾多の侵略政策から中国の東北地方を目指していたが、現在は依然のコースでは不可能になっているため、二一世紀の初頭において中国を侵略するには、南西諸島の島しょう群の島々を巻き込んで都合よく侵略戦争ができると思っているのか、先島諸島へ最新鋭の部隊を派遣する準備に着手している。

台湾も気掛かりになるが、現在は中国が自国の領土であると言明している。しかし、政治的政策で対立しているため、今世紀の侵略コースには台湾を味方につける可能性もあって、気掛かりになることはない。尖閣諸島へ中国軍が侵攻したという理由で、専守攻撃をして戦争の切っ掛けをつくる条件が整ったということになり、先島諸島を戦場にしていく可能性がありありと見受けられる。

沖縄県民は、過去の沖縄の地上戦を遠い昔の戦争であるという意識を完全に捨てると同時に、現在なぜ異民族の軍隊が金網に囲まれて悠々自適の生活をしているのか、一九四五年の沖縄戦の原点に立ち止まって、現実問題として直視しなければならない。戦争体験者がこの世を去り、戦跡地として平和記念館があったとしても、大半の県民はこの地を訪れて戦争の悲惨さを身近かに感じようとしない現実があるので、遠い昔の戦争であった、と考えてはならない。

これから生まれてくる子供たちには、日米軍事帝国植民地政策とは何か、また軍事基地の存在は当然の成り行きである、という意識感覚を失なって過去の歴史的事実を繰り返さないために、平和な美ら島にするという気概のある人物になるのか、その疑問を解消するには大人たちの責任である、と考える。

先人たちの築いた「ふるさとの宝」の解説によると「世界でも有数の大自然」に恵まれた自然環境の中で「独自の文化を築き上げてきた」ことを誇り、それを教訓にすればできないことはない、という沖縄県民の力を結集すれば、二一世紀には更なる発展が望まれ優れた独自の宝物をつくり出す自信満々の喜びに浸るであろう。そのためには、日米軍事帝国植民地基地の存在の恐怖から解放されるにはどうすればよいのか。その選択の道は、日本の官僚政治権力者の支配権から独立して独自の文化国家を目指すことであり、不安のない安全確実な沖縄の未来像がある、ということに尽きるのだ。

四

沖縄県民は、現在の貧しくても豊かな生活環境から一変して、いざ「虹の国独立国家」を目指すことになると、不安と不可能の感情が湧き起こって県民同士の争いも激しくなることも予想して、それを解決していくための綿密な計画案を公表し、県民を啓蒙することが先決問題となってくる。「沖縄独立研究会」の報告によると、沖縄県民の虹の国「独立への道」を選択したい、という意思があれば、過半数の投票により成立への道が開ける、ということを発表している。

独立決定への意思表示が確立すれば、ここまで築いてきた文化、社会経済、福祉、観光資源等の県民生活に必要な既成事実の課題は、委員会で真摯な態度で真剣に研究し、県民に不安なく納得させる徹底的啓蒙活動である。

二〇一三年一二月に死去した南アフリカの元大統領マンデラ氏のことばとなっている「虹の国家」の建設に向かって声明を発表した意義は、南アフリカだけでなく、独立を目指している全世界の国々をはじめ沖縄にも希望をいだかせる虹の星の国家のことばである。

「虹の国独立小国家」として独立体制になるまでは、苦難の歴史を歩むことを覚悟しなければならない。実現不可能で夢物語りである、という疑問を解消するためには、独立国家となっている世界の国々の状況を徹底的に調査して報告することが重大問題となってくるであろう。

日米軍事帝国植民地政策の支配から解放されることによって、子や孫の時代になって現代のような軍事基地にまつわる不幸な運命を辿ることがない平和で安心した楽園生活の国家になっている、と考えたときに独立してよかったという先人たちの歴史的苦難を教訓として記憶されるであろう。

（２０１７年4月28日）

若者よ、何を学んでいるのか

今の若者たちの意識調査によると、現在米軍事帝国植民地国家が侵攻しているイラク、アフガニスタンの国家はどこにあるのか、また日本国内では、口蹄疫《こうていえき》で全国的に報道されている宮崎県はどこにあるのか、そのいずれの位置がわからないという若者たちがいる、と言われている。

かつて戦前の天皇主権国家の時代で、日露戦争で大国に勝利し、更に中国へ侵略戦争をした当時は一等国民であるということを宣伝していた。アメリカ国民も日米太平洋戦争で勝ち誇り、世界の軍事力、経済力を高めて「自分たちは世界一等国民」であると驕《おご》りたかぶり、アメリカ国民は「世界中に軍事基地を持ち」「核兵器を保有」することも公然と唱えている。という思想的発想から世界の紛争には「世界の警察官」として積極的に軍事介入している米軍事帝国植民地主義者たちである。

日本人も主体的思想構造を持っていないため、アメリカ国民が過去の歴史的認識から現在までの主張をするのは、日本人には異議の意志を表現できないのである。

日本国民は当然に知識として持つべきである日米安保条約や地位協定を、不平等な条約でありながら知ろうという関心もないし、不平等であれば、知ろうという意欲も湧き出る筈であるが全くない。イランやアフガニスタン、宮崎県さえ知らないのであるから、その意欲はないかも知れない。

この不平等条約は、日本国民のひとりひとりに直接的にも間接的にも大きな影響力を与えるのにその知識を身につけようとしないのは、日本の官僚政治家たちが、国民に知識として身につけることを望まない体質がある。国民に教育したいならば、教科書に掲載して教育すべきであるのに、その内容は極めて単純である。

民主主義国家であれば、海外に駐留する自国の軍隊の犯罪行為を知らせ、植民地支配していることを報道することによって、沖縄の現実と犯罪を認識することができるが、米軍事帝国植民地主義者たちは、悪い面だけを取りあげたりはせず、軍隊に対する印象を悪くしたくないことが軍事植民地政策である。

沖縄に駐留する軍隊の犯罪を、自国の国民に公表しないのは、不平等条約に隠された支配的構造思想にある。

沖縄県民が人権的に差別され、虐げられて六六年間以上も日米両軍事帝国植民地主義者たちによる人間無視の政治支配を受けても、その根底の足枷になっている不平等な「日米地位協定」には無関心であり、それを学ぼうとしないのは、県民にとっては不幸である。

二十世紀の中葉に世界を揺り動かした砂川闘争や安保反対闘争で、当時の保守政権の自民党は、政治への恐怖感をもち、その経験を再び味わいたくないために、本土（岐阜、山梨）から沖縄へ海兵隊を移駐させたのである。反基地闘争へ終止符を打つならば、海兵隊を沖縄へ移駐させるのが得策ということから沖縄へ移駐を強行したのである。

こういう歴史的裏切り行為の事実を経験したくないため、沖縄へ新基地を建設したく強力な圧力をかけてくるのである。このことが民主主義国家のとる一環としてとらえるならば、教科書に掲載して、全国民に戦後の反基地闘争の背景を知らせるべきである。しかし、国家に不利益になる出来事は、「教えず、知らせず」という軍国主義的な政策をとり無視するのである。

日米両軍事植民地主義者たちの軍隊が沖縄に存在するかぎり、軍隊による県民の犠牲はいつも日常的に周囲に存在している。軍事基地と県民の生活環境が同時に存在することは、異常な環境状況と言うことである。

本土の官僚政治家たちに暴言を吐き散らされ六六年間も軍事政策で虐げられている県民の姿を、インターネットを駆使して縦横無尽に沖縄から全国民をはじめ、全世界の各国へ情報を提供し、日米両軍事帝国植民地主義者たちの悪態を知らせることが必要である。成果をあげるには県民のひとりひとりの意識改革と自覚によって決まるということになる。

今は第四の沖縄処分に入ってきている。

本土の官僚政治家たちが沖縄の実状を知らないし、知ろうとしない限り、永遠に紛争の絶えない国々に目を開かせ、紛争が発生すれば即座に軍事行動をとる日米両軍事帝国植民地主義者たちに、戦争を起こす切っ掛けをつくり出す軍事拠点になってしまうのである。

本土の官僚政治家たちは、沖縄の歴史を勉強したと言うが過去の支配観念が当たり前という政治思想が益々顕著になり、日米両軍事帝国主義国家が支配思想を一つにして、永遠の軍事支配を意図している。沖縄県民が大規模に抵抗集会を繰り返しても、官僚政治家たちはその抵抗の意義を理解しようとせず、無視してきたのである。沖縄県民が一〇〇％の規模で抵抗集会を開催しない限り、県民の怒りの感情を汲み取ってはくれない。

辺野古の反対住民が座り込みの抵抗を続けているように、一〇〇％の県民が一丸となって行動したならば、日米両軍事帝国植民地国家が耳を傾けることは確実である。全県民が行動を示さないため、日米両軍は居心地のよい沖縄に駐留しているのである。考えただけでは、軍事基地は変らない。行動をすることによって、大地は動くのである。

模範とすべきカリブ海に浮かぶ米国領地領のフエルトルコ島は、平和な楽園の島に理想をかかげて全住民が一丸となって繰り返し抵抗運動をしたため、軍事基地撤去を成功させた。沖縄県民もその意識をもって行動すれば、必ず成功するよい結果が保証されるであろう、と固く信ずるのである。

（２０１７年４月28日）

あとがき

人口に膾炙した格言に「井の中の蛙大海を知らず」とか「燈台下暗らし」と言われているように、沖縄県民は、過去の地上戦から現在の日米軍事帝国植民地支配に至るまでの「平和教育アンケート」の統計資料から判断して、非常に意識が低いという結果になっている。自らの手で汗水を流し、現実の状況を把握して全国民に訴えるには、県民がしっかりと現状を勉強し、切実な思いで伝えない限り、沖縄の現実から目をそらして認識し得ないのである。

沖縄県民が自由と人権尊重を求めるために、徹底的に「沖縄戦」と「日米軍事帝国植民地主義の実態」を学ぶ意欲があれば、抵抗精神も湧いてくるであろう。差別主義に悩まされている米国の黒人社会で闘った黒人のギタリストの「あなたの意志が本当に強いとき、驚くほど多くのことを学ぶことができる」ということばは、沖縄県民にも呼びかけているようである。

名護市辺野古への最新型の軍事要塞基地建設反対に、二度と再び県議会の決議決定は、保革を問わず、県民を代表した抵抗の意思表示となっている。また、名護市議選の勝利の結果による稲嶺進市長の圧倒的当選にも目をそらし、鼻であしらう官僚政治権力者たちは、「日米共同声明」（二〇一〇年五月）を決行することに変化はない、と主張している。

今や官僚政治権力者たちは、政治的動向として国民及び沖縄県民の反対を数で押し切って、次次に新法律が可決されて独裁的恐怖政治へまっしぐらに向かっていく状況になっている。これこそ伝統的な軍事強固政治をしてきた過去の異物をそのまま継承してきている悪徳政治家たちの本質的な政治体質の馬脚を現してきている。

政権担当してきた過去のいずれの内閣にもみられるように、過去の過ちを清算することもなく、前世紀の遺物を抱え込んで沖縄県民に対して、民主主義に逆行した政治的圧力による国内軍事帝国植民地支配に拍車を掛けてきている。

日米軍事帝国植民地基地の存在を肯定する論者たちは、沖縄の現実を認識し、将来像まで予測することができるか、ということである。このような肯定論者たちのリストを、沖縄の歴史年表に刻み込み、後世のために記録として永久に残すことによって、後世の県民によって正否を判断することであろう。

毎日の事件、事故の発生が絶えない危険極まりない悪魔の海兵隊を、沖縄以外の自治体が引き受けないのは「人を殺すため」の目標を揚げて軍事植民地訓練をするからであり、全国の自治体でもアメとムチの恐れをなして､引き受けないのは必然的である。沖縄から軍事植民地基地を完全に撤去して、米本国へ持ち帰ることを切望しているのが、沖縄県民の偽らぬ希望である。

地球の裏側から遠い遠い遥か沖縄に、米国軍事帝国植民地基地が寄生存在することは、東アジア全域にわたって平和を脅かすことになっている。平和産業の発展を阻害している諸悪の根源となっている日米軍事帝国植民地基地を除去し消滅させることによって、平和で安定した社会環境になるのは言うに及ばない。

　ＳＦ作家小松左京が「想像力で未来を拓く」と言っている。沖縄の日米軍事帝国植民地主義の支配体制を考えるとき、ひとりひとりが想像力を働かせ、軍事植民地の存在で絶えず戦争への不安と恐怖を想像して考える必要がある。軍事植民地基地は「あってもなくてもよい」という考え方は、将来、どんな悲劇が起こるか、想像することは困難な思考を巡らさなくても、予想することは容易である。想像力は、未来の沖縄像を描くことができる糧になるのは、言も疎かである。

　若者の中には「軍事基地があっての生活である」という考え方をする者もいる。軍事植民地基地にまつわる経済生活は、人間の魂を根刮ぎ捥ぎ取られることを肝に銘記し、一時的に安定した生活に安心することなく、将来の沖縄の存在価値を考えることにしなければならない。

　名護市辺野古への新型の軍事要塞基地建設反対が強力になると、その抵抗運動を弾圧するため、これから先には新法案の取り締り方策として、「狂暴な法律」を成立させて、人権蹂躪を強烈に実行することは必然的である。国内軍事帝国植民地主義の更なる国策を考えた場合、沖縄の生きる道しるべを考える現実問題が浮かび上がっている。

　過去の琉球王国時代の琉球の貿易のあり方を学び、先人の足跡を見詰めて、現在の沖縄の貿易拠点を考えながら「軍事植民地料」に頼らない虹の国、独立国家として、平和で豊かな沖縄独特の経済発展を目標に模索する時代にすることである。

【著者紹介】

長浜　三雄（ながはま　みつお）

一九三三年沖縄県に生まれる。

一九九四年琉球大学大学院法学研究科法学専攻修了。

小中高校の教師及び大学で民法と憲法を教える。

著書に「無からの抵抗」「変革の狩猟者たち」「抵抗か服従か」その他論文多数。

虹《にじ》の国独立民主国家《くにどくりつみんしゆこつか》への指標《しひよう》

――日米軍事植民地支配《にちべいぐんじしよくみんちしはい》から自由《じゆう》への道《みち》へ――

2018年6月14日　第1刷発行

著　者 ― 長浜《ながはま》 三雄《みつお》

発行者 ― 佐藤　聡

発行所 ― 株式会社 郁朋社《いくほうしや》

〒101-0061　東京都千代田区神田三崎町2-20-4
電　話　03（3234）8923（代表）
ＦＡＸ　03（3234）3948
振　替　00160-5-100328

印刷·製本 ― 株式会社東京文久堂

落丁、乱丁本はお取り替え致します。

郁朋社ホームページアドレス　http://www.ikuhousha.com
この本に関するご意見・ご感想をメールでお寄せいただく際は、
comment@ikuhousha.com までお願い致します。

　ISBN978-4-87302-669-5 C0095